U0617953

权威·前沿·原创

皮书系列为
"十二五""十三五""十四五"时期国家重点出版物出版专项规划项目

BLUE BOOK

智 库 成 果 出 版 与 传 播 平 台

房地产蓝皮书

BLUE BOOK OF REAL ESTATE

中国房地产发展报告 *No.20* （2023）

ANNUAL REPORT ON THE DEVELOPMENT OF CHINA'S REAL ESTATE No.20 (2023)

中国社会科学院国家未来城市实验室
中国房地产估价师与房地产经纪人学会 ／研创

社会科学文献出版社
SOCIAL SCIENCES ACADEMIC PRESS（CHINA）

图书在版编目（CIP）数据

中国房地产发展报告. No. 20，2023 / 中国社会科学
院国家未来城市实验室，中国房地产估价师与房地产经纪
人学会研创. --北京：社会科学文献出版社，2023.6
（房地产蓝皮书）
ISBN 978-7-5228-1797-2

Ⅰ.①中… Ⅱ.①中… ②中… Ⅲ.①房地产业-经
济发展-研究报告-中国-2023 Ⅳ.①F299.233

中国国家版本馆 CIP 数据核字（2023）第 085938 号

房地产蓝皮书
中国房地产发展报告 No. 20（2023）

研　　创 / 中国社会科学院国家未来城市实验室
　　　　　中国房地产估价师与房地产经纪人学会

出 版 人 / 王利民
责任编辑 / 陈　颖
责任印制 / 王京美

出　　版 / 社会科学文献出版社·皮书出版分社（010）59367127
　　　　　地址：北京市北三环中路甲 29 号院华龙大厦　邮编：100029
　　　　　网址：www.ssap.com.cn
发　　行 / 社会科学文献出版社（010）59367028
印　　装 / 天津千鹤文化传播有限公司

规　　格 / 开 本：787mm×1092mm　1/16
　　　　　印 张：24.5　字 数：369 千字
版　　次 / 2023 年 6 月第 1 版　2023 年 6 月第 1 次印刷
书　　号 / ISBN 978-7-5228-1797-2
定　　价 / 168.00 元

读者服务电话：4008918866

▲ 版权所有 翻印必究

《中国房地产发展报告 No.20（2023）》
编 委 会

顾 问　牛凤瑞　柴 强

主 编　赵鑫明　王业强

副主编　董 昕　张 智　邹琳华　王 霞

撰稿者　（按拼音排序）

蔡 真	曹晶晶	查远远	陈敬安	陈胜棋
陈文静	程敏敏	崔光灿	董 昕	端 然
韩 丹	韩 晶	黄 卉	厉诗辰	刘 朵
刘丽杰	刘晓霖	刘寅坤	盛福杰	汤子帅
涂 丽	汪为民	王明珠	王 霞	王业强
王诤诤	魏 杨	吴一帆	吴义东	许小乐
闫金强	杨晓波	易成栋	张 波	张 智
赵 丹	赵彤阳	赵鑫明	邹琳华	

主要编撰者简介

中国社会科学院国家未来城市实验室　中国社会科学院原城市信息集成与动态模拟实验室，成立于2010年，是中国社会科学院最早设立的18家实验室之一。经中国社会科学院批准，中国社会科学院城市信息集成与动态模拟实验室于2020年11月正式更名为"中国社会科学院国家未来城市实验室"（以下简称"国家未来城市实验室"）。国家未来城市实验室是中国社会科学院从事城市与区域科学研究的主要载体，成立以来持续发布"城市蓝皮书""房地产蓝皮书"，产生了较大影响。国家未来城市实验室依托于中国社会科学院生态文明研究所，实行理事会领导下的主任负责制。实验室以习近平生态文明思想为指导，积极争取社会各界支持，紧密围绕党和国家发展战略需求，接轨联合国《新城市议程》，主动响应全球和国家城市与区域发展的关键科学问题和重大现实问题，为国家重大城市和区域发展战略制定提供决策支持，打造中国城市和区域研究的重要科学基础设施，构建中国城市和区域科学研究的学科体系、学术体系、话语体系。争取用5~10年时间建成城市和区域科学研究领域的国内顶尖、国际一流实验室。

中国房地产估价师与房地产经纪人学会（以下简称"中房学"）是全国性的房地产估价、房地产经纪、住房租赁行业自律管理组织，由从事房地产估价、房地产经纪、住房租赁活动的专业人士、机构及有关单位组成，依法对房地产估价、房地产经纪、住房租赁行业进行自律管理。中房学的前身是成立于1994年8月的中国房地产估价师学会，2004年7月变更为现名。

首任会长为周干峙先生，第二任会长为宋春华先生，第三任会长为杜鹃女士。现任会长为柴强博士，副会长兼秘书长为赵鑫明先生。中房学的主要宗旨是团结和组织从事房地产估价、房地产经纪、住房租赁活动的专业人士、机构及有关单位，开展行业研究、交流、教育和宣传活动，接受政府部门委托拟订并推行行业执业标准、规则，加强自律管理及国际交往与合作，不断提高行业专业人员及机构的服务水平，反映其诉求，维护其合法权益，促进行业规范、健康、持续发展。目前承担全国房地产估价师、房地产经纪专业人员职业资格考试、注册、登记、继续教育等工作。

摘　要

《中国房地产发展报告 No. 20（2023）》持续秉承客观公正、科学中立的宗旨和原则，追踪中国房地产市场最新动态，深度剖析市场热点，展望发展趋势，积极谋划应对策略。全书分为总报告、专题篇、服务篇、热点篇，对当前房地产市场的发展态势进行全面、综合的分析，并从不同的角度对房地产市场发展进行深度分析，对一些热点问题也进行了探讨。

2022 年房地产市场发展的政策背景以稳为主，注重风险防范，宽松的政策基调贯穿全年。从全国房地产市场来看，2022 年房地产市场运行的总体特征主要包括：销售市场方面，商品房平均销售价格创 1998 年以来的最大跌幅，各类物业和各地区平均销售价格皆出现下跌；商品房销售面积大幅萎缩，待售面积增幅快速扩大。租赁市场方面，住房租金涨幅连续四年低于 CPI 涨幅。土地市场方面，土地成交量减半，土地平均成交价格呈结构性上涨，总体看对地方财政收入产生了较大的影响。投融资方面，房地产开发投资自 1998 年以来首次呈负增长，自筹资金成为最主要的资金来源。房屋供给方面，房屋新开工面积下降约四成，各类房屋新开工面积均连续三年全线缩减。

2022 年，房地产市场供需两端面临冲击和压力，房地产企业投资与开发持续下行，房地产开发企业的投资意愿十分低迷。全国房地产市场的商品房销售面积大幅萎缩，市场需求和购买力不足。房贷提前还款潮风险，加剧了金融乃至整个经济领域的风险。部分三、四线城市房价下跌幅度较大，行业下行压力大，市场回升缺乏有效支撑。"高杠杆、高负债、高周转"经营模式难以为继，部分房企出现流动性危机。新冠疫情对经济的持续冲击前所未有，房地产受到很大挑战。居民置业预期走弱，楼市活跃度恢复不明显。

建议继续助企纾困化解风险，完善住房供给体系。优化住房限购政策，合理支持住房需求。调整城市土地供给政策，推动实现资源优化配置。加大金融扶持力度，优化预售资金监管。降低居民还贷压力，助力化解金融风险。盘活住房存量，优化住房结构。鼓励房企主动营销，优先满足贷款需求。支持住房消费，提升居民信心。

预计2023年住房调控政策和金融环境持续宽松，供给端去库存，需求端购房消费更理性，全年市场温和修复，实现以"稳"为主的供需新平衡。保交楼取得实质性进展之后，消费者对购买新房的观望情绪在很大程度上得到缓解，2022年积压的部分延迟购买需求有望在2023年逐步释放，带动全年新房成交量略高于新的需求中枢。重点城市市场价格预计在二季度企稳。2023年一季度大部分城市新房市场仍处于化解库存阶段，价格有继续调整惯性，随着价格出清，住房成交量在二季度后重回修复通道，价格将逐步企稳。核心城市核心区市场稳中有升。全国整体市场成交量基本稳定，背后是区域结构的进一步分化，头部市场将占据更高的份额。除了城市之间的分化，城市内部分化也将延续，核心区拥有更坚实的人口和产业支撑，其市场份额、价格走势都将表现出更强韧性。根据模型预测，2023年固定资产投资和房地产开发投资增速分别为7.9%和-4.3%，其中住宅开发投资增速为-3.6%；土地购置面积、土地成交价款和成交均价分别下降23.6%、48.9%和33.2%；商品房销售面积和销售额增速分别为-0.3%和5.4%，新建商品房销售均价为9385元/米²，同比上升5.7%，其中住宅销售均价为10036元/米²，同比上升6.6%。2023年，一线城市、二线城市和三线及以下城市新建商品房销售均价将分别上升4.8%、6.9%和5.3%。

关键词： 房地产业　房地产市场　土地市场　商品房销售面积　房地产开发投资

目 录 ↖⤵

I 总报告

II 专题篇

皮书数据库阅读**使用指南**

总 报 告
General Reports

B.1

2022年中国房地产市场形势分析
及2023年展望

"房地产蓝皮书"总报告编写组 *

摘　要： 2022年房地产市场发展的政策背景以稳为主，注重风险防范，宽松的政策基调贯穿全年。房地产市场供需两端面临冲击和压力，房地产企业投资与开发持续下行，房地产开发企业的投资意愿低迷。建议继续助企纾困化解风险，完善住房供给体系；优化住房限购政策，合理支持住房需求；调整城市土地供给政策，推动实现资源优化配置；加大金融扶持力度，优化预售资金监管；

* 执笔人：赵鑫明，中国房地产估价师与房地产经纪人学会副会长兼秘书长，研究方向为房地产经济；王业强，研究员，中国社会科学院国家未来城市实验室副主任，中国区域科学协会副理事长，中国城市经济学会房地产专业委员会主任，研究方向为房地产经济与政策；董昕，中国社会科学院生态文明研究所城市群研究室主任，副研究员，中国城市经济学会房地产专业委员会副主任，研究方向为城市经济、住房与土地政策；邹琳华，中国社会科学院财经战略研究院住房大数据项目组组长，中国社会科学院竞争力模拟实验室副主任，中国城市经济学会房地产专业委员会秘书长，研究方向为房产经济与政策；张智，天津社会科学院研究员，研究方向为宏观经济预测、房地产经济、城市经济；刘晓霖，中国社会科学院大学硕士研究生。

降低居民还贷压力，助力化解金融风险；盘活住房存量，优化住房结构；鼓励房企主动营销，优先满足贷款需求；支持住房消费，提升居民信心。预计2023年住房调控政策和金融环境持续宽松，供给端去库存，需求端购房消费更理性，全年市场温和修复，实现以"稳"为主的供需新平衡。保交楼取得实质性进展之后，消费者对购买新房的观望情绪在很大程度上得到缓解，2022年积压的部分延迟购买需求有望在2023年逐步释放，带动全年新房成交量略高于新的需求中枢。

关键词： 房地产市场　住房需求　住房结构　土地市场

一　2022年中国房地产市场总体运行特征[①]

2022年房地产市场发展的政策背景以稳为主，注重风险防范，宽松的政策基调贯穿全年。从全国房地产市场来看，2022年房地产市场运行的总体特征主要包括：销售市场方面，商品房平均销售价格创1998年以来的最大跌幅，各类物业和各地区平均销售价格皆出现下跌；商品房销售面积大幅萎缩，待售面积增幅快速扩大。租赁市场方面，住房租金涨幅已经连续四年低于CPI涨幅。土地市场方面，土地成交量减半，土地平均成交价格结构性上涨，总体看对地方财政收入产生了较大的影响。投融资方面，房地产开发投资自1998年以来首次负增长，自筹资金成为最主要的资金来源。房屋供给方面，房屋新开工面积下降约四成，各类房屋新开工面积均已连续三年全线缩减。

（一）政策背景：以稳为主，注重风险防范，宽松的政策基调贯穿全年

2022年的房地产政策涉及房地产信贷、保障性租赁住房和共有产权住

---

① 本文的资料来源，除特殊注明以外均来自国家统计局。

房供给、土地管理、整治规范房地产市场秩序、绿色低碳建设、养老服务与积极生育等多方面，但对房地产市场影响最大的仍是房地产金融方面的政策（见附表1）。

2022年房地产市场发展的政策背景前后较为一致，且呈循序渐进状。1~3月，银保监会、中国人民银行、中央政治局先后强调"房子是用来住的、不是用来炒的"，持续完善"稳地价、稳房价、稳预期"房地产长效机制，坚持"因城施策"的房地产政策导向，其间央行年内首次降息，初步奠定年内宽松政策总基调。4~6月，中国人民银行、外汇局就其政策导向进一步出台23条详细举措，如因城施策实施好差别化住房信贷政策，合理确定辖区内商业性个人住房贷款的最低首付款比例、最低贷款利率要求等金融支持消费和有效投资的举措；中国人民银行与银保监会也联合发布《关于调整差别化住房信贷政策有关问题的通知》，推进各省级市场利率定价自律机制，根据辖区内各城市房地产市场形势变化及城市政府调控要求，自主确定辖区内各城市首套和二套住房商业性个人住房贷款利率加点下限，年内房地产宽松政策总基调更为明晰。7月起，银保监会召开全系统2022年年中工作座谈会暨纪检监察工作座谈会指出，支持地方做好"保交楼"工作，促进房地产市场平稳健康发展，政策导向的内涵向支持刚性和改善性住房需求，压实地方政府责任，保交楼、稳民生方面进一步丰富。进入11月，国家发改委、人民银行、银保监会等先后发布《关于进一步完善政策环境加大力度支持民间投资发展的意见》《关于做好当前金融支持房地产市场平稳健康发展工作的通知》等政策，规范引导资本健康发展。中国人民银行、银保监会提出包含"积极配合做好受困房地产企业风险处置，阶段性调整部分金融管理政策"的"金融十六条"以防范化解房地产风险，此时政策由"保项目"向"保主体"进一步过渡。

（二）销售价格：商品房平均销售价格创1998年以来的最大跌幅，各类物业和各地区平均销售价格皆出现下跌

房地产市场销售价格方面，从总体来看，2022年全国房地产市场的商

品房平均销售价格创 1998 年以来的最大跌幅，且首次出现各类物业价格同时下跌；从区域来看，各地区的商品房平均销售价格均出现下降，东部地区的降幅最小，中部地区的降幅最大；从城市来看，一、二、三线城市住宅价格增幅均呈下行态势，住宅价格环比下跌的城市超六成。

1. 商品房平均销售价格增速由正转负，创1998年以来的最大跌幅，且首次出现各类物业价格同时下跌

2022 年全国商品房的平均销售价格为 9814 元/米²，比 2021 年下跌 3.2%，创 1998 年以来的最大跌幅，且首次出现商品住宅、办公楼、商业营业用房的平均销售价格同时下跌。其中，商品住宅平均销售价格下跌 2.0%，降至 10185 元/米²；办公楼平均销售价格微跌 0.4%，为 13873 元/米²；商业营业用房平均销售价格下跌 7.9%，降至 9864 元/米²。1998 年至今，全国商品房平均销售价格只出现过 3 次负增长，第一次是 1999 年的 -0.5%，第二次是 2008 年的 -1.7%，第三次是 2022 年的 -3.2%（见图 1）。1998～2021 年，商品住宅、办公楼、商业营业用房的平均销售价格，要么同时上涨，要么有升有降，2022 年则出现了商品住宅、办公楼、商业营业用房平均销售价格的同时下跌，表明房地产市场正面临着前所未有的严峻挑战。

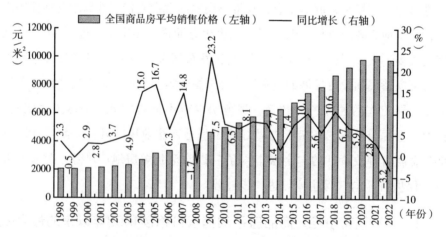

图 1　1998～2022 年全国商品房销售价格及变化情况

资料来源：国家统计局及相应计算。

2. 各地区的商品房平均销售价格均出现下降，东部地区的降幅最小，中部地区的降幅最大

从区域差异来看，2022年东部地区的商品房平均销售价格为13729元/米²，比2021年下跌2.7%；中部地区的商品房平均销售价格为6959元/米²，比2021年下跌5.6%；西部地区的商品房平均销售价格为7070元/米²，比2021年下跌4.1%；东北地区的商品房平均销售价格为7496元/米²，比2021年下跌4.9%。① 东、中、西、东北地区的商品房平均销售价格全线下降。其中，东部地区的商品房平均销售价格降幅最小，商品房平均销售价格依然大致是其他地区的2倍；中部地区的商品房平均销售价格降幅最大，2022年中部地区的商品房平均销售价格低于西部地区和东北地区，成为四大地区中商品房平均销售价格最低的地区（见表1）。

表1 2018~2022年全国商品房销售价格及其变化

单位：元/米²，%

地　区	商品房平均销售价格					比上年增长				
	2018年	2019年	2020年	2021年	2022年	2018年	2019年	2020年	2021年	2022年
全国总计	8737	9310	9860	10139	9814	10.7	6.6	5.9	2.8	-3.2
东部地区	11717	12586	13419	14105	13729	12.1	7.4	6.6	5.1	-2.7
中部地区	6677	7096	7306	7374	6959	10.5	6.3	3.0	0.9	-5.6
西部地区	6857	7274	7456	7370	7070	15.4	6.1	2.5	-1.2	-4.1
东北地区	7246	7862	8222	7880	7496	11.9	8.5	4.6	-4.2	-4.9

资料来源：国家统计局及相应计算。

3. 一、二、三线城市住宅价格增幅均呈下行态势，住宅价格环比下跌的城市超六成

从不同城市来看，2022年一线、二线、三线城市的住宅价格走向延续

① 东部地区包括北京、天津、河北、上海、江苏、浙江、福建、山东、广东、海南10个省（市）；中部地区包括山西、安徽、江西、河南、湖北、湖南6个省；西部地区包括内蒙古、广西、重庆、四川、贵州、云南、西藏、陕西、甘肃、青海、宁夏、新疆12个省（区、市）；东北地区包括辽宁、吉林、黑龙江3个省。

了 2021 年下半年的下行态势。① 其中，一线城市和二线城市住宅价格增幅的下行轨迹较为相似，三线城市住宅价格则出现了较大的波动（见图 2）。对全国百城②住宅价格的追踪数据显示，全年 12 个月中有 7 个月住宅价格环比下跌的城市超过 50%，截至 2022 年 12 月，住宅价格环比下跌的城市更是达到了 68 个，还有 22 个城市住宅价格环比持平，住宅价格环比上涨的城市只有 10 个。

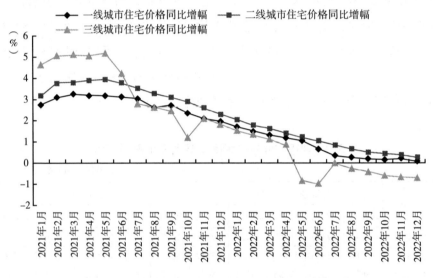

图 2　2021~2022 年一二三线城市住宅价格增幅的月度变动

资料来源：Wind 数据库。

---

① 一线城市，包括北京、上海、广州、深圳，共 4 个城市；二线城市，包括天津、重庆、杭州、南京、武汉、沈阳、成都、西安、大连、青岛、宁波、苏州、长沙、济南、厦门、长春、哈尔滨、太原、郑州、合肥、南昌、福州，共 22 个城市；三线城市，包括邯郸、菏泽、湘潭、呼和浩特、廊坊、湖州、洛阳、潍坊、连云港、扬州、昆山、常州、昆明、徐州、日照、烟台、新乡、镇江、泉州、营口、东莞、桂林、南宁、金华、马鞍山、东营、株洲、无锡、德州、西宁、赣州、保定、常熟、银川、泰州、盐城、威海、乌鲁木齐、宿迁、贵阳、湛江、鞍山、衡水、吉林、鄂尔多斯、包头、南通、珠海、嘉兴、石家庄、中山、聊城、秦皇岛、淮安、柳州、温州、惠州、绵阳、唐山、海口、北海、淄博、江阴、宝鸡、芜湖、张家港、兰州、台州、江门、绍兴、宜昌、佛山、三亚、汕头，共 74 个城市。
② 百城包括上述一、二、三线的全部 100 个城市。

（三）销量与库存：商品房销售面积大幅萎缩，待售面积增幅快速扩大

2022年全国房地产市场的商品房销售面积同比下降了24.3%，销售量大幅萎缩。从物业类型来看，住宅、办公楼、商业营业用房的销售面积均出现负增长，住宅销售面积的降幅最大。从区域市场来看，东北地区的商品房销售面积降幅最大，中部地区的商品房销售面积降幅最小。同时，商品房待售面积连续三年增加且增幅快速扩大，住宅待售面积增幅超过商办物业。

1. 商品房销售面积大幅下跌，各类物业销售面积均出现负增长，东北地区降幅最大

2022年，全国商品房销售面积为13.58亿平方米，比2021年下降了24.3%，增速由正转负，销售量大幅萎缩（见图3）。从物业类型来看，住宅、办公楼、商业营业用房的销售面积均出现负增长，住宅销售面积的降幅最大。2022年全国商品房销售面积中，住宅的销售面积为11.46亿平方米，比2021年下降了26.8%；办公楼的销售面积为0.33亿平方米，比2021年下降了3.3%；商业营业用房的销售面积为0.82亿平方米，比2021年下降了8.9%；其他商品房的销售面积为0.97亿平方米，比2021年下降了7.4%。从区域市场来看，东北地区的商品房销售面积降幅最大，中部地区的商品房销售面积降幅最小。2022年全国商品房销售面积中，东部地区的商品房销售面积为5.64亿平方米，比2021年下降了23.0%；中部地区的商品房销售面积为4.08亿平方米，比2021年下降了21.3%；西部地区的商品房销售面积为3.46亿平方米，比2021年下降了27.7%；东北地区的商品房销售面积为0.41亿平方米，比2021年下降了37.9%。

2. 商品房待售面积连续三年增加且增幅快速扩大，住宅待售面积增幅超过商办物业

2022年全国商品房待售面积为5.64亿平方米，同比增加了10.5%，增

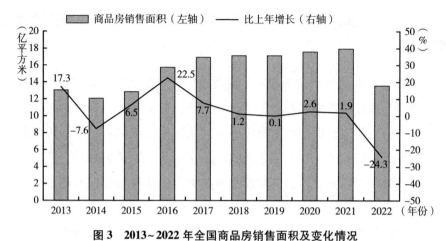

图3 2013~2022年全国商品房销售面积及变化情况

资料来源：国家统计局及相应计算。

幅与上年的2.4%相比快速扩大（见图4）。其中，住宅待售面积为2.69亿平方米，占47.7%，比2021年增加了18.4%；办公楼待售面积为0.41亿平方米，占7.3%，比2021年增加了7.3%；商业营业用房待售面积为1.26亿平方米，占22.3%，比2021年减少了1.6%。住宅待售面积增速大幅超过办公楼和商业营业用房，住宅待售面积在商品房待售面积中所占的比重也由2021年的44.6%扩大到2022年的47.7%。

（四）租金：住房租金微跌0.3%，住房租金涨幅已经连续四年低于CPI涨幅

相较于住房销售价格，住房租赁价格一直保持着较为稳定的态势。2022年，全国租赁房房租类居民消费价格（以下简称"住房租金"）比2021年下降0.3%，降幅小于全国商品住宅平均销售价格2.0%的同比降幅。对比住房租金涨幅和居民消费价格指数（CPI）涨幅可以发现，2022年在居民消费价格指数整体上涨2.0%的情况下，住房租金下跌了0.3%，这已经是自2019年开始住房租金涨幅连续四年低于CPI涨幅（见图5）。

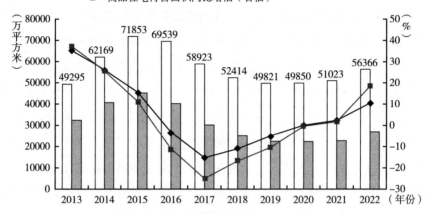

图4　2013~2022年全国商品房待售面积及变化情况

资料来源：国家统计局及相应计算。

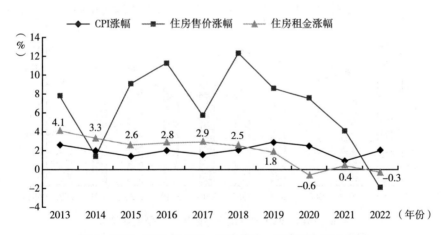

图5　2013~2022年CPI、住房售价、住房租金同比增幅

注：住房售价是指全国商品住宅的平均销售价格。

资料来源：国家统计局及相应计算。

（五）土地市场：土地成交量减半，土地平均成交价格结构性上涨，总体看对地方财政收入产生了较大的影响

2022 年的土地市场深度下行，土地购置面积和土地成交价款的降幅都在 50% 左右。全国土地购置面积从 2019 年开始持续下降，2022 年全国土地购置面积为 1.01 亿平方米，比 2021 年减少了 53.4%；2022 年全国土地成交价款为 9166 亿元，比 2021 年减少了 48.4%。与此同时，土地平均成交价格达到 9119 元／米²，比 2021 年上涨了 10.9%（见图 6）。土地市场出现量缩价涨现象的可能原因之一是，在房地产市场低迷的情况下，地方政府出于财政收入压力或者为了避免土地使用权出让时的流标流拍而倾向于将城市内的优质地块推向市场。土地购置面积和土地成交价款的大幅下降，对地方财政收入产生了较大的影响。2022 年，地方政府性基金预算本级收入 73755 亿元，比上年下降 21.6%，其中，国有土地使用权出让收入 66854 亿元，比上年下降 23.3%。[①]

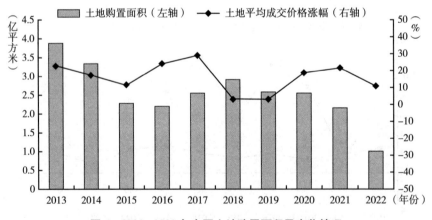

图 6　2013～2022 年全国土地购置面积及变化情况

资料来源：国家统计局及相应计算。

---

① 财政部国库司：《2022 年财政收支情况》，2023 年 1 月 30 日，http：//gks. mof. gov. cn/tongjishuju/202301/t20230130_ 3864368. htm。

（六）投融资：房地产开发投资自1998年以来首次负增长，自筹资金成为最主要的资金来源

2022年，房地产开发投资自1998年起首次出现负增长，各类物业投资全部减少，各地区投资增幅均为负值；资金来源方面，金融政策的利好并没有明显降低房地产开发企业的融资难度，自筹资金成为房地产开发企业实际到位资金中最主要的资金来源，房地产开发企业资金中销售回款的支撑有所下降。

1. 房地产开发投资自1998年以来首次负增长，各类物业投资全部减少，各地区投资增幅均为负值

2022年全国房地产开发投资132895亿元，比2021年减少了10.0%，是自1998年起首次出现负增长（见图7）。在2022年全国固定资产投资（不含农户）比2021年增长5.1%的背景下，房地产开发投资同比下降了10.0%，说明房地产开发企业的投资意愿十分低迷。从物业类型来看，各类型物业开发投资全部减少。2022年房地产开发投资中，住宅开发投资为100646亿元，增幅由正转负，比2021年减少了9.5%；办公楼开发投资5291亿元，延续下行趋势，比2021年减少了11.4%；商业营业用房开发投资10647

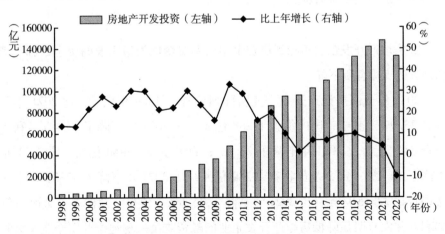

图7 1998~2022年各类房地产开发投资变化情况

资料来源：国家统计局及相应计算。

亿元，下降幅度明显加深，同比降幅由 2021 年的 4.8% 变为 2022 年的 14.4%。从区域来看，各地区房地产开发投资均出现负增长。2022 年，东部地区房地产开发投资额为 72478 亿元，比 2021 年减少了 6.7%；中部地区房地产开发投资额为 28931 亿元，比 2021 年减少了 7.2%；西部地区房地产开发投资额为 27481 亿元，比 2021 年减少了 17.6%；东北地区房地产开发投资额为 4005 亿元，比 2021 年减少了 25.5%（见表 2）。东部地区的降幅最小，而东北地区的降幅最大，由此，东部地区的房地产开发投资额占全国的比例进一步上升至54.5%，东北地区的房地产开发投资额占全国的比例进一步缩减至 3.0%。

表 2 2018~2022 年全国房地产开发企业完成投资及其变化

单位：亿元，%

地 区	房地产开发企业完成投资					比上年增长				
	2018 年	2019 年	2020 年	2021 年	2022 年	2018 年	2019 年	2020 年	2021 年	2022 年
全国总计	120264	132194	141443	147602	132895	9.5	9.9	7.0	4.4	-10.0
东部地区	64355	69313	74564	77695	72478	10.9	7.7	7.6	4.2	-6.7
中部地区	25180	27588	28802	31161	28931	5.4	9.6	4.4	8.2	-7.2
西部地区	26009	30186	32654	33368	27481	8.9	16.1	8.2	2.2	-17.6
东北地区	4720	5107	5423	5378	4005	17.5	8.2	6.2	-0.8	-25.5

资料来源：国家统计局及相应计算。

2. 房地产开发企业实际到位资金中自筹资金成为最主要的资金来源，销售回款的支撑有所下降

2022 年全国房地产开发企业实际到位资金 148979 亿元，比 2021 年下降了 25.9%。其中，国内贷款 17388 亿元，比 2021 年下降了 25.4%；利用外资 78 亿元，比 2021 年下降了 27.4%；自筹资金 52940 亿元，比 2021 年下降了 19.1%；定金及预收款 49289 亿元，比 2021 年下降了 33.3%；个人按揭贷款 23815 亿元，比 2021 年下降了 26.5%。值得注意的是，金融政策的利好并没有明显降低房地产开发企业的融资难度。房地产开发企业实际到位资金中的国内贷款在 2022 年大幅减少，国内贷款占比为 11.7%，仅比2021 年的 11.6% 提高了 0.1 个百分点。同时，定金及预收款在到位资金中占比出现下降，2019~2021年，定金及预收款都是房地产开发企业资金中最主要的来源，但2022年随着商品房销售的量缩价跌，定金及预收款的占比从2021年的36.8%降至2022年的33.1%（见图8）。可见，房地产开发企业资金中销售回款的支撑有所下降。由此，自筹资金成为房地产开发企业实际到位资金中最主要的资金来源，2022年自筹资金的占比为35.5%，比2021年的32.5%提高了3个百分点。

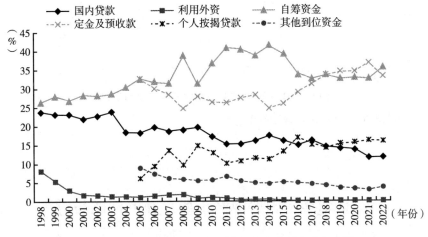

图8　1998~2022年各类房地产开发企业到位资金占比

资料来源：国家统计局及相应计算。

（七）房屋供给：房屋新开工面积下降约四成，各类物业新开工面积均已连续三年全线缩减

2022年全国房屋新开工面积120587万平方米，比2021年下降39.4%。其中，住宅新开工面积88135万平方米，比2021年下降39.8%；办公楼新开工面积3180万平方米，比2021年下降39.1%；商业营业用房新开工面积8195万平方米，比2021年下降41.9%。可见，各类物业新开工面积均出现大幅下降，而且降幅均在40%左右，这已经是自2020年起第三年各类物业的新开工面积均持续缩减（见图9）。

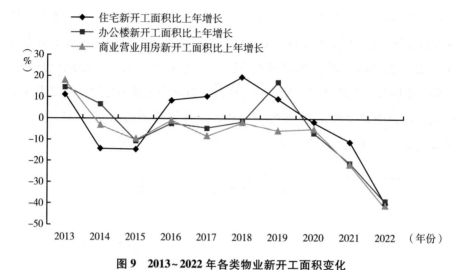

图9 2013~2022年各类物业新开工面积变化

资料来源：国家统计局及相应计算。

二 2022年中国房地产市场存在的问题与对策

（一）2022年我国房地产市场问题分析

2022年，房地产市场供需两端面临冲击和压力，数据指标持续恶化，市场短期复苏承压。

1. 房地产企业投资与开发继续下行

国家统计局发布的2022年房地产开发投资与销售数据显示，尽管行业政策面释放宽松信号，但2022年多项房地产数据指标仍保持下行。土拍方面，22个集中供地城市累计土地出让金收入比上年下降30%，底价成交和流拍现象较为普遍。全年房企土地购置面积同比下降53.4%。土地市场大体上萎缩了50%，其中还包括了城投等企业托底。投资方面，其中全国房地产开发投资额为13.29万亿元，同比降幅为10%，罕见进入两位数行列。其中住宅投资100646亿元，下降9.5%；办公楼投资5291亿元，下降

11.4%；商业营业用房投资10647亿元，下降14.4%。

2.市场需求和购买力不足

在目前阶段，刚性需求数量有限，并主要来自部分三线、四线城市就地城市化带来的刚性需求。近年来，改善性需求成为市场主导，一部分地段如学区位置好的房子涨得更快，主要是受到改善性需求的推动，但有所走弱。同时，部分线下行业因疫情原因收入受到不同程度的影响。房地产作为重要的金融抵押品，以及财富的重要载体，受到很大挑战。很多房地产开发商开工和销售受到影响，购房人的选房看盘过程受到不同程度的影响。从数据来看，2022年，商品房销售面积13.58亿平方米，比上年下降24.3%，其中住宅销售面积下降26.8%。商品房销售额13.33万亿元，下降26.7%，其中住宅销售额下降28.3%。个人按揭贷款只有2.38万亿元，下降26.5%。

3.房贷提前还款潮造成风险加剧

居民跟风提前还贷，导致后续个人现金流紧张的做法，加剧了金融乃至整个经济领域的风险。尤其是通过转贷的方式，如通过办理消费贷等偿还房贷，这种做法本身是违反金融管理规定的，金融机构和个人都有较大风险。造成房贷提前还款这一现象有两点深层次原因：一是收入增速降低，居民收入增速放缓，2022年全国居民可支配收入增长5%，较疫情前水平要低将近4个百分点。面对4%以上的房贷利率，提前还贷有利于降低生活成本。二是存量房贷款利率过高。相较于当下的房贷利率，此前购房的居民，却仍在承受着高利率的房贷压力。

4.三四线城市行业下行压力大

一、二、三四线城市的具体情况不同，针对外部环境变化在时间和程度上又会不同，但长期内波动性分化是常态。2022年部分三四线城市房价下跌幅度较大，未来三四线城市较一、二线城市面临更大下行压力。三四线及以下城市面临着住房库存高、人口老龄化、产业结构转型困难、需求增速较低等问题，房地产量价或将继续下行。在一系列促进住房消费政策出台、本轮疫情进入尾声、经济持续恢复等背景下，虽然近期部分重点城市市场有所

恢复，但整体房地产市场回升根基暂且不太稳固，尤其是三四线市场仍然疲软。

5. 房企债务违约对市场产生较大冲击

由于楼市调控收紧对信贷的限制，市场上出现了一大批陷入债务危机的房企。部分房企"高杠杆、高负债、高周转"经营模式难以为继，随着融资环境全面收紧，新债发行不易，加上债务集中到期兑付，部分房企出现流动性危机。恒大地产、泰禾集团、华夏幸福等的违约事件，对市场产生了巨大的冲击，打折卖房现象直接影响到金融机构对房地产金融业务的信心。部分知名房企的楼盘因资金链断裂，在上半年陆续出现停工、烂尾现象。此外，由于期房需要经过3~5年的时间建成，时间跨度太长导致整个楼盘项目开发过程中可能会出现如资金、工程、工期管理等不可控因素增多，而爆出由烂尾问题导致业主发起联合断贷事件。

6. 住房总量相对过剩

据统计，1978~2020年，中国城镇住宅存量从不到14亿平方米增至313.2亿平方米，城镇人均住房建筑面积从8.1平方米增至34.7平方米，城镇住房套数从约3100万套增至3.63亿套，套户比也从0.8增至1.09。2020年中国城镇住房套户比为1.09，已接近发达国家水平。一线、二线、三四线城市分别为0.97、1.08、1.12。相比之下，德国为1.02，英国为1.03，二、三四线城市住房过剩更为明显。

7. 居民置业预期走弱

在多地疫情形势严峻、居民收入预期未明显转好背景下，居民置业意愿较低，楼市活跃度恢复不明显。受"买涨不买跌"心理、房企打折卖房和烂尾楼事件影响，居民降低价格上涨预期，楼市购房需求不足。

（二）相关对策建议

1. 助企纾困化解风险，完善住房供给体系

一方面，降低企业资金成本，化解企业风险，帮助其度过阶段性困难。特别是，化解重大经济金融以及优质头部企业的风险。可以通过健康度分类评价管理，夯实城市政府稳定房地产市场的主体责任。另一方面，结合集体土地入市改革，促进住房用地制度改革的推进。重点是推动集体土地建设租赁性住房等集体土地利用项目的落地，加快探索宅基地等非经营性集体建设用地的有序流转途径，从而最终形成城乡统一建设用地市场。同时，进一步完善住房供给体系。划小地块出让，简化报建及办证手续。

2. 优化住房限购政策，合理支持住房需求

一方面，优化住房限购限贷政策，合理支持改善性住房需求。一是研究建立住房过滤机制，梯度带动更多家庭住房水平的提高。二是进一步调整并优化相关住房限购限贷政策，避免对居民住房条件改善形成不合理的限制。三是改善优化住房交易增值税和个人所得税优惠政策，更好地支持居民家庭通过低成本换购优化住房条件。另一方面，允许各地因城施策实施好差别化住房信贷政策，鼓励金融机构结合自身经营情况、客户风险状况和信贷条件等，合理确定当地个人住房贷款首付比例和贷款利率政策下限，支持刚性和改善性住房需求。

3. 降低居民还贷压力，助力化解金融风险

一方面，着力扩大国内需求，要把恢复和扩大消费摆在优先位置，多渠道增加城乡居民收入，适度下调存量房贷款利率。组建非营利的政策性住房银行，支持居民家庭低成本提高住房水平，深化改革住房公积金制度。进一步降低商业性住房贷款杠杆。尝试以住房按揭贷款为基础发行 REITs 等。另一方面，实施差异化信贷政策，对受疫情影响暂时失去收入来源的群体，灵活调整住房按揭个人信贷还款安排，倡导合法合规地提前还贷，投资者提前还房贷要综合考虑贷款利率、已经还款年限和剩余还款年限、闲置资金金额和未来资金使用需求、投资理财水平等。

4. 调整城市土地供给政策，推动实现资源优化配置

一方面，调整当前土地供给结构势在必行，而扩大一线和部分二线城市商业及住宅用地供给、实现"人地挂钩"是关键。对房地产库存明显的三四线城市减少甚至停止住房用地供应。另一方面，探索推进城乡住房权益流

动，解决城乡人房结构性不匹配问题。

5. 加大金融扶持力度，优化预售资金监管

一方面，加大信贷支持力度，降低房地产企业融资成本，有效防范化解优质头部房企风险，改善优质房企资产负债情况，对受疫情影响严重的房地产企业到期还款困难的，可予以展期或续贷，合理延长房地产贷款集中度管理制度过渡期。另一方面，完善针对 30 家试点房企的"三线四档"规则，在保持规则整体框架不变的基础上，完善部分参数设置。压缩行政审批流程，优化预售资金监管，保证预售资金用于工程建设，合理确定监管资金留存比例。

6. 盘活住房存量，优化住房结构

一方面，研究并完善相关政策，用好城镇闲置房、盘活农村空置房，重点是利用存量资产发展住房租赁。另一方面，优化房产交易税费、城市基础配套费等税收政策，对受疫情影响无法按期缴纳税款的房地产企业，经批准可准予适当延期；加快推进房地产税立法，探索征收房地产税，在部分地区开展房地产税改革试点工作，提升房屋资源使用效率，促进房地产市场平稳健康发展。

7. 鼓励房企主动营销，优先满足贷款需求

稳住房地产市场是稳定宏观经济的前提条件。疫情防控措施调整后，企业可延续低价购房、无理由退房、线上认购优惠等促销活动并加大力度，保持客户黏性。鼓励金融机构提供充足的信贷额度，加快放贷速度，优先满足购房人的贷款需求。

8. 支持住房消费，提升居民信心

一方面，扎实做好保交楼、保民生、保稳定各项工作，有效防范化解市场风险；另一方面，实行购房激励政策，适度下调首套住宅贷款利率和首付款金额，鼓励房地产开发企业对购房居民给予适当优惠。要因城施策，加大对刚性和改善性住房消费的支持力度，打通影响需求释放的政策堵点，为市场释放更加有力的积极信号。

三　2023年中国房地产市场发展趋势与展望

2023年是党的二十大召开后的第一年，也是中国房地产市场走入新阶段的开始之年。对于2022年中国房地产市场出现的转折，应该说既是意料之外，又在情理之中。意料之外是指无论是开发投资、资金来源，还是建设面积、商品房销售，所有主要环节指标都出现大幅下跌；情理之中是指长期高速增长的房地产业发展模式预期转变的拐点终于来临。拐点之后的2023年，中国房地产市场将呈现何种运行态势，是摆在社会各界面前既难以预判又无法回避的问题。

（一）房地产业在我国宏观经济中的战略地位

2014年习近平总书记提出我国经济发展进入新常态，宏观经济将由高速增长转为中高速增长。2017年党的十九大报告进一步指出，我国经济已由高速增长阶段转向高质量发展阶段。固定资产投资是宏观经济发展的重要动力来源，可以将我国近20年来的投资增长划分为两个阶段。2000~2014年15年间固定资产投资（不含农户）年均增长19.9%，其中房地产开发投资年均增速更是高达23.3%；2015~2022年8年间固定资产投资（不含农户）年均增速降至5.9%，其中房地产开发投资年均增速只有4.3%。两个阶段增速高低显而易见，其内涵差异则是多方面的（见图10）。

首先，在高速增长阶段房地产经济为宏观经济增长提供了强劲动力。15年间房地产投资年均增速高于总投资3.4个百分点，更是高于非房地产投资（总投资剔除房地产投资）的年均增速4.3个百分点。尽管前期的高速增长确实积累了一些突出矛盾和深层问题，但不能否认在高速增长阶段，"改革开放和社会主义现代化建设取得巨大成就"，"为我们继续前进奠定了坚实基础、创造了良好条件、提供了重要保障"。[①]

---

① 习近平：《高举中国特色社会主义伟大旗帜　为全面建设社会主义现代化国家而团结奋斗——在中国共产党第二十次全国代表大会上的报告》，《人民日报》2022年10月26日，第1版。

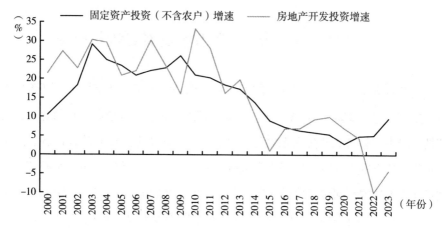

图10　2000年以来固定资产投资（不含农户）与房地产开发投资增速比较

注：2023年数值为模型预测值，下同。

资料来源：国家统计局。

其次，进入经济新常态和高质量发展阶段后，房地产经济调整的深度超过了非房地产经济。8年间非房地产投资年均增速6.4%，高于同期房地产开发投资2.1个百分点，即8年间房地产开发投资增速只是非房地产投资增速的2/3。

再次，中国房地产经济具有独特周期性和鲜明的中国特色。我国的城镇化和房地产经济发展既存在与世界各国的共性，也呈现鲜明的中国特色。特别是我国经济增长和快速城镇化不能简单照搬他国经验，从稳定房地产市场到"房住不炒"定位，从因城施策到租售并举，对中国房地产经济的规律性认识和治理能力也在实践中逐渐深入和不断提高。

最后，受新冠疫情和国内外复杂因素的综合影响，2022年中国房地产市场出现较大波动，对宏观经济运行造成显著影响。2022年，中国房地产开发投资下降10%，商品房销售额下降26.7%，国民经济核算房地产业增加值同比下降5.1%。受疫情等因素影响，2022年交通运输仓储和邮政业、住宿和餐饮业两大门类增加值也出现同比负增长，但两者下降合计金额仅相当于房地产业增加值下降金额的20.7%。如果按照2019~2021年房地产业3年间平均增速计算，在其他产业增速均不变的条件下，2022年中国GDP增速将从 3% 提升至 3.5%；如果将房地产业间接拉动合并计算，则可能将全年 GDP 增速进一步提升至 4% 以上。

以上数据和分析表明，无论是正面拉动还是负面掣肘，房地产业对宏观经济的影响都是巨大的。一方面，2015 年以来我国房地产业增加值占比始终保持在 6% 以上，最高达到 7.2%，即使 2022 年房地产业出现罕见负增长，其增加值占比也达到 6.1%，按占比 5% 以上的标准判定，房地产业的支柱地位是确定无疑的；另一方面，党的十八大以来，中央对房地产业相关工作的重视是所有经济部门中所仅见，粗略统计，在以分析研究经济工作为主要内容的中央政治局会议中，2/3 包含了与房地产业相关的内容。正是房地产经济举足轻重的地位本身决定了其"不炒"定位与"不可不稳"的政策趋向。至于房地产绑架宏观经济的看法也是不够客观的，作为国民经济不可或缺之重要组成部分的房地产经济，本身就是宏观经济的一个侧面和重要组成部分，"污名化"房地产业并不利于房地产市场平稳健康发展。

综上，"房住不炒"是房地产市场平稳健康发展的先决条件，建立房地产健康发展的长效机制，确保房地产市场平稳健康运行是宏观经济稳中求进的基础，包括住房保障体系建设在内的房地产业高质量发展是推进中国式现代化的必然要求。

（二）从中央政策正确认识房地产业发展方向

2023 年 2 月，习近平总书记在《求是》杂志发表了《当前经济工作的几个重大问题》重要文章（以下简称《几个重大问题》）[①]，文中第五个重大问题是有效防范化解重大经济金融风险。其中论及三个领域的风险：房地产业引发的系统性风险、金融风险、地方政府债务风险。《几个重大问题》是习近平总书记 2022 年 12 月 15 日在中央经济工作会议上讲话的一部分。我们将对《几个重大问题》中的相关内容进行解读分析，通过深入学

---

① 习近平：《当前经济工作的几个重大问题》，《求是》2023 年第 4 期。

习习近平总书记对房地产工作重要指示精神，正确认识中国房地产业发展方向。

1. 中央为房地产业指明的发展方向

第一，确保房地产市场平稳发展。

《几个重大问题》指出："房地产对经济增长、就业、财税收入、居民财富、金融稳定都具有重大影响。"房地产对经济增长的重大影响前文已有阐述，而就业、财税收入、居民财富、金融稳定等都是国民经济的重要方面，这些方面与宏观经济往往是一荣俱荣、一损俱损的关系。因此，我们可以理解为房地产业关乎宏观形势、关乎战略态势，对于这样一个领域，如何发挥其对宏观经济积极作用、避免其消极作用是做好当前经济工作的一个重大问题。

《几个重大问题》强调："要正确处理防范系统性风险和道德风险的关系，做好风险应对各项工作，确保房地产市场平稳发展。"这里是习近平总书记在公开讲话中第二次提到"道德风险"，第一次是在2017年2月28日习近平主持召开的中央财经领导小组第十五次会议上，在谈到处置"僵尸企业"探讨有效的债务处置方式时提到的。① 此处并非着重提"道德风险"，而是讲正确处理防范系统性风险和道德风险的关系。显然，这比分别单独处理系统性风险和道德风险更为复杂。

2023年3月28日，湖南住建厅公告《关于渤海银行股份有限公司擅自拨付商品房预售资金的通报》（以下简称《通报》），将渤海银行列入该厅失信黑名单。这一事件引起了社会的广泛关注，也引起了业内人士的热议。《通报》为湖南省房地产工作协调机制办公室发布，《通报》称"2021年3月和7月，渤海银行株洲分行违反相关管理办法和协议，擅自划扣恒大等项目资金，后经约谈警示一直没有整改到位。"从发布《通报》的单位、事发时间和涉及恒大项目等信息综合分析，这是一起由2021年上半年恒大地产公司资金链断裂"爆雷"事件引起的后续事件。一是，此次通报事件与房

---

① 《习近平主持召开中央财经领导小组第十五次会议》，《人民日报》2017年3月1日，第1版。

地产业直接相关，其源头是恒大等部分房地产企业的经营风险。二是，此次通报事件应是在资金处置上产生矛盾，未能协调一致造成的。从事发到《通报》有两年左右时间，事件产生背后事出有因，比如房地产开发公司可能存在未还贷款，且存在坏账风险。这就是一起由系统性风险引致道德风险的事例。更为直接的，期房一旦出现烂尾，购房者在绝望之下选择断供，将进一步增加银行坏账甚至出现大量法拍房，进而扰动住房市场，等等。防范系统性风险与道德风险联动，做好各种应对工作，避免市场大幅波动，是近期确保房地产市场平稳发展的重点工作。

第二，以优化供给扩大有效需求。

《几个重大问题》指出："要因城施策，着力改善预期，扩大有效需求，支持刚性和改善性住房需求，支持落实生育政策和人才政策，解决好新市民、青年人等住房问题，鼓励地方政府和金融机构加大保障性租赁住房供给，探索长租房市场建设。"因城施策是精准调控的必然选择，扩大国内有效需求是《几个重大问题》中的首要问题，这里再次强调了扩大住房需求的价值和意义。然而此一段讲话最终落脚点是优化供给，即通过优化供给来扩大有效需求。"刚性""生育""人才""新市民""青年人"，这些关键词无不指向青年活力人口，城市新增青年活力人口的住房问题是需要妥善解决的，是需要保障的。改革房地产市场供给结构的重要方向就是探索长租房市场建设。长租房市场建设是解决扩大需求、优化市场供给和保障青年刚需住房问题的焦点。这个层面的改革是很难全国"一刀切"的，所以要因城施策，所以要地方政府和金融机构去探索。

第三，推动房地产业向新发展模式平稳过渡。

《几个重大问题》提出"要坚持房子是用来住的、不是用来炒的定位，深入研判房地产市场供求关系和城镇化格局等重大趋势性、结构性变化，抓紧研究中长期治本之策，消除多年来'高负债、高杠杆、高周转'发展模式弊端，推动房地产业向新发展模式平稳过渡。""房住不炒"定位表明不应该、也不可以炒房，但仅仅理解到这一点是不够的。"房住不炒"至少包括了五层含义。一是人有住房的需求，居住需求是人的基本需求；二是住房有居住的使用功能，用于满足人的居住需求；三是存在炒作现象说明住房有金融属性，"不炒"不是否定住房存在金融属性，金融属性也是源于其居住功能；四是应抑制、控制住房的金融属性的过度发挥，转变特定阶段我国房地产的高杠杆、快建、快销高速增长模式，主动转向以避免硬着陆；五是更好地满足人们的住房需求，特别是刚需，许多人只看到"不炒"而忽略了"房住"，而"房住"即更好满足人们的住房需求是目的，"不炒"只是调控手段，仅仅做到"不炒"是不够的。

"三去一降一补"是供给侧结构性改革的核心内容。2022年我国房地产市场各项指标出现大幅下降，从负面看拖累了宏观经济增长，从更长期的高质量发展角度看，2022年房地产领域在去产能、去库存、去杠杆上有了显著进展。

先看去产能。图11显示，2022年房地产开发企业施工房屋面积首次出现下降，从2021年的97.5亿平方米下降到90.5亿平方米，下降7.2%。可以将其看作去产能的标志性成果，模型预测2023年施工房屋面积将进一步下降至84.6亿平方米，同比下降6.5%，其下降的直接原因是竣工面积增速显著高于新开工面积增速，模型预测二者增速差将达到23.9个百分点。

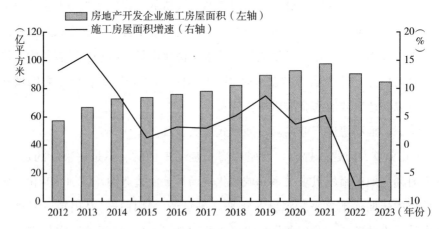

图11　2012年以来房地产开发企业施工房屋面积及其增速变化

资料来源：国家统计局。

再看去库存的情况。图12是2012年以来我国商品房待售面积变化情况。商品房待售面积指报告期末已竣工的可供销售或出租的商品房屋建筑面积中，尚未销售或出租的商品房屋建筑面积。可以看出，2015年和2016年商品房待售面积分别达到7.2亿平方米和7亿平方米，是历史上最高的两个年份。2017年及以后待售面积下降，2019~2021年商品房待售面积大致保持在5亿平方米左右。2022年待售面积超过5.6亿平方米，同比上升10.5%，虽然上升幅度较大，但仍明显低于2017年。模型预测2023年商品房待售面积将回升至6.2亿平方米左右，与2014年时数据相近，从数量上看，尚不足近两年商品房年销售面积的一半，完全在可控的安全范围之内。如是，近些年去库存的效果不可谓不显著。

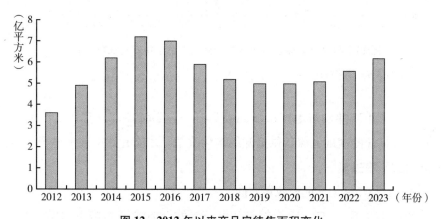

图12　2012年以来商品房待售面积变化

资料来源：国家统计局。

最后看去杠杆。房地产开发企业到位资金指标反映了开发投资的资金来源情况。企业自有开发资金主要是自筹资金加上定金及预收款，而外部资金来源主要是国内贷款、个人按揭贷款和利用外资。外部资金在房地产投资本年资金来源小计中占比可以看作房地产开发企业经营活动的杠杆率，这个杠杆率是企业杠杆与购房居民杠杆的叠加，属于宏观杠杆率。图13显示了2012年以来房地产开发企业到位资金宏观杠杆率的变化，2012~2016年杠杆率逐年上升，2016年杠杆率达到36.8%的顶峰，2017年小幅降到36.2%，随后2018~2020年大幅降到33%左右，2021年进一步降至30.7%，2022年小幅回升至31.4%，模型预测2023年杠杆率将回升至31.9%。总体上近年杠杆率显著小于历史峰值，去杠杆政策效果明显。

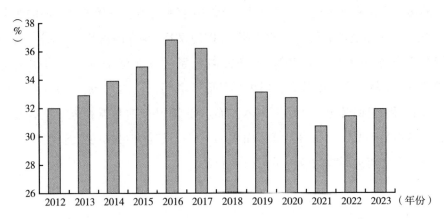

图13　2012年以来房地产开发企业到位资金中宏观杠杆率变化

资料来源：国家统计局。

综上，2022年的房地产市场调整具有一定必然性，只有在去产能、去库存、去杠杆的基础上深化供给侧结构性改革，才能有效推进房地产业向新发展模式平稳过渡。

2. 2023年房地产调控政策方向

2023年1月13日，国务院新闻办公室在北京举行新闻发布会，会上，央行有关负责人在回答记者问时多次提及支持房地产的相关举措，主要包括：鼓励住房、汽车等大宗消费；用好保交楼专项借款、保交楼贷款支持计划等政策工具，维护住房消费者合法权益，重点支持房地产市场平稳运行；因城施策实施好差别化住房信贷政策，设立全国性资产管理公司专项再贷款、设立住房租赁贷款支持计划等。完善住房租赁金融支持政策，推动房地产行业向新发展模式平稳过渡。1月17日，全国住房和城乡建设工作会议明确了2023年要重点抓好的12个方面工作，会议强调以增信心、防风险、促转型为主线，促进房地产市场平稳健康发展。以发展保障性租赁住房为重点，加快解决新市民、青年人等群体住房困难问题。3月5日，政府工作报告再次提出，有效防范化解优质头部房企风险，改善资产负债状况，防止无序扩张，促进房地产业平稳发展。加强住房保障体系建设，支持刚需和改善性住房需求，解决好新市民、青年人等住房问题。把恢复和扩大消费摆在优先位置。加快实施"十四五"重大工程，实施城市更新行动。

需求端：下调或取消首套房贷利率下限的城市有望进一步扩围。1月，央行、银保监会已建立首套住房贷款利率政策动态调整机制，将住房贷款利率与各地新房价格走势挂钩。对于房价持续3个月下跌的城市，允许下调首套房贷利率下限，房贷利率实现定向下调。可进行贷款利率调整的城市不限于70个大中城市，其他城市也可以根据实际情况调整。短期来看，预计多地首套房贷利率将延续下行态势，符合条件的二线及三四线城市利率下限有望降至4%以下，核心一、二线城市亦有望下调利率加点幅度，进一步降低购房成本。与此同时，二线城市的楼市限购政策也逐渐松绑。一系列政策有效提振了市场，政策仍有放松的空间。

供给端："保交楼"对于稳定购房者预期至关重要，也是稳民生的关键之一。近期监管部门正在加速推进一系列"保交楼、保民生、保稳定"的举措，包括3500亿元保交楼专项借款，新增1500亿元保交楼专项借款投放、设立2000亿元保交楼贷款支持计划、加大保交楼专项借款配套融资力度、强化保交楼司法保障等。2023年"保交楼"配套资金有望加快落实，资金规模亦有望明显增加。

企业端："三支箭"政策提升了房企在信贷、债券、股权方面的融资能力。在坚持"房住不炒"的定位指导下，制定《改善优质房企资产负债表计划行动方案》，改善优质房企现金流，引导优质房企资产负债表回归安全区间，有效防范化解优质头部房企风险。合理延长房地产贷款集中度管理制度过渡期，房企"三线四档"规则完善参数设置，减少银行的信贷约束，将给予房企宽松的融资环境，降低对房企的要求，能减少房企经营、融资及债务压力，有利于防范房企风险。

住房租赁：设立1000亿元租赁住房贷款支持计划。发展住房租赁市场，是实现"租购并举"住房制度的重要路径，也是探索房地产新模式的重要

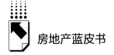

方向。央行在发布会中提及要"完善住房租赁金融支持政策",同时,也提出正在研究推出住房租赁贷款支持计划等结构性工具。2023 年,住房租赁支持政策预计仍将持续出台,尤其是与金融支持相关的政策。住房租赁贷款支持计划的推出,将有利于降低租赁住房的筹集成本,有效扩大租赁住房的供给;同时,结合住房租赁基金、保租房公募 REITs 等金融支持,将可能进一步放大政策效果,有效推动住房租赁市场的发展。

住房投资:2 月 20 日,证监会发布《证监会启动不动产私募投资基金试点 支持不动产市场平稳健康发展》,正式启动不动产私募投资基金试点。不动产私募投资基金的投资范围包括特定居住用房(包括存量商品住宅、保障性住房、市场化租赁住房)、商业经营用房、基础设施项目等。并鼓励境外投资者以 QFLP 方式投资不动产私募投资基金。将不动产私募基金从股权基金中独立出来,新设"不动产私募投资基金"产品类型,是构建良性的、多层次的不动产金融市场的重要举措。私募基金管理机构能够更好设计真正匹配各类不动产投资现金流特征的基金产品、更好匹配广大投资人的收益回报诉求,也更有助于私募基金作为权益类资金更好助力房地产市场良性发展。

城市更新:实施城市更新行动是党中央、国务院部署的一项重要任务,2023 年的《政府工作报告》对此也提出了要求。住房和城乡建设部部长倪虹表示,重点在四个方面做工作:一是持续推进老旧小区改造,建设完整社区。2023 年,希望再开工改造 5 万个以上老旧小区,力争能够让 2000 万居民获益。二是推进城市生命线安全工程建设。通过数字化手段和城市更新,对城市的供水、排水、燃气、热力、桥梁、管廊等进行实时监测,及早发现问题和解决问题,让城市的保障能力大幅度提高。三是要做好城市历史街区、历史建筑的保护与传承,让历史文化和现代生活融为一体、相得益彰。四是要推进城市数字化基础设施建设,用科技赋能城市更新。让 5G、物联网等现代信息技术进家庭、进楼宇、进社区,共同建设数字家庭、智慧城市,让我们的城市更聪明,让科技更多地造福人民群众的高品质生活。

（三）2023年中国房地产市场发展趋势

2022年经历了俄乌冲突、通胀飙升、联储加息、全球疫情等复杂多变的外部局势，又面临着地产爆雷等内部风险，我国保持了经济社会大局的稳定。随着各项政策效果的持续显现，2023年经济运行有望总体回升。一是疫情防控新阶段，经济将逐步走出疫情的阴霾，带来总需求的改善与生产能力的修复。二是扩大内需政策协同发力，将在一定程度上对冲外需走弱对出口的冲击。三是2022年11月以来，中央和地方纷纷出台了地产保交楼纾困政策，将推动房地产行业从当前的困境中逐步实现边际改善。总体来看，2023年中国经济增速将呈现前低后高、逐渐爬升态势。由于疫情对经济的冲击，2022年经济基数较低，预计2023年中国经济有望实现5%以上的增长。

根据春节期间海外投资披露的中国投资动向，全球资本配置A股核心资产热情高涨。可以预期的是，伴随着人民币汇率逐渐走强，外资在2023年很可能将加速流入，中国资产特别是核心资产或许会继续得到全球投资者的青睐，这根本上还是来自对中国经济的信心。根据31个省区市2023年政府工作报告的数据，2023年半数以上地区设定的经济目标增速都超过5.5%，全国经济增速目标为5%。在欧美经济2023年可能陷入衰退的背景下，中国经济的韧性，使外资对中国核心资产的偏好更强。国家统计局也发布数据，中国1月制造业PMI回升3.1个百分点至50.1%，时隔3个月重回荣枯线以上。对此，瑞银、ING银行、景顺、施罗德等多家知名外资机构纷纷发表观点看多中国经济和股市。

人口和房价实际上是产业发展的结果。如果产业发展不好，一个区域的人口会流失，房价会下滑。良性房地产模式是一种大循环模式，地方政府靠地产融资去支持核心产业，核心产业创造更多就业岗位以吸引更多人口，更多人口带来更加繁荣的房地产市场。因此，这种大循环才是可持续的，因为它靠核心产业加入了国内大循环和国际大循环，它依托的是一个开放系统。2022年，产业用地相关政策持续更新、不断深化，各地区比较优势充分发挥，从而支撑构建以国内大循环为主体、国内国际双循环相互促进的新发展格局。目前，我们的总体产业发展趋势向好，国际综合竞争力较强，已经成为第二大经济体，所以，中国的房地产市场不存在整体性问题。问题出在产业分布上：一些地方，产业一直在流入；剩下的地方，产业一直在迁出。尤其是对于三四五线城市，产业的争夺是残酷而激烈的，产业布局以及产业争夺战是一个长期问题。驱动房地产市场的底层逻辑，只能是流动性逻辑——放松限购、降低首付比例、降低贷款利率等。对低能级城市的流动性支持，本质上就是融资支持，先解决地方政府现金流的问题。

预计 2023 年住房调控政策和金融环境持续宽松，供给端去库存，需求端购房消费更理性，全年市场温和修复，实现以"稳"为主的供需新平衡。保交楼取得实质性进展之后，消费者对购买新房的观望情绪在很大程度上得到缓解，2022 年积压的部分延迟购买需求有望在 2023 年逐步释放，带动全年新房成交量略高于新的需求中枢。重点城市市场价格预计在二季度末企稳。2023 年一季度大部分城市新房市场仍处于化解库存阶段，价格有继续调整惯性，随着价格出清，住房成交量在二季度后重回修复通道，价格将逐步企稳。核心城市核心区市场稳中有升。全国整体市场成交量基本稳定，背后是区域结构的进一步分化，头部市场将占据更高的份额。除了城市之间的分化，城市内部分化也将延续，核心区拥有更坚实的人口和产业支撑，其市场份额、价格走势都将表现出更强韧性。根据模型预测，2023 年固定资产投资和房地产开发投资增速分别为 7.9% 和 -4.3%，其中住宅开发投资增速为 -3.6%；土地购置面积、土地成交价款和成交均价分别下降 23.6%、48.9% 和 33.2%；商品房销售面积和销售额增速分别为 -0.3% 和 5.4%，新建商品房销售均价为 9385 元/米^2，同比上升 5.7%，其中住宅销售均价 10036 元/米^2，同比上升 6.6%。2023 年一线城市、二线城市和三线及以下城市新建商品房销售均价将分别上升 4.8%、6.9% 和 5.3%。

附表1　2022年中国房地产领域相关政策回顾

时间	机构/会议	要点
1月	中国人民银行营业管理部	中国人民银行营业管理部召开货币信贷工作会议。会议要求,各银行业金融机构要坚持"稳字当头、稳中求进",落实好稳健的货币政策要灵活适度的总要求,要准确把握和执行好房地产金融审慎管理制度;坚持"房子是用来住的、不是用来炒的"定位,支持房地产企业合理融资需求,加大住房租赁金融支持,促进房地产业良性循环和健康发展
	中国银行保险监督管理委员会	银保监会工作会议要求,坚持"房子是用来住的、不是用来炒的"定位,持续完善"稳地价、稳房价、稳预期"房地产长效机制,因城施策促进房地产业良性循环和健康发展等
	国家发展和改革委员会	国家发改委等部门印发《促进绿色消费实施方案》提出,积极推广绿色居住消费;加快发展绿色建造;因地制宜推进清洁取暖设施建设改造等方法
	国家发展和改革委员会	发布《关于做好近期促进消费工作的通知》,要求促进住房消费健康发展,坚持租购并举、加快发展长租房市场;推进保障性住房建设,扩大保障性租赁房供给;支持商品房市场更好满足购房者的合理住房需求;因城施策促进房地产业良性循环和健康发展
	全国住房和城乡建设工作会议	会议要求,2022年工作重点为:加强房地产市场调控;推进住房供给侧结构性改革;实施城市更新行动;实施乡村建设行动;推动建筑业转型升级
	最高人民法院	最高人民法院印发《关于充分发挥司法职能作用　助力中小微企业发展的指导意见》,第14条明确规定,对商品房预售资金监管账户内资金依法审慎采取保全、执行措施,支持保障相关部门防范应对房地产项目逾期交付风险,商品房预售资金监管账户不得随意冻结,维护购房者合法权益
	国务院办公厅	国务院办公厅印发《要素市场化配置综合改革试点总体方案》。方案提出,进一步深化户籍制度改革,建立健全与地区常住人口规模相适应的财政转移支付、住房供应、教师医生编制等保障机制;支持探索土地管理制度
	住房和城乡建设部	住建部印发《"十四五"建筑业发展规划》提出,以建设世界建造强国为目标,着力构建市场机制有效、质量安全可控、标准支撑有力、市场主体有活力的现代化建筑业发展体系;大力发展装配式建筑等
	财政部、国家税务总局	财政部、国家税务总局发文明确基础设施领域REITs试点税收政策

续表

时间	机构/会议	要点
2月	中国人民银行、中国银行保险监督管理委员会	中国人民银行、中国银行保险监督管理委员会发布《关于保障性租赁住房有关贷款不纳入房地产贷款集中度管理的通知》,明确保障性租赁住房项目有关贷款不纳入房地产贷款集中度管理,鼓励银行业金融机构加大对保障性租赁住房发展的支持力度
	中国人民银行	央行发布《2021年第四季度中国货币政策执行报告》。报告指出,下一阶段,牢牢坚持"房子是用来住的、不是用来炒的"定位,坚持不将房地产作为短期刺激经济的手段,坚持稳地价、稳房价、稳预期,实施好房地产金融审慎管理制度,加大住房租赁金融支持力度,促进房地产市场健康发展和良性循环
	自然资源部	要求各地在已有工作基础上,用两年时间全面更新汇交集体土地所有权确权登记成果,依法维护农民土地权益,支撑集体经营性建设用地入市等自然资源改革工作
	国家发展和改革委员会	国家发改委发布《关于印发促进工业经济平稳增长的若干政策的通知》提出,财政税费政策方面,营业收入20亿元以下房企可按季度享受纳税优惠。用地政策方面,保障纳入规划的重大项目土地供应,支持产业用地实行"标准地"出让,提高配置效率;支持不同产业用地类型按程序合理转换,完善土地用途变更、整合、置换等政策;鼓励采用长期租赁、先租后让、弹性年期供应等方式供应产业用地
	中共中央、国务院	发布中央一号文件:《中共中央 国务院关于做好2022年全面推进乡村振兴重点工作的意见》。文件指出,扩大乡村振兴投入;继续把农业农村作为一般公共预算优先保障领域,中央预算内投资进一步向农业农村倾斜,压实地方政府投入责任;加强考核监督,稳步提高土地出让收入用于农业农村的比例等
	国务院	国务院发布《"十四五"国家老龄事业发展和养老服务体系规划》提出,要完善用地用房支持政策、科学规划布局新增用地、优化存量设施利用机制;落实落细支持养老服务发展的税费优惠政策、支持老年人住房反向抵押养老保险业务发展
	中国银行保险监督管理委员会、住房和城乡建设部	银保监会、住建部发布《关于银行保险机构支持保障性租赁住房发展的指导意见》提出,银行保险机构要严格遵守各项监管规定,规范保障性租赁住房融资管理,审慎评估风险;有效防范金融风险,不得以保障性租赁住房的名义进行监管套利
	中共中央政治局	中共中央政治局会议指出,要坚持稳字当头、稳中求进,加大宏观政策实施力度;坚定实施扩大内需战略;推进区域协调发展和新型城镇化;持续改善生态环境,推动绿色低碳发展
	财政部、住房和城乡建设部	财政部、住房城乡建设部印发《中央财政城镇保障性安居工程补助资金管理办法》。办法提出,地方各级住房和城乡建设部门及项目实施单位应当严格按照本办法规定使用补助资金,严禁挪作他用,不得从补助资金中提取工作经费或管理经费

续表

时间	机构/会议	要点
3月	中国人民银行、中国银行保险监督管理委员会	人民银行、银保监会联合印发《关于加强新市民金融服务工作的通知》,支持鼓励银行保险机构优化住房金融服务,助力增加保障性住房供给,支持住房租赁市场健康发展,满足新市民安居需求
	金融市场工作电视会议	中国人民银行召开2022年金融市场工作电视会议。会议要求,要坚持"房子是用来住的、不是用来炒的"定位,稳妥实施好房地产金融审慎管理制度,加大住房租赁金融支持力度,因城施策促进房地产业良性循环和健康发展等
	住房和城乡建设部	住建部发布《住房和城乡建设部关于印发"十四五"住房和城乡建设科技发展规划的通知》。目标到2025年,住房和城乡建设领域科技创新能力大幅提升,科技对推动城乡建设绿色发展、实现碳达峰目标任务、建筑业转型升级的支撑带动作用显著增强;发展城市风电、地热、低品位余热等清洁能源建筑高效利用技术
	住房和城乡建设部	住建部修改《房地产开发企业资质管理规定》,将第十八条改为第十五条,第一款、第二款修改为:"一级资质的房地产开发企业承担房地产项目的建筑规模不受限制。""二级资质的房地产开发企业可以承担建筑面积25万平方米以下的开发建设项目。"
	国家发展和改革委员会	国家发展改革委印发《2022年新型城镇化和城乡融合发展重点任务》提出,加强住房供应保障。以人口净流入的大城市为重点,扩大保障性租赁住房供给;城区常住人口300万以下城市落实全面取消落户限制政策,制定差异化落户政策
	中国人民银行、中国银行保险监督管理委员会、中国证券监督管理委员会、国家外汇管理局、浙江省人民政府	中国人民银行、中国银行保险监督管理委员会、中国证券监督管理委员会、国家外汇管理局、浙江省人民政府联合发布《关于金融支持浙江高质量发展建设共同富裕示范区的意见》。意见指出,优化对保障性租赁住房的金融支持,在住房租赁担保债券、住房公积金贷款资产证券化等方面先行先试,将符合条件的保障性租赁住房建设项目纳入地方政府专项债券支持范围;支持银行以市场化方式向保障性租赁住房自持主体提供融资服务,向改建、改造存量房屋形成非自有产权保障性租赁住房的住房租赁企业提供经营性贷款;企业持有运营的保障性租赁住房具有持续稳定现金流的,探索将物业抵押作为信用增进,发行住房租赁担保债券
	国务院国有资产监督管理委员会	国资委发布《关于做好2022年服务业小微企业和个体工商户房租减免工作的通知》。其中,对于列为中高风险地区的县城应该减免6个月租金,其他城市则减免3个月租金,减免租金涉及的物业,包括了央企自有经营用房,包括写字楼、商铺、仓库和厂房等

时间	机构/会议	要点
4月	国务院常务会议	采取金融支持消费和有效投资的举措,提升对新市民的金融服务水平,优化保障性住房金融服务,保障重点项目建设融资需求,推动制造业中长期贷款较快增长等
	中共中央、国务院	发布《中共中央国务院关于加快建设全国统一大市场的意见》。意见提出,健全城乡统一的土地和劳动力市场;统筹增量建设用地与存量建设用地,实行统一规划,强化统一管理;完善城乡建设用地增减挂钩节余指标、补充耕地指标跨区域交易机制;完善全国统一的建设用地使用权转让、出租、抵押二级市场;健全统一规范的人力资源市场体系,促进劳动力、人才跨地区顺畅流动;完善财政转移支付和城镇新增建设用地规模与农业转移人口市民化挂钩政策;全面提升消费服务质量。围绕住房、教育培训、医疗卫生、养老托育等重点民生领域,推动形成公开的消费者权益保护事项清单,完善纠纷协商处理办法
	中国证券监督管理委员会、国务院国有资产监督管理委员会、全国工商业联合会	中国证监会、国资委、全国工商联发布了《关于进一步支持上市公司健康发展的通知》。通知提出,要坚持"房住不炒",依法依规支持上市房企积极向新发展模式转型,加强自身风险管理,密切关注市场形势和行业变化,严格防范、妥善化解各类风险,促进房地产行业良性循环和健康发展
	中国人民银行	下调金融机构存款准备金率0.25个百分点(不含已执行5%存款准备金率的金融机构)
	中国人民银行、国家外汇管理局	中国人民银行、外汇局联合印发《关于做好疫情防控和经济社会发展金融服务的通知》。出台23条举措,全力做好疫情防控和经济社会发展金融服务,其中提到,完善住房领域金融服务。要坚持"房子是用来住的、不是用来炒的"定位,围绕"稳地价、稳房价、稳预期"目标,因城施策实施好差别化住房信贷政策,合理确定辖区内商业性个人住房贷款的最低首付款比例、最低贷款利率要求,更好满足购房者合理住房需求,促进当地房地产市场平稳健康发展
	金融支持实体经济座谈会	人民银行、银保监会联合召开金融支持实体经济座谈会强调,金融机构要坚持"房子是用来住的、不是用来炒的"定位,因城施策落实好差别化住房信贷政策,更好满足购房者合理住房需求。要执行好房地产金融宏观审慎管理制度,区分项目风险与企业集团风险,不盲目抽贷、断贷、压贷,保持房地产融资平稳有序
	住房和城乡建设部党组召开理论学习中心组学习(扩大)会议	住房和城乡建设部党组召开理论学习中心组学习(扩大)会议指出,要加快住房和城乡建设领域退税减税降费、专项债发行使用、重点项目开工建设、支持企业稳岗等有关政策的实施,帮扶市场主体渡过难关。要重点围绕城市更新、城镇老旧小区改造、保障性住房建设、地下管网建设和改造等,研究采取更大力度的政策举措,推动释放内需潜力要坚持底线思维

续表

时间	机构/会议	要点
4月	国家发展和改革委员会、工业和信息化部、财政部、中国人民银行	国家发展和改革委员会、工业和信息化部、财政部、中国人民银行四部门发布《关于做好2022年降成本重点工作的通知》,其中提出降低企业用地成本,支持产业用地实行"标准地"出让,提高配置效率;疫情中高风险地区所在的县级行政区域内的服务业小微企业和个体工商户承租国有房屋,减免6个月租金,其他地区减免3个月租金
5月	国务院常务会议	国务院常务会议提出,对当前有困难的企业和职工,给予住房公积金政策支持;年底前企业申请即可缓缴;职工未正常偿还公积金贷款,不作逾期处理;各地可合理提高公积金租房提取额度
	中国银行保险监督管理委员会	银保监会发布《关于银行业保险业支持城市建设和治理的指导意见》,提出探索房地产发展新模式,坚持租购并举,加快发展长租房市场,推进保障性住房建设,支持商品房市场更好满足购房者的合理住房需求;坚持"房住不炒"定位,坚决遏制地方政府隐性债务,推动银行业保险业支持城市高质量发展。稳地价、稳房价、稳预期,因城施策促进房地产业良性循环和健康发展
	中国人民银行、中国银行保险监督管理委员会	人民银行、银保监会联合发布《关于调整差别化住房信贷政策有关问题的通知》,对于贷款购买普通自住房的居民家庭,首套住房商业性个人住房贷款利率下限调整为不低于相应期限贷款市场报价利率减20个基点,二套住房商业性个人住房贷款利率政策下限按现行规定执行;"因城施策",指导各省级市场利率定价自律机制,根据辖区内各城市房地产市场形势变化及城市政府调控要求,自主确定辖区内各城市首套和二套住房商业性个人住房贷款利率加点下限
	住房和城乡建设部、财政部、中国人民银行	住房和城乡建设部、财政部、人民银行发布《关于实施住房公积金阶段性支持政策的通知》,实施住房公积金阶段性支持政策。受新冠肺炎疫情影响的企业,可按规定申请缓缴住房公积金;受新冠肺炎疫情影响的缴存人,不能正常偿还住房公积金贷款的,不作逾期处理,不作为逾期记录报送征信部门;各地根据当地房租水平和合理租住面积,可提高住房公积金租房提取额度,支持缴存人按需提取,更好地满足缴存人支付房租的实际需要
	国务院	国务院发布《国务院办公厅关于进一步盘活存量资产扩大有效投资的意见》。此次政策对盘活存量资产和扩大有效投资工作进行了挂钩,保障性租赁住房、产业园区、仓储物流、旅游、老旧厂房、文化体育场馆、闲置土地、国企经营性房地产项目等8类将重点盘活

时间	机构/会议	要点
7月	国家发展和改革委员会	国家发改委发布《关于做好盘活存量资产扩大有效投资有关工作的通知》,支持金融资产管理公司、金融资产投资公司以及国有资本投资、运营公司等参与盘活存量资产;鼓励银行等金融机构按照市场化原则为回收资金投入的新项目提供融资支持
	银保监会2022年年中工作座谈会暨纪检监察工作座谈会	银保监会召开全系统2022年年中工作座谈会暨纪检监察工作座谈会指出,要稳步推进银行业保险业改革化险工作。支持地方政府发行专项债补充中小银行资本;推动中小银行不良贷款处置支持政策措施落地实施;支持地方做好"保交楼"工作,促进房地产市场平稳健康发展
	住房和城乡建设部、国家发展和改革委员会	住建部、国家发改委印发《"十四五"全国城市基础设施建设规划》。通知提出,鼓励各类金融机构在依法合规和风险可控前提下,加大对城市基础设施建设项目的信贷支持力度;建立政府与社会资本风险分担、收益共享的合作机制,规范有序推进政府和社会资本合作(PPP);推动基础设施领域不动产投资信托基金(REITs)健康发展,盘活城市基础设施存量资产;各级人民政府要鼓励社会资本参与基础设施建设、运营维护和服务;鼓励民间投资以城市基础设施等为重点,通过综合开发模式参与重点领域项目建设。到2025年,城市建设方式和生产生活方式绿色转型成效显著,基础设施体系化水平、运行效率和防风险能力显著提升,超大特大城市"城市病"得到有效缓解,基础设施运行更加高效,大中城市基础设施质量明显提升,中小城市基础设施短板加快补齐等
	国家卫生健康委员会等17部门	国家卫健委等17部门发布《关于进一步完善和落实积极生育支持措施的指导意见》。意见明确,加快发展保障性租赁住房;进一步完善公租房保障对促进积极生育的支持措施,可根据其未成年子女数量,在户型选择方面给予适当照顾;优化公租房轮候与配租规则,将家庭人数及构成等纳入轮候排序或综合评分的因素,对符合条件且子女数量较多的家庭可直接组织选房;完善公租房调换政策,对因家庭人口增加、就业、子女就学等原因需要调换公租房的,根据房源情况及时调换;对购买首套自住住房的多子女家庭,有条件的城市可给予适当提高住房公积金贷款额度等相关支持政策
8月	中国人民银行	中国人民银行发布《2022年第二季度中国货币政策执行报告》。报告指出:"牢牢坚持房子是用来住的、不是用来炒的定位,坚持不将房地产作为短期刺激经济的手段,坚持稳地价、稳房价、稳预期,因城施策用足用好政策工具箱,支持刚性和改善性住房需求,稳妥实施房地产金融审慎管理制度,促进房地产市场健康发展和良性循环。"

续表

时间	机构/会议	要点
8月	国务院	国务院常务会议指出,允许地方"一城一策"运用信贷等政策,合理支持刚性和改善性住房需求
9月	中央全面深化改革委员会会议	会议强调,推进农村集体经营性建设用地与国有建设用地同等入市、同权同价,在城乡统一的建设用地市场中交易,适用相同规则,接受市场监管;要坚持节约集约用地,坚持先规划后建设,合理布局各用途土地
9月	财政部、国家税务总局	财政部、税务总局发布《关于支持居民换购住房有关个人所得税政策的公告》,自2022年10月1日至2023年12月31日,对出售自有住房并在现住房出售后1年内在市场重新购买住房的纳税人,对其出售现住房已缴纳的个人所得税予以退税优惠。其中,新购住房金额大于或等于现住房转让金额的,全部退还已缴纳的个人所得税;新购住房金额小于现住房转让金额的,按新购住房金额占现住房转让金额的比例退还出售现住房已缴纳的个人所得税
10月	国务院	国务院办公厅印发《第十次全国深化"放管服"改革电视电话会议重点任务分工方案》。通知提到,认真做好保交楼、防烂尾、稳预期相关工作,继续深化利率市场化改革,发挥存款利率市场化调整机制作用,释放贷款市场报价利率(LPR)形成机制改革效能,促进降低企业融资和个人消费信贷成本;给予地方更多自主权,灵活运用阶段性信贷政策,支持刚性和改善性住房需求;有关部门和各地区要认真做好保交楼、防烂尾、稳预期相关工作,用好保交楼专项借款,压实项目实施主体责任,防范发生风险,保持房地产市场平稳健康发展
10月	国务院	国务院《金融工作情况报告》发布。此次报告明确推动房地产企业风险处置,做好金融支持保交楼工作。引导金融机构支持房地产业合理融资需求,校正过度避险行为。同时,在后续工作方向方面,政策明确,保持房地产融资平稳有序,满足刚性和改善性住房需求,支持保交楼、稳民生,推动建立房地产发展新模式
11月	国家发展和改革委员会	国家发改委发布《关于进一步完善政策环境加大力度支持民间投资发展的意见》,其中提出,进一步优化民间投资社会环境;落实鼓励民营经济发展的各项政策措施,促进民营经济发展壮大;依法保护民营企业产权和企业家权益,规范和引导资本健康发展;做好拟出台政策与宏观政策取向一致性评估,防止出台影响民间投资积极性的政策措施;加强宣传引导,及时回应市场关切,稳定市场预期,增强民间投资信心,促进民间投资高质量发展。通过盘活存量和改扩建有机结合等方式吸引民间投资。引导民间投资积极参与盘活国有存量资产
11月	住房和城乡建设部、国家发展和改革委员会、财政部	住房和城乡建设部办公厅、国家发展改革委办公厅、财政部办公厅联合发布《关于做好发展保障性租赁住房情况年度监测评价工作的通知》,涉及加快发展保障性租赁住房建设计划完成情况、保障性租赁住房使用情况、税收优惠政策等19个评分参考

续表

时间	机构/会议	要点
	财政部	财政部发布《关于进一步推动政府和社会资本合作（PPP）规范发展、阳光运行的通知》，通知指出，严守每一年度本级全部 PPP 项目从一般公共预算列支的财政支出责任不超过当年本级一般公共预算支出 10% 的红线（以下简称"10% 红线"）
	国务院常务会议	会议指出，落实因城施策支持刚性和改善性住房需求的政策；推进保交楼专项借款尽快全面落到项目，激励商业银行新发放保交楼贷款，促进房地产市场健康发展
11月	中国人民银行、中国银行保险监督管理委员会	中国人民银行和中国银保监会官网发布《关于做好当前金融支持房地产市场平稳健康发展工作的通知》。通知提出，要保持房地产融资平稳有序、积极做好"保交楼"金融服务、积极配合做好受困房地产企业风险处置、依法保障住房金融消费者合法权益、阶段性调整部分金融管理政策、加大住房租赁金融支持力度，并提出"金融十六条"
	中国银行保险监督管理委员会	银保监会办公厅发布《关于加强金融租赁公司融资租赁业务合规监管有关问题的通知》，在压降构筑物租赁业务的同时，继续严控房地产租赁业务；深入开展融资租赁业务合规性专项现场检查；坚持问题整改和问题查处两手抓，促进金融租赁公司提升合规意识、稳健经营
12月	中国银行保险监督管理委员会	银保监会发布《关于规范信托公司信托业务分类有关事项的通知（征求意见稿）》。通知强调，信托公司应当立足受托人定位，不得以管理契约型私募基金形式开展资产管理信托业务，不得以任何形式开展通道业务和非标资金池业务，不得以任何形式承诺信托财产不受损失或承诺最低收益，不得以信托业务形式开展为融资方服务的私募投行业务，坚决压降影子银行风险突出的融资类信托业务
	中国人民银行货币政策委员会 2022 年第四季度（总第 99 次）例会	中国人民银行货币政策委员会 2022 年第四季度（总第 99 次）例会指出，扎实做好保交楼、保民生、保稳定各项工作，满足行业合理融资需求，推动行业重组并购，改善优质头部房企资产负债状况，因城施策支持刚性和改善性住房需求，做好新市民、青年人等住房金融服务，维护住房消费者合法权益，确保房地产市场平稳发展。引导平台企业金融业务规范健康发展，提升平台企业金融活动常态化监管水平。推进金融高水平双向开放，提高开放条件下经济金融管理能力和防控风险能力

资料来源：根据相关部门官方网站公开资料进行整理。

B.2
2023年中国房地产市场主要指标预测

张　智*

摘　要： 2023年中国房地产市场进入新发展阶段，稳定的房地产市场在宏观经济增长、扩大有效需求和防范化解重大经济金融风险等方面发挥着不可替代的重要作用。确保房地产市场平稳发展、以优化供给扩大有效需求、推动房地产业向新发展模式平稳过渡是当前房地产市场相关政策和工作的重点。模型预测2023年固定资产投资和房地产开发投资同比增速分别为7.9%和-4.3%，其中住宅开发投资增速为-3.6%；土地购置面积、土地成交价款和成交均价分别下降23.6%、48.9%和33.2%；商品房销售面积和销售额同比增速分别为-0.3%和5.4%，新建商品房销售均价为9385元/米^2，同比上升5.7%，其中住宅销售均价为10036元/米^2，同比上升6.6%。2023年，一线城市、二线城市和三线及以下城市新建商品房销售均价将分别上升4.8%、6.9%和5.3%。

关键词： 房地产市场　指标预测　时间序列模型

　　为便于解读分析预测结果和形势预判，本文将中国房地产市场主要指标建模预测结果按照不同环节分为5组并编制和绘制图表。第一组为投资指标，包括固定资产投资（不含农户）、房地产开发投资和住宅开发投资。投资额及其增速数据列入表1，根据表1数据绘制图1~图3分别为指标增速

---

　*　张智，天津社会科学院研究员，研究方向为宏观经济预测、房地产经济、城市经济。

及 2023 年预测曲线。第二组为土地指标，包括土地购置面积、土地成交价款和土地购置成交均价。土地购置面积、土地成交价款和土地购置成交均价及其增速数据列入表 2，根据表 2 数据绘制图 4~图 6 分别为指标增速及2023 年预测曲线。第三组为建设指标，包括房屋施工面积、房屋新开工面积和房屋竣工面积。三项建设面积指标数据及其增速列入表 3，根据表 3 数据绘制图 7~图 9 分别为指标增速及 2023 年预测曲线。第四组为商品房销售指标，包括商品房销售面积、商品房销售额和商品房销售均价。三项销售指标总量及其增速数据列入表 4，根据表 4 数据绘制图 10~图 12 分别为指标增速及 2023 年预测曲线。此外，本年新增了商品住宅销售指标预测，将商品住宅销售面积、商品住宅销售额和商品住宅销售均价三项指标及其增速数据列入表 5，由于商品住宅销售指标增速曲线变化趋势与商品房销售指标非常相似，为节省篇幅，此处不再绘制相应曲线图，如有需要，读者可参考图 10~图12。第五组为房地产开发企业到位资金指标，包括房地产开发企业到位资金总额及其增速，数据列入表 6，并根据表 6 数据绘制图 13。图表中数据序列均为月度累计值，由于国家统计局不单独发布 1 月数据，因此每年度序列包括2~12 月的指标数据累计值，全部资料来源均为国家统计局，其中土地成交均价和商品房销售均价为笔者根据国家统计局数据计算得出。如无说明，图表中2023 年 3~12 月的数据为模型预测值，预测采用的基础模型为 ARIMA 模型。

一　2023年中国房地产投资建设指标模型预测

自 2023 年开始，国家统计局公布的固定资产投资和房地产开发投资、商品房销售等指标增速均按可比口径计算，报告期数据与上年已公布的同期数据之间存在不可比因素，不能直接相比计算增速。国家统计局就采用可比口径计算同比增速的主要原因进行了说明，读者可到国家统计局网站了解详细情况。此处特别提醒，如表 1~表 7 中部分指标 2023 年累计增速预测值与采用总量直接计算的增速不相等时，并非数据或计算错误，而是基期统计口径调整导致增速变化。

表1 2022年固定资产投资（不含农产）、房地产开发投资和
住宅开发投资及其增速与2023年预测

单位：亿元，%

数据属性	累计月度	固定资产投资(不含农产)		房地产开发投资		住宅开发投资	
		总额	增速	总额	增速	总额	增速
历史统计数据	2022年2月	50763	12.2	14499	3.7	10769	3.7
	2022年3月	104872	9.2	27765	0.7	20761	0.7
	2022年4月	153544	6.8	39154	-2.7	29527	-2.1
	2022年5月	205964	6.2	52134	-4.0	39521	-3.0
	2022年6月	271430	6.1	68314	-5.4	51805	-4.5
	2022年7月	319812	5.7	79462	-6.4	60238	-5.8
	2022年8月	367106	5.8	90809	-7.4	68878	-6.9
	2022年9月	421412	5.9	103559	-8.0	78556	-7.5
	2022年10月	471459	5.8	113945	-8.8	86520	-8.3
	2022年11月	520043	5.3	123863	-9.8	94016	-9.2
	2022年12月	572138	5.1	132895	-10.0	100646	-9.5
模型预测数据	2023年2月	53577	5.5	13669	-5.7	10273	-4.6
	2023年3月	107792	5.6	25704	-7.4	19406	-6.5
	2023年4月	148468	5.4	36214	-7.5	27611	-6.5
	2023年5月	190631	5.0	48140	-7.7	36941	-6.5
	2023年6月	249527	5.1	62965	-7.8	48407	-6.6
	2023年7月	301679	5.4	73550	-7.4	56591	-6.1
	2023年8月	356840	6.5	84520	-6.9	65073	-5.5
	2023年9月	418065	7.1	96926	-6.4	74544	-5.1
	2023年10月	477290	7.7	107370	-5.8	82530	-4.6
	2023年11月	534106	7.9	117513	-5.1	90214	-4.0
	2023年12月	592394	7.9	127174	-4.3	97042	-3.6

表1中模型预测数据显示，2023年中国固定资产投资（不含农户）预期可达592394亿元，增速7.9%，较2022年增速提高2.8个百分点。房地产开发投资可达127174亿元，增速为-4.3%，较2022年增速提高5.7个百分点；其占固定资产投资比重将由2022年的23.2%降至2023年的21.5%。住宅开发投资可达97042亿元，增速为-3.6%，较2022年增速提高5.9个百分点；其占房地产开发投资比重将由2022年的75.7%上升至2023年的76.3%。

结合表1数据和图1~图3数据曲线形态看，2022年固定资产投资（不含农产）与房地产开发投资及住宅开发投资增速变化趋势表现出明显差异，固定资产投资（不含农产）增速全年保持在5%以上，而房地产开发投资和

住宅开发投资则逐月下降，全年出现 10%左右的降幅。从模型预测数据看，2023 年全年固定资产投资（不含农产）增速有望接近 8%，而房地产开发投资与住宅开发投资增速则分别为-4.3%和-3.6%。一方面，房地产开发投资对固定资产投资的影响有所下降；另一方面，房地产开发投资小幅下降可较好兼顾产业调整与降低行业风险，也有利于宏观经济的稳定。

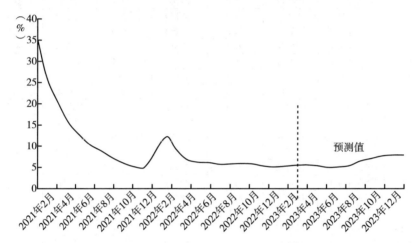

图 1　2021 年以来固定资产投资（不含农户）月度累计增速与 2023 年预测曲线

注：2021 年 2 月至 2023 年 2 月为统计值，2023 年 3~12 月为模型预测值，下同。

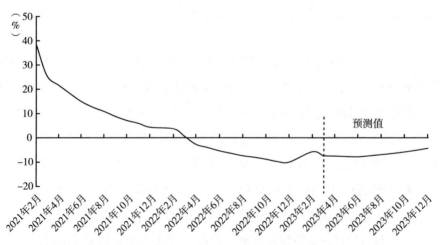

图 2　2021 年以来房地产开发投资月度累计增速与 2023 年预测曲线

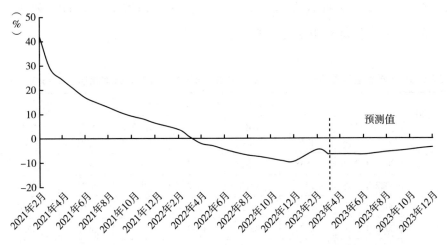

图3　2021 年以来住宅开发投资月度累计增速与 2023 年预测曲线

由表 2 可见，3 项土地购置指标增速呈现较为复杂的变化趋势。从指标曲线变化趋势看，2022 年土地购置面积增速在 2021 年下降 15.5%的基础上继续大幅下降 53.4%。与土地购置面积不同，土地成交价款增速 2021 年在 4 月降到年内最低点后波动上升，全年同比增长 2.8%，2022年则大幅下降 48.4%。结合两指标走势，自 2021 年 6 月至 2022 年 12月，由于土地购置面积增速始终低于土地成交价款增速，所以土地购置成交均价增速一直为正值，2022 年土地购置成交均价增速达到 10.9%。2022 年成交均价达到 9118 元/米^{2}的历史高位，比 2020 年 6762 元/米^{2}的均价高出 34.8%。首先，受疫情、政策调控及资金来源减少等因素影响，企业拿地意愿和能力持续下降，土地购置面积大幅减少；其次，宏观经济下行引起地方税收收入下降，同时在卖地困难的情况下，无奈通过城投公司入市竞拍，在拍得土地后再向银行抵押贷款，以缓解地方政府财政紧张的燃眉之急，这造成成交价款数据的异常偏高，连带推高了成交均价；最后，自 2021 年开始国家改革土地拍卖规则，采用有限次数（一般每年三次）的集中拍卖形式，这引起同比月度数据出现不规则改变，使增速曲线也出现异常波动。模型预测 2023 年土地购置面积将大幅下降

23.6%，土地成交价款大幅下降48.9%，土地购置成交均价大幅下降33.2%，成交均价有望恢复到相对正常水平。

表2 2022年土地购置面积、土地成交价款和土地购置成交均价及其增速与2023年预测

数据属性	累计月度	土地购置面积		土地成交价款		土地购置成交均价	
		总量（万平方米）	增速（%）	总额（亿元）	增速（%）	价格（元/米²）	增速（%）
历史统计数据	2022年2月	838	-42.3	369	-26.7	4404	27.1
	2022年3月	1339	-41.8	672	-16.9	5021	42.9
	2022年4月	1766	-46.5	955	-20.6	5408	48.4
	2022年5月	2389	-45.7	1389	-28.1	5813	32.3
	2022年6月	3628	-48.3	2043	-46.3	5632	3.9
	2022年7月	4546	-48.1	2918	-43.0	6420	9.9
	2022年8月	5400	-49.7	3819	-42.5	7073	14.2
	2022年9月	6449	-53.0	5024	-46.2	7791	14.4
	2022年10月	7432	-53.0	6061	-46.9	8155	13.1
	2022年11月	8455	-53.8	7591	-47.7	8978	13.1
	2022年12月	10052	-53.4	9166	-48.4	9118	10.9
模型预测数据	2023年2月	500	-40.3	264	-28.5	5278	19.8
	2023年3月	889	-33.6	430	-36.0	4837	-3.7
	2023年4月	1238	-29.9	594	-37.8	4798	-11.3
	2023年5月	1706	-28.6	834	-40.0	4888	-15.9
	2023年6月	2471	-31.9	1241	-39.3	5023	-10.8
	2023年7月	3184	-30.0	1632	-44.1	5126	-20.1
	2023年8月	3878	-28.2	2079	-45.6	5362	-24.2
	2023年9月	4720	-26.8	2682	-46.6	5682	-27.1
	2023年10月	5592	-24.8	3204	-47.1	5729	-29.7
	2023年11月	6471	-23.5	3913	-48.4	6047	-32.6
	2023年12月	7684	-23.6	4683	-48.9	6094	-33.2

注：表2与表1、表3~表6不同，土地购置三项指标历史统计数据是截至2022年12月，2023年2~12月数据均为模型预测值。在2023年3月15日国家统计局发布的1~2月房地产开发情况简报中没有发布土地购置数据，原因没有说明。

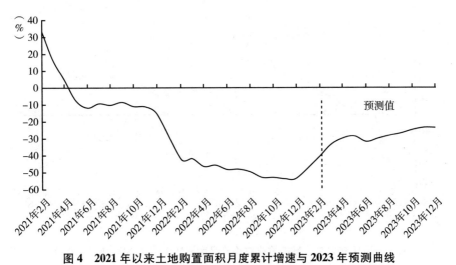

图4　2021年以来土地购置面积月度累计增速与2023年预测曲线

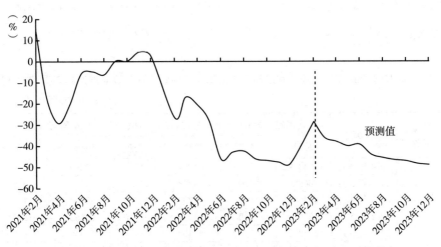

图5　2021年以来土地成交价款月度累计增速与2023年预测曲线

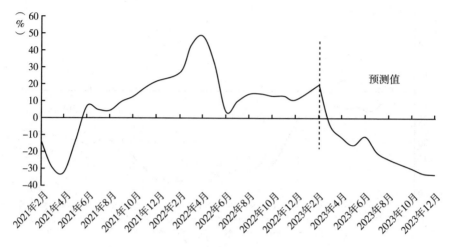

图 6 2021 年以来土地购置成交均价月度累计增速与 2023 年预测曲线

由表 3 可见，模型预测 2023 年房屋施工面积将达到 846242 万平方米，同比下降 6.5%；房屋新开工面积 98716 万平方米，较 2022 年下降 18.1%，即增速将连续 4 年下降；房屋竣工面积将达 96190 万平方米，在保交楼政策推动下，预期竣工面积全年增速为 5.8%，高于 2022 年增速 20.8 个百分点。

表 3 2022 年房屋施工面积、房屋新开工面积和房屋竣工面积及其增速与 2023 年预测

单位：万平方米，%

数据属性	月度累计	房屋施工面积		房屋新开工面积		房屋竣工面积	
		总量	增速	总量	增速	总量	增速
历史统计数据	2022 年 2 月	784459	1.8	14967	−12.2	12200	−9.8
	2022 年 3 月	806259	1.0	29838	−17.5	16929	−11.5
	2022 年 4 月	818588	0.0	39739	−26.3	20030	−11.9
	2022 年 5 月	831525	−1.0	51628	−30.6	23362	−15.3
	2022 年 6 月	848812	−2.8	66423	−34.4	28636	−21.5
	2022 年 7 月	859194	−3.7	76067	−36.1	32028	−23.3
	2022 年 8 月	868649	−4.5	85062	−37.2	36861	−21.1
	2022 年 9 月	878919	−5.3	94767	−38.0	40879	−19.9
	2022 年 10 月	888894	−5.7	103722	−37.8	46565	−18.7
	2022 年 11 月	896857	−6.5	111632	−38.9	55709	−19.0
	2022 年 12 月	904999	−7.2	120587	−39.4	86222	−15.0
	2023 年 2 月	750240	−4.4	13567	−9.4	13178	8.0

续表

数据属性	月度累计	房屋施工面积		房屋新开工面积		房屋竣工面积	
		总量	增速	总量	增速	总量	增速
模型预测数据	2023年3月	761457	−5.6	24060	−19.4	19422	14.7
	2023年4月	770799	−5.8	32300	−18.7	23678	18.2
	2023年5月	780607	−6.1	41486	−19.6	27826	19.1
	2023年6月	794478	−6.4	51947	−21.8	34642	17.2
	2023年7月	803655	−6.5	60058	−21.0	39738	14.9
	2023年8月	812300	−6.5	67840	−20.2	44433	13.3
	2023年9月	821006	−6.6	75983	−19.8	48761	12.2
	2023年10月	828811	−6.8	83744	−19.3	55063	10.8
	2023年11月	837617	−6.6	90954	−18.5	64736	9.2
	2023年12月	846242	−6.5	98716	−18.1	96190	5.8

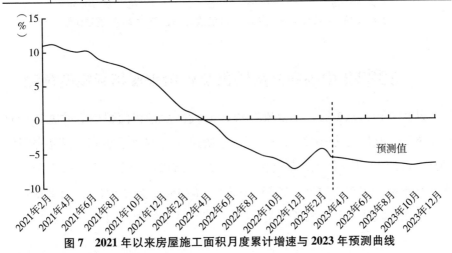

图7 2021年以来房屋施工面积月度累计增速与2023年预测曲线

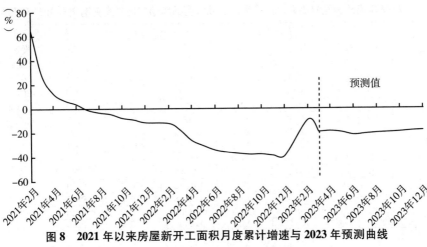

图8 2021年以来房屋新开工面积月度累计增速与2023年预测曲线

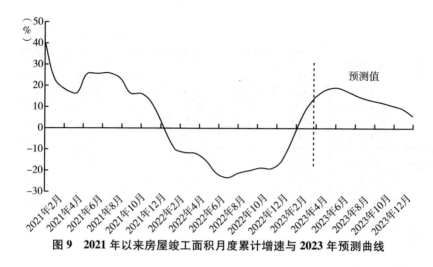

图 9   2021 年以来房屋竣工面积月度累计增速与 2023 年预测曲线

二   2023年中国商品房销售及资金来源指标模型预测

从表 4 销售数据看，模型预测 2023 年商品房销售面积预期可达 131933 万平方米，其增速为-0.3%，较 2021 年增速提高 24 个百分点；商品房销售额预期可达 123814 亿元，其增速为 5.4%，较 2022 年增速提高 32.1 个百分点；全年商品房销售均价为 9385 元/米^2，价格同比上升 5.7%，销售额和销售均价增速较快与基数偏低有关。

表 4   2022 年商品房销售面积、商品房销售额和商品房销售均价及其增速与 2023 年预测

数据属性	月度累计	商品房销售面积		商品房销售额		商品房销售均价	
		总量（万平方米）	增速（%）	总额（亿元）	增速（%）	价格（元/米^2）	增速（%）
历史统计数据	2022 年 2 月	15703	-9.6	15459	-19.3	9845	-10.7
	2022 年 3 月	31046	-13.8	29655	-22.7	9552	-10.4
	2022 年 4 月	39768	-20.9	37789	-29.5	9502	-10.8
	2022 年 5 月	50738	-23.6	48337	-31.5	9527	-10.3
	2022 年 6 月	68923	-22.2	66072	-28.9	9586	-8.6
	2022 年 7 月	78178	-23.1	75763	-28.8	9691	-7.4
	2022 年 8 月	87890	-23.0	85870	-27.9	9770	-6.3
	2022 年 9 月	101422	-22.2	99380	-26.3	9799	-5.3
	2022 年 10 月	111179	-22.3	108832	-26.1	9789	-4.9
	2022 年 11 月	121250	-23.3	118648	-26.6	9785	-4.3
	2022 年 12 月	135837	-24.3	133308	-26.7	9814	-3.2
	2023 年 2 月	15133	-3.6	15449	-0.1	10209	3.7

续表

数据属性	月度累计	商品房销售面积		商品房销售额		商品房销售均价	
		总量（万平方米）	增速（％）	总额（亿元）	增速（％）	价格（元／米²）	增速（％）
模型预测数据	2023年3月	29946	-1.8	30545	3.8	10224	6.0
	2023年4月	37636	-0.4	39750	6.9	10620	9.2
	2023年5月	46440	-0.9	49787	7.1	11130	9.4
	2023年6月	60171	-1.1	59095	7.3	9821	8.9
	2023年7月	69541	-0.9	68680	7.2	9876	8.3
	2023年8月	79124	-0.7	78143	7.0	9876	7.7
	2023年9月	91626	-0.5	89664	6.5	9786	7.1
	2023年10月	102328	-0.3	99455	6.1	9719	6.5
	2023年11月	114688	-0.2	110594	5.8	9643	6.1
	2023年12月	131933	-0.3	123814	5.4	9385	5.7

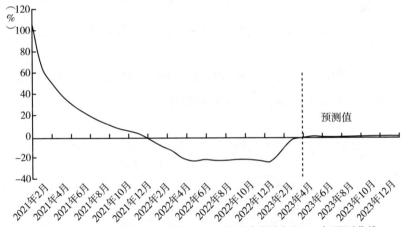

图10　2021年以来商品房销售面积月度累计增速与2023年预测曲线

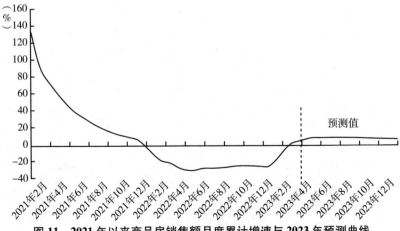

图11　2021年以来商品房销售额月度累计增速与2023年预测曲线

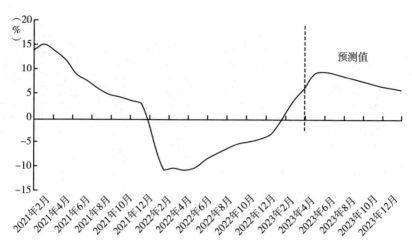

图 12　2021 年以来商品房销售均价月度累计增速与 2023 年预测曲线

表 5 给出商品住宅销售 3 项指标及增速相应数据，2023 年预测商品住宅 3 项指标增速稍高于商品房对应指标增速。

表 5　2022 年商品住宅销售面积、商品住宅销售额和商品住宅销售均价及其增速与 2023 年预测

数据属性	月度累计	商品住宅销售面积		商品住宅销售额		商品住宅销售均价	
		总量（万平方米）	增速（%）	总额（亿元）	增速（%）	价格（元/米²）	增速（%）
历史统计数据	2022 年 2 月	13462	−13.8	13652	−22.1	10141	−9.7
	2022 年 3 月	26305	−18.6	26073	−25.6	9912	−8.6
	2022 年 4 月	33722	−25.4	33248	−32.2	9860	−9.1
	2022 年 5 月	42903	−28.1	42317	−34.5	9864	−8.8
	2022 年 6 月	58057	−26.6	57683	−31.8	9936	−7.2
	2022 年 7 月	66087	−27.1	66328	−31.4	10037	−6.0
	2022 年 8 月	74403	−26.8	75288	−30.3	10119	−4.9
	2022 年 9 月	85758	−25.7	87054	−28.6	10151	−3.9
	2022 年 10 月	94129	−25.5	95447	−28.2	10140	−3.5
	2022 年 11 月	102727	−26.2	104188	−28.4	10142	−3.1
	2022 年 12 月	114631	−26.8	116747	−28.3	10185	−2.0
	2023 年 2 月	13387	−0.6	14134	3.5	10558	4.1

续表

数据属性	月度累计	商品住宅销售面积		商品住宅销售额		商品住宅销售均价	
		总量（万平方米）	增速（%）	总额（亿元）	增速（%）	价格（元/米²）	增速（%）
模型预测数据	2023 年 3 月	26251	1.4	27647	7.1	10532	5.6
	2023 年 4 月	32966	2.7	36020	11.8	10926	8.9
	2023 年 5 月	40663	2.3	45132	11.9	11099	9.4
	2023 年 6 月	52297	2.0	56999	10.8	10899	8.6
	2023 年 7 月	60426	1.8	65492	11.5	10838	8.4
	2023 年 8 月	68750	1.7	73944	12.0	10755	8.8
	2023 年 9 月	79412	2.1	84164	11.8	10598	8.6
	2023 年 10 月	88662	2.2	93013	11.9	10491	8.7
	2023 年 11 月	99112	2.3	102176	11.1	10309	8.1
	2023 年 12 月	113284	2.5	113694	9.3	10036	6.6

从表 6 中房地产开发企业到位资金及其增速数据看，模型预测 2023 年企业到位资金总额可达 139195 亿元，增速为 -6.6%，较 2022 年增速提高 19.3 个百分点，2023 年到位资金降幅减小是 2022 年大幅下降后的逐渐恢复，而 2023 年到位资金的预期降幅与房地产开发投资预期下降 4.3% 大致相符。到位资金指标增速数据形态见图 13。

表 6　2022 年房地产开发企业到位资金总额及其增速与 2023 年预测

单位：亿元，%

数据属性	累计月度	房地产开发企业到位资金	
		总额	增速
历史统计数据	2022 年 2 月	25143	-17.7
	2022 年 3 月	38159	-19.6
	2022 年 4 月	48522	-23.6
	2022 年 5 月	60404	-25.8
	2022 年 6 月	76847	-25.3
	2022 年 7 月	88770	-25.4
	2022 年 8 月	100817	-25.0
	2022 年 9 月	114298	-24.5
	2022 年 10 月	125480	-24.7
	2022 年 11 月	136313	-25.7
	2022 年 12 月	148979	-25.9
	2023 年 2 月	21331	-15.2

续表

数据属性	累计月度	房地产开发企业到位资金	
		总额	增速
模型预测数据	2023 年 3 月	32167	-15.7
	2023 年 4 月	41739	-14.0
	2023 年 5 月	52799	-12.6
	2023 年 6 月	68017	-11.5
	2023 年 7 月	79384	-10.6
	2023 年 8 月	90803	-9.9
	2023 年 9 月	103576	-9.4
	2023 年 10 月	114809	-8.5
	2023 年 11 月	126329	-7.3
	2023 年 12 月	139195	-6.6

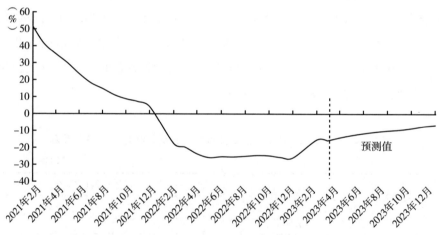

图 13　2021 年以来房地产开发企业到位资金月度累计增速与 2023 年预测曲线

三　2023 年中国城市分级商品房销售价格模型预测

近年来,城市房地产市场分化发展的趋势愈加明显。为了对不同等级城市商品房价格变化有更直观及差异性的认识,这里尝试对城市分级新建商品房销售价格开展模型预测分析。由于资料来源等方面原因，我们将全国城市分为三组，第一组为北上广深四个一线城市；第二组为 31 个二线城市，这里采用国家统计局在进行 70 个大中城市房地产价格统计时采用的城市划分标准，31 个二线城市包括：天津、石家庄、太原、呼和浩特、沈阳、大连、长春、哈尔滨、南京、杭州、宁波、合肥、福州、厦门、南昌、济南、青岛、郑州、武汉、长沙、南宁、海口、重庆、成都、贵阳、昆明、西安、兰州、西宁、银川、乌鲁木齐；第三组为除一、二线以外的三线及以下全部城市，以下简称为"三线等"城市。

城市新建商品房销售数据总体来源于国家统计局，由于部分年度缺失 2 月销售数据，因此这里选择 3~12 月数据序列建模，模型预测结果见表 7。从销售均价看，一线城市明显高出其他两个级别。为了可视化城市分级销售价格差异，以表 4 中所列全国商品房销售均价为基准，计算三组均价与全国均价比值，依据结果绘制图 14。由图 14 可知，一线城市商品房销售均价是全国平均水平的 3.4~4.7 倍，二线城市商品房销售均价是全国均价的 1.2~1.3 倍，三线等城市则大致在 0.75~0.88 倍。当然，在三组城市内部也存在一定的差异。

表 7　2022 年城市分级新建商品房销售均价及其增速与 2023 年预测

单位：元/米^2，%

数据属性	月度累计	一线城市销售均价		二线城市销售均价		三线等城市销售均价	
		价格	增速	价格	增速	价格	增速
历史统计数据	2022 年 3 月	36557	−11.4	11295	−17.2	7879	−3.3
	2022 年 4 月	38803	−2.7	11858	−13.2	7594	−7.8
	2022 年 5 月	39765	1.6	12019	−11.1	7578	−9.4
	2022 年 6 月	39419	1.2	11988	−9.7	7618	−8.0
	2022 年 7 月	40106	3.3	12207	−8.1	7589	−7.8
	2022 年 8 月	40856	3.7	12331	−7.2	7572	−7.2
	2022 年 9 月	39890	2.8	12347	−7.0	7583	−5.7
	2022 年 10 月	40300	4.8	12420	−6.0	7498	−6.0
	2022 年 11 月	40968	7.0	12515	−4.9	7415	−6.1
	2022 年 12 月	40638	8.2	12594	−3.5	7338	−6.0

续表

数据属性	月度累计	一线城市销售均价		二线城市销售均价		三线等城市销售均价	
		价格	增速	价格	增速	价格	增速
模型预测数据	2023年3月	42516	16.3	12856	13.8	8978	13.5
	2023年4月	43731	12.7	13380	12.8	9005	11.3
	2023年5月	43861	10.3	13314	10.8	8977	9.8
	2023年6月	43046	9.2	13199	10.1	7648	8.7
	2023年7月	43408	8.2	13357	9.4	7595	7.6
	2023年8月	43420	6.3	13471	9.3	7477	6.6
	2023年9月	42844	7.4	13451	8.9	7311	5.6
	2023年10月	42804	6.2	13452	8.3	7194	5.4
	2023年11月	43072	5.1	13457	7.5	7092	5.3
	2023年12月	42593	4.8	13462	6.9	6739	5.3

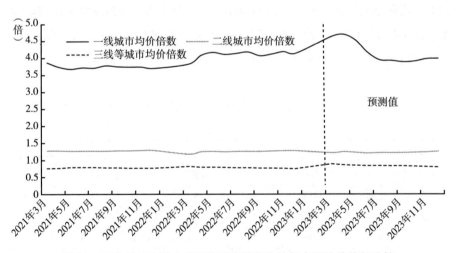

图14　2021年以来城市分级商品房销售均价与全国均价倍数比较

根据表7数据绘制图15~图17分别显示出一线城市、二线城市和三线等城市近两年商品房销售均价增速变化与2023年预测值。

由图15可知，2023年一线城市商品房销售均价呈前高后低变化，全年累计销售均价同比上升4.8%，单价上涨1955元/米²。由图16可知，二线城市累计销售均价增速前高后低逐月下降，全年同比上升6.9%，单价上涨868元/米²。由图17可知，三线等城市累计销售均价增速先小幅上升后缓慢下降，全年同比上升5.3%。

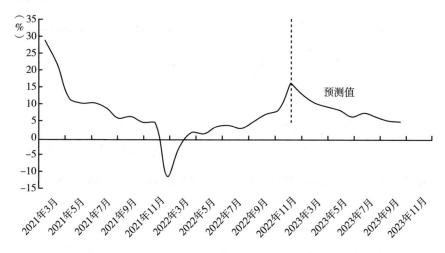

图15　2021年以来一线城市新建商品房累计销售均价增速与2023年预测曲线

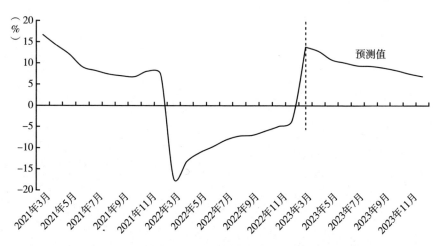

图16　2021年以来二线城市新建商品房累计销售均价增速与2023年预测曲线

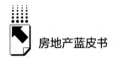
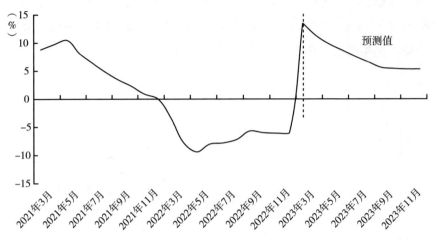

图17　2021 年以来三线等城市新建商品房累计销售均价增速与 2023 年预测曲线

专 题 篇
Special Topics

B.3
2022年中国土地市场分析报告

中指研究院 *

摘 要： 2022年，受房地产市场持续调整、房企资金承压影响，地方政府推地及房企拿地意愿均不足，全国300城住宅用地供求两端均缩量明显，住宅用地推出、成交面积同比分别下降36.3%、30.7%，绝对规模均降至近十年最低水平，流拍撤牌率处在高位，土地底价成交占比持续走高，土拍低迷态势未改，但不同城市分化态势明显。"两集中"方面，2022年，22城集中供地批次增加，但整体供地计划完成率仅六成，"多批少量"为各城市推地重要特征。土拍规则持续优化，优质地块明显放量，但成交热度整体仍下滑，多数城市底价成交为主流。民企拿地意愿持续走低，拿地以央国企、地方国资为主，地方国资第三批次托底现象更加明显，第四批次拿地力度不减。展望2023年，土地市场回

---

* 曹晶晶，中指研究院指数事业部总经理，研究方向为指数研究、政策研究、市场研究、城市发展潜力；陈文静，中指研究院指数事业部研究总监，研究方向为宏微观经济环境、房地产调控政策。

温仍依赖于住宅市场销售端的回暖，短期土地市场低迷态势或延续，但对于优势地区的优势地块，企业竞拍积极性或仍较高。

关键词： 土地市场　土地拍卖　住宅用地

一　全国300城：住宅用地推出、成交面积缩量明显，出让金同比降幅超三成

受市场下行、房企拿地意愿不足等因素影响，地方政府推地力度明显减弱。2022年，全国300城各类用地共推出21.8亿平方米，同比下降14.4%。其中，住宅用地推出7.7亿平方米，同比下降36.3%，绝对规模为近十年最低水平。从季度来看，一季度至三季度推地规模虽然逐季增加，但同比降幅均在三成以上，二季度降幅超四成，销售市场未见明显转暖下，政府推地仍较谨慎（见图1）。

住宅用地成交规模及土地出让金同比降幅均超三成。2022年，全国300城各类用地成交19.1亿平方米，同比下降8.1%。其中，住宅用地成交6.2亿平方米，同比下降30.7%，绝对规模处近十年最低位（见图2）。在出让金方面，2022年，全国300城各类用地出让金4.1万亿元，同比下降27.5%，其中住宅用地出让金3.4万亿元，同比下降30.9%，降幅较2021年扩大24.4个百分点。

在全国土拍市场整体表现低迷下，政府加大主城区优质地块供应力度，以提高房企参拍积极性，住宅用地成交楼面均价结构性小幅上涨，同时地方政府持续优化土拍规则、降低配建及自持面积，但土拍情绪仍低位徘徊，溢价率处近十年最低水平。楼面均价方面，2022年，全国300城各类用地成交楼面均价为2170元/米^2，同比下跌21.0%，其中住宅用地成交楼面均价为5417元/米^2，较2021年小幅上涨1.7%。溢价率方面，2022年，全国300城各类用地及住宅用地溢价率均为3.0%，较2021年分别下降6.8个和7.9个百分点（见图3）。

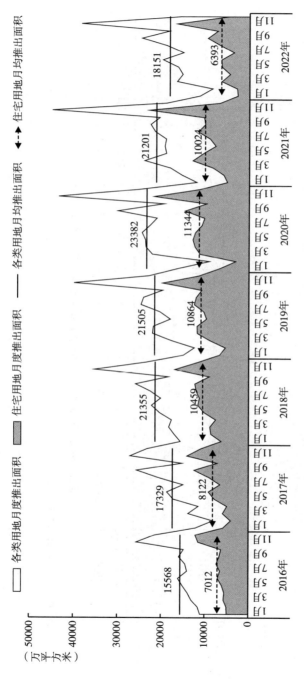

图1　2016～2022年全国300城各类用地和住宅用地推出面积

注：300城指中指研究院选取作为监测对象的300个房地产市场具有代表性或活跃度高的城市。如无特殊说明，面积统计口径为规划建筑面积，数据来自公开招拍挂市场，下同。

资料来源：中指数据CREIS。

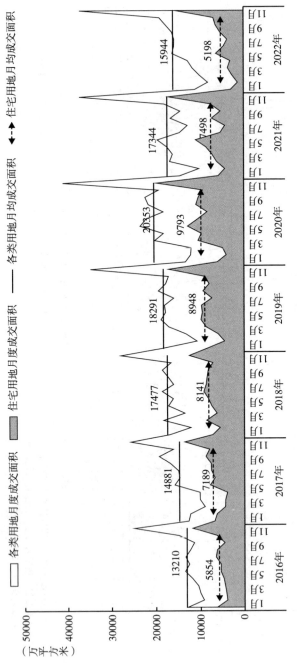

图 2　2016～2022 年全国 300 城各类用地和住宅用地成交面积

资料来源：中指数据 CREIS。

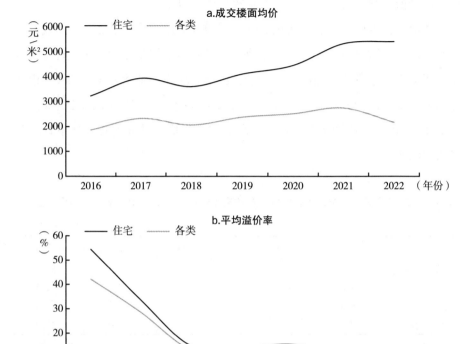

图3 2016~2022年全国300城各类用地和住宅用地成交楼面均价及平均溢价率

资料来源：中指数据CREIS。

二 一线城市市场韧性较强，二线城市土地推出、成交降幅明显，三四线城市楼面均价持续下跌

各线城市推出和成交面积、土地出让金均出现不同程度下滑。在推出方面，2022年，一、二线城市住宅用地推出面积同比降幅在四成左右，二线城市降幅较明显，其中22城中武汉、重庆、沈阳、长春降幅均超六成。成交方面，受推出面积下降、企业拿地力度减弱影响，各线城市成交面积同比均下降，一线、三四线城市成交面积降幅均超两成，其中三四线城市降幅较

小更多受低基数影响，而二线城市降幅在四成以上。

楼面均价方面，一、二线城市住宅用地成交楼面均价上涨，三四线城市楼面均价呈下跌状态。2022年，多城市供地量虽然缩减，但为了提高企业拿地积极性，地方政府提高供地质量，优质地块增加带动一线和二线城市住宅用地成交楼面均价结构性上涨，其中一线城市上涨17.5%，二线城市上涨9.2%；而三四线城市受市场下行影响较大，成交楼面均价同比下跌，跌幅为10.3%（见表1）。

表1　2022年全国300个城市各梯队城市住宅用地推出和成交相关指标（同比）变化

单位：%

指标	一线	二线	22城中二线城市	其他二线城市	三四线
推出面积	-39.7	-44.3	-47.6	-36.2	-29.8
成交面积	-27.0	-40.6	-42.4	-35.5	-22.5
土地出让金	-14.3	-35.2	-35.6	-32.9	-30.4
楼面均价	17.5	9.2	11.8	4.1	-10.3

说明：22城指北京、上海、广州、深圳、南京、苏州、杭州、厦门、福州、重庆、成都、武汉、郑州、青岛、济南、合肥、长沙、沈阳、宁波、长春、天津、无锡。

资料来源：中指数据CREIS。

在出让金方面，受企业城市布局逐步向核心城市聚焦等因素影响，一线城市住宅用地出让金占比提升，二线、三四线城市占比有所下滑。2022年，一线城市住宅用地出让金同比下降14.3%，但占全国300城出让金的比例为19.0%，较2021年提升3.5个百分点；二线城市住宅用地出让金同比下降35.2%，占全国300城出让金的比例为46.3%，较2021年下降3.5个百分点；三四线城市住宅用地出让金同比下降30.4%，占全国300城出让金的比例为34.7%，占比小幅下滑（见表1、图4）。

从单城市来看，2022年，上海、杭州、北京土地市场表现相对平稳，住宅用地出让金居全国前三位，其中上海住宅用地出让金达2839亿元。南京、成都、广州、西安亦在1000亿元以上，而TOP20中其余13城住宅用地出让金均在1000亿元以下。同比来看，2022年住宅用地出让金在300亿

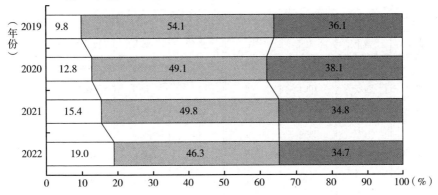

图4 2022年全国300个城市各梯队城市住宅用地土地出让金占比

资料来源：中指数据CREIS。

元以上的城市中，除个别城市如合肥、西安、宁波、上海住宅用地出让金同比小幅增长外，各地普遍呈下降态势，其中长沙、南京、东莞、南通降幅均在三成及以上（见表2）。

表2 2022年全国住宅用地成交土地出让金TOP20城市（市本级）

单位：亿元，%

住宅用地出让金TOP20				住宅用地出让金TOP20			
排名	城市	出让金	同比	排名	城市	出让金	同比
1	上海	2839	1	11	宁波	776	5
2	杭州	1914	−29	12	深圳	736	−25
3	北京	1615	−24	13	常州	718	−2
4	南京	1308	−35	14	合肥	715	13
5	成都	1268	−11	15	厦门	612	−23
6	广州	1221	−38	16	长沙	497	−30
7	西安	1001	8	17	南通	464	−38
8	苏州	944	−30	18	青岛	440	−21
9	武汉	841	−53	19	徐州	388	−11
10	无锡	813	−11	20	福州	386	−19

续表

出让金同比 TOP20(仅统计300亿元以上城市)				出让金同比 TOP20(仅统计300亿元以上城市)			
排名	城市	出让金	同比	排名	城市	出让金	同比
1	合肥	715	13	11	青岛	440	-21
2	西安	1001	8	12	厦门	612	-23
3	宁波	776	5	13	北京	1615	-24
4	上海	2839	1	14	深圳	736	-25
5	常州	718	-2	15	杭州	1914	-29
6	无锡	813	-11	16	苏州	944	-30
7	成都	1268	-11	17	长沙	497	-30
8	徐州	388	-11	18	南京	1308	-35
9	扬州	308	15	19	东莞	372	-37
10	福州	386	-19	20	南通	464	-38

资料来源：中指数据 CREIS。

三 流拍撤牌率处在高位，土地底价成交占比明显提升

流拍撤牌方面，全国住宅用地流拍、撤牌数量均处近五年同期最低位，但流拍撤牌率仍较高。一方面，市场低迷下政府推地较为谨慎，推出宗数较2021年缩量明显；另一方面，2022年，全国各地持续优化土拍规则、释放优质地块，提高房企参拍积极性，且在土地公告前期，部分城市地方政府亦提前摸排，以改善流拍撤牌情况，但各地土地市场情绪普遍偏低，流拍撤牌率仍在高位。2022年，全国流拍地块数量共计4100宗，撤牌693宗，流拍撤牌率20.3%，较2021年仅下调2.9个百分点。

另外，土地底价成交宗数占比持续走高。2022年，全国住宅用地底价成交宗教占比达66.6%，处于近五年最高位，较2021年上升4.6个百分点（见图5）。

从整体来看，受房地产市场持续调整、房企资金承压影响，政府推

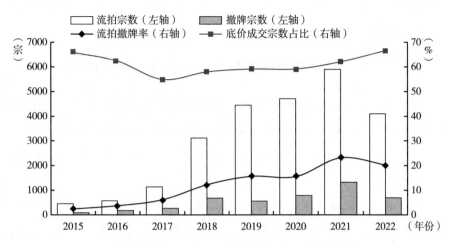

图 5 2015~2022 年全国住宅用地流拍和撤牌情况

资料来源：中指数据 CREIS。

地及房企拿地意愿均不足，全国 300 城住宅用地供求两端均缩量明显，各线城市土拍热度出现不同程度下滑，其中二线城市土地推出、成交降幅明显，三四线城市楼面均价继续下跌。核心城市住宅用地出让金仍处高位，但除部分城市住宅用地出让金小幅增长外，大部分城市同比均下滑。2022 年，住宅用地流拍、撤牌数量有所降低，但流拍撤牌率仍较高，另外，近些年土地底价成交占比持续走高，多数城市土地市场情绪延续低迷态势。

四　22城供求缩量明显，地方国资托底现象显著，
"集中供地"模式未来或因地制宜调整

2022 年，虽然 22 城中多个城市增加推地批次，但 22 城整体供地计划完成率仍较低，土拍规则持续优化下，土拍市场并未有较大起色，底价成交占比逐批走高，溢价率仍持续下探，同时地方国资拿地占比走高，城投托底现象更加明显，民企参与积极性较弱。从短期来看，政府推地及企业投资布

局力度均有赖于市场销售端的回暖，在集中供地批次上，各地或根据自身实际情况继续调整。

（一）供地节奏：多批少量供地，供地计划完成率约六成

2022年，22城供地节奏较2021年有所提前，但在市场下行、企业拿地意愿较低情况下，整体供地规模下降明显，22城中多地增加集中供地批次，降低拍地压力，"多批少量"供地成为大部分城市供应特点，22城全年供地计划完成率仅60%。

从供地节奏来看，与2021年相比，2022年多数城市首批供地时间有所提前，北京在1月7日便率先打响"首批次供地"第一枪，上海、合肥、青岛、福州随后公告，截至3月末，22个重点城市中已有19城公告首批次集中供地。另外，部分城市受市场下行影响，政府推地仍趋谨慎，如沈阳、郑州5月才发布（见表3）。

从供地批次来看，2022年，为缓解土拍压力，22城中多地增加集中供地批次，22城中有18城发布四批次土地公告，6城发布五批次，武汉发布六批次。"两集中"供地批次的提升，一方面是政府为了减轻各批次供地压力，合理匹配各批次供地规模，避免大开大合，保障土地市场结构稳定性；另一方面，面对市场调整以及企业拿地意愿不高、拿地能力不足等情况，地方政府"因时制宜"调配全年供地计划，有利于土地市场预期的稳定。

供地批次的增加整体并未实质性提高供地完成率，根据中指监测，2022年，22城整体供地完成率60%。杭州、合肥、上海土拍市场表现较稳，各批次企业参与积极性相对较高，供地完成率也较高；苏州、南京、无锡发布四批次及五批次土地公告，这部分城市供地计划完成率亦相对较高。而武汉、沈阳、重庆、郑州、长春供地计划完成率较低，其中武汉发布六批次土地公告，供地计划率仍不足五成，长春、重庆不足两成（见表4）。

表3　2022年22城集中供地各批次推出时间

城市	1月	2月	3月	4月	5月	6月	7月	8月	9月	10月	11月	12月
北京	首批推出			二批推出				三批推出		四批推出		五批推出
杭州			首批推出		二批推出			三批推出		四批推出		五批推出
南京			首批推出			二批推出			三批推出	四批推出	五批推出	
成都			首批推出			二批推出			三批推出			四批推出
宁波			首批推出			二批推出		三批推出	四批推出	五批推出		
无锡			首批推出		二批推出			三批推出	四批推出		五批推出	
苏州			首批推出		二批推出			三批推出			四批推出	
合肥		首批推出				二批推出		三批推出			四批推出	
沈阳			首批推出			二批推出		三批推出			四批推出	
福州		首批推出		二批推出				三批推出			四批推出	
长沙			首批推出		二批推出			三批推出			四批推出	
广州			首批推出			二批推出		三批推出			四批推出	
天津			首批推出			二批推出		三批推出			四批推出	
济南			首批推出			二批推出		三批推出			四批推出	
郑州			首批推出			二批推出		三批推出			四批推出	
厦门			首批推出				二批推出	三批推出		四批推出		
深圳				首批推出			二批推出		三批推出		四批推出	
青岛				首批推出		二批推出		三批推出		四批推出		
长春		首批推出				二批推出		三批推出			四批推出	
上海		首批推出			二批推出						三批推出	
重庆			首批推出		二批推出						三批推出	
武汉			首批推出		二批推出			三批推出		四批推出	五批推出	六批推出

资料来源：中指研究院整理，中指数据 CREIS。

表4　2022年22城住宅用地供地计划及完成情况（市本级）

单位：公顷，%

城市	2022年供地计划	供地计划完成率	城市	2022年供地计划	供地计划完成率
合肥	433	159	深圳	215	62
厦门	83	118	福州	333	57
无锡	350	109	宁波	477	55
上海	522	105	郑州	694	51
成都	700	99	青岛	737	46
杭州	613	96	武汉	803	45
长沙	530	83	北京	760	38
南京	660	76	济南	857	36
广州	437	70	沈阳	463	27
苏州	567	68	长春	341	16
天津	600	68	重庆	1700	16
合计				12875	60

注：供地计划完成率按公告时间、推出数据统计。上海供地计划完成率按下限计算。
资料来源：中指研究院整理，各地土地官网，中指数据CREIS。

（二）土拍规则：整体保持宽松态势，部分城市试点"现房销售"

2021年下半年后，土地市场降温明显，三批次虽然多城市对土拍规则进行了优化和完善，但土拍情绪仍较低落。2022年，土拍规则保持宽松状态，其中首批次土拍规则进一步改善，提高房企拿地意愿，二批次后整体调整以宽松、中性为主，部分城市继续优化。

首批次优化力度较大，多数城市从不同维度调整土拍规则，提升企业参拍积极性。如合肥、北京放宽竞买企业开发资质、武汉下调保证金比例等降低"准入门槛"；青岛和成都取消配建"人才住房"、武汉和厦门取消配套"保障房建设"、厦门下调回炉地块地价、上海和成都提高地块售价等适当提高房企利润空间；同时北京、武汉、上海针对土拍规则"化繁为简"，更加注重市场稳定和公平（见表5）。

表5 2022年22城首批次土拍规则变化（市本级）

调整类别	具体内容	代表城市
降门槛	放宽竞买企业资质、降低保证金比例、放宽付款周期	北京、合肥、武汉
降配建	保障房、租赁住房、安置房、人才住房建设	北京、福州、合肥、青岛、武汉、厦门、成都
降地价	降低起始价或楼面均价	厦门
提售价	提高项目最高限售价格	上海、成都
化繁为简	摇号规则优化、土地竞拍标准化繁为简	上海、北京、武汉

资料来源：各地方自然资源与规划局，中指研究院整理。

　　二批次土拍规则继续优化，但调整力度较首批次有所下降，上海、合肥、无锡、济南、天津、苏州、厦门、宁波、广州、重庆等地土拍规则基本无较大调整，部分城市在增加核心区优质地块供应、提高利润空间、缓解企业资金压力、降低拿地门槛等方面继续优化，提升房企投资信心（见表6）。

表6 2022年22城二批次土拍规则变化（市本级）

调整类别	具体内容	代表城市
降门槛	放宽付款周期、拆分大体量地块	北京、福州、重庆
调结构	增加核心区优质地块供应	青岛、上海、广州
降配建	减少配建保障房及自持比例	青岛、武汉
降地价	降低起始价或楼面均价	福州、南京、成都
提售价	提高项目最高限售价格、差异化定价	南京、杭州、成都

资料来源：各地方自然资源与规划局，中指研究院整理。

　　三批次土拍规则宽松态势延续，武汉调整地块保证金比例、南京不设毛坯限价等，同时"现房销售"再被提起，合肥1宗地试行现房销售，北京要求竞现房销售的地块宗数及占比较以往增加。

　　四批次部分城市持续优化供地条件，吸引房企参拍，北京部分地块实行现房销售差异化定价，深圳四批次由限自持、竞自持调整为限安居、竞安居，将自持改为可售。

（三）供求规模：供求两端缩量明显，半数城市同比降幅超四成

2022年，在市场下行、楼市预期偏弱、疫情反复等因素影响下，22城整体供求两端缩量明显，其中大多数城市全年推出面积、成交面积同比降幅均在四成以上。在推出方面，仅合肥推出面积较2021年增长，其余城市均下降；在成交方面，22城成交面积较2021年均下降，其中武汉、天津、济南、重庆、沈阳、长春降幅均在六成以上。

推出方面，2022年，22城住宅用地推出面积较2021年下降近五成，其中16城降幅在四成及以上。虽然多数城市发布四批次土地公告，但在多批少量供地主旋律下，各地住宅用地推出面积较2021年普遍降幅较大，如深圳、杭州、苏州、宁波等降幅均超四成，青岛、济南、武汉等降幅在六成以上，沈阳、长春均超八成（见表7）。

表7　2022年22城住宅用地各批次推出情况（市本级）

单位：万平方米，%

城市	2022年推出面积	较2021年变化	首批次	二批次	三批次	四批次	五批次	六批次
合肥	1427	47	351	325	471	213	—	—
上海	1102	−1	446	235	358	63	—	—
无锡	701	−2	103	181	97	151	170	—
厦门	295	−18	74	85	112	21	—	—
成都	1472	−20	440	438	351	118	—	—
福州	453	−32	120	82	175	76	—	—
北京	577	−40	169	175	148	32	53	—
长沙	1145	−41	323	350	225	185	—	—
深圳	510	−41	108	180	122	101	—	—
杭州	1241	−42	581	344	208	50	60	—
苏州	702	−42	165	215	69	170	83	—
南京	1059	−42	145	454	342	30	92	—
郑州	1036	−44	207	227	336	—	—	—
宁波	582	−49	256	204	84	48	—	—
天津	684	−58	318	150	121	94	—	—
广州	918	−59	276	147	389	106	—	—
青岛	775	−61	88	211	227	249	—	—
济南	632	−63	236	154	143	87	—	—

续表

城市	2022年推出面积	较2021年变化	首批次	二批次	三批次	四批次	五批次	六批次
武汉	992	−65	93	92	439	53	106	209
重庆	467	−73	147	226	94	—	—	—
沈阳	263	−84	33	203	—	—	—	—
长春	111	−96	33	28	—	—	—	—
合计	17144	−49	4712	4706	4511	1857	564	

注：沈阳、长春 2022 年未发布三批次土地公告；上海剔除纯保障房、租赁住房、征收安置房、动迁安置房、旧改等用地，下同。

资料来源：中指数据 CREIS。

成交方面，受推出面积缩减、企业拿地积极性不足影响，2022 年，除个别城市外，22 城中多数城市住宅用地成交面积、出让金均下降。根据中指数据，2022 年，22 城住宅用地共成交 1.4 亿平方米，较 2021 年下降 46.5%；土地出让金 1.8 万亿元，较 2021 年下降 32.4%。从不同城市来看，除合肥、无锡外，其余城市成交面积较 2021 年均下降，半数城市降幅超四成，其中武汉、天津、济南、重庆、沈阳、长春降幅均在六成以上（见图 6）。

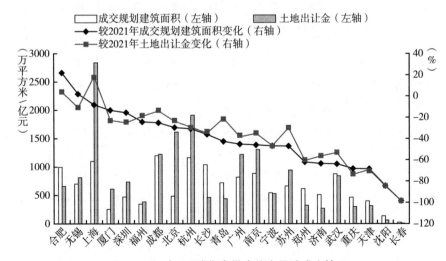

图 6　2022 年 22 城集中供应住宅用地成交情况

注：宁波 2021 年第三批次集中供地于 2022 年 1 月成交，计入 2021 年统计数据。

资料来源：中指数据 CREIS。

（四）成交价格：近六成城市住宅用地成交楼面均价同比上涨

2022 年，22 城"两集中"住宅用地成交楼面均价达 12104 元/米²，较 2021 年上涨 23.3%。一方面，受优化调整土拍规则影响，部分地块竞拍热度较高，优势地区多宗地块地价竞至最高限价；另一方面，多个城市增加核心区土地供应量，带动成交楼面均价结构性上涨。其中青岛、苏州、武汉成交楼面均价同比涨幅均在三成及以上，上海、南京、济南、广州涨幅亦超10%（见表 8）。

另外，为提高房企参拍积极性，部分城市下调地块起始总价或楼面均价，底价成交成为土拍市场主旋律，这部分城市 2022 年成交楼面均价同比均呈不同程度下降。如厦门、深圳等成交楼面均价同比降幅超一成，长春降幅在两成以上。

表 8　2022 年 22 城各批次供地住宅用地成交楼面均价情况（市本级）

单位：元/米²，%

城市	首批次	二批次	三批次	四批次	五批次	2021 年	2022 年	同比
青岛	3846	5405	8231	5705	—	4465	6128	37
苏州	14194	13677	18405	12096	15859	10751	14219	32
武汉	11713	11083	7723	12092	9981	7399	9598	30
上海	19707	33225	29460	20009	—	19970	25771	29
南京	19371	16793	11643	22535	5618	12337	14794	20
济南	7001	4372	3941	6867	—	4453	5299	19
广州	13049	18593	13572	20775	—	13246	14904	13
成都	11015	9553	10484	9361	—	8899	9733	9
北京	29845	34603	33918	42354	24838	30792	33325	8
福州	12702	15692	8043	12646	—	10438	11156	7
郑州	5163	5797	4952	—	—	5058	5267	4
长沙	5382	4552	3353	4008	—	4370	4543	4

城市	首批次	二批次	三批次	四批次	五批次	2021年	2022年	同比
杭州	14642	16218	20741	19922	15033	16050	16418	2
天津	6974	6256	8044	10512	—	8139	7892	−3
厦门	25145	25230	18814	38916	—	26895	23927	−11
深圳	18054	21473	9576	10098	—	17545	15582	−11
无锡	10126	11088	12375	10861	13219	13259	11592	−13
合肥	8676	7299	5555	5055		7766	6784	−13
沈阳	5590	4400	—	—	—	4744	3962	−16
重庆	6764	6057	6769	—	—	7775	6423	−17
宁波	10379	7901	12135	19937		10778	8842	−18
长春	3153	3119	—	—	—	3139	2254	−28
均价	12729	12796	12287	11130	13361	9814	12104	23

注：宁波2021年数据统计中含于2022年1月成交的2021年第三批次；北京、杭州2022年数据统计中含于2023年成交的2022年第五批次。

资料来源：中指数据CREIS。

（五）成交结构：土拍情绪逐批下行，多城底价成交趋势未改

2022年土拍市场整体较为冷淡。年初在土拍规则改善、土地供应结构调整下，房企拿地意愿提升，首批次成交溢价地块宗数占比达39%，较2021年二、三批次明显提高。随后在多地疫情反复、居民收入预期悲观、房价上涨预期转弱、市场销售持续承压等因素综合影响下，房企拿地积极性迅速减弱，22城住宅用地成交溢价地块占比明显下降，四批次溢价地块占比仅为15%（见图7）。

具体城市来看，流拍撤牌率方面，除深圳、合肥、杭州外，大多数城市首批次土拍市场延续2021年三批次的低温态势，整体流拍撤牌率达15%；二至四批次流拍撤牌率较首批次略有改善，四批次流拍撤牌率降至4.2%。底价成交方面，2022年，22城住宅用地底价成交占比逐批次走高，三、四

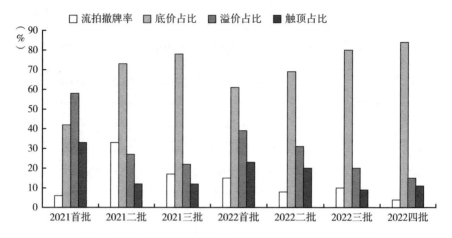

图7 2021~2022年22城集中供应住宅用地成交热度情况

注：沈阳、长春未发布三批次土地公告，重庆、郑州未发布四批次土地公告；流拍撤牌率＝（流拍宗数＋撤牌宗数）/推出宗数。

资料来源：中指数据CREIS。

批次占比均在80%以上，其中无锡、青岛、天津、长沙各批次底价成交占比持续在八成以上，成都、南京三、四批次占比明显提升。溢价率方面，22城各批次溢价率整体下行，第四批次处在低位，其中南京、苏州、福州、武汉、无锡第四批次地块均底价成交（见图8）。

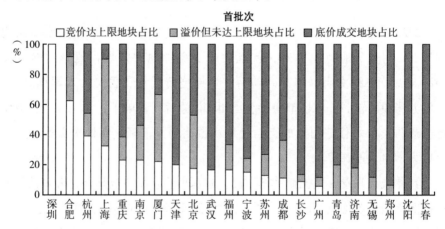

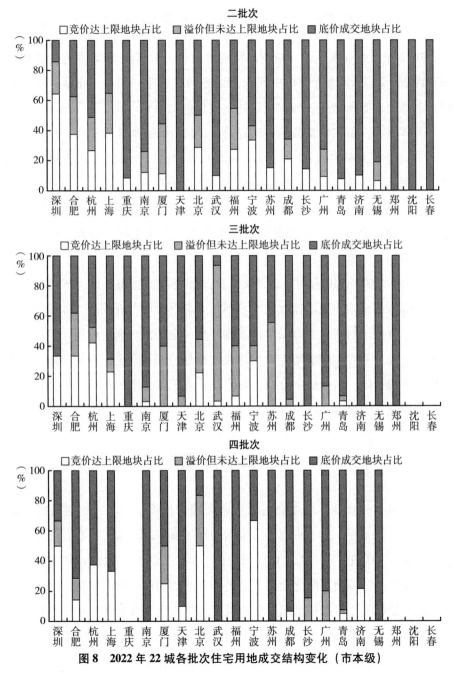

图8 2022年22城各批次住宅用地成交结构变化（市本级）

资料来源：中指数据CREIS。

（六）拿地企业：地方国资拿地占比逐批提升，托底现象显著

2022年，企业拿地较为谨慎，特别是民企，全年在22城拿地金额占比不足两成。22城拿地企业以央国企、地方国资为主，但从三批次开始，央国企拿地力度有所减弱，地方国资托底现象愈加明显。

具体来看，根据中指数据，2022年，在22城的拿地金额中，央国企占比37%，地方国资占比42%，民企占比16%，央国企、地方国资仍是拿地主力。而从央国企、地方国资拿地金额占比走势来看，首批次、二批次央国企拿地金额占比均在四成及以上，三、四批次降至三成左右，而地方国资拿地金额占比走高，三、四批次均在50%左右，其中无锡、济南、成都、青岛等地方国资拿地金额占比均超六成（见表9）。

另外，2022年10月财政部发文：严禁通过举债储备土地，不得通过国企购地等方式虚增土地出让收入，不得巧立名目虚增财政收入，弥补财政收入缺口。政策出台对地方国资拿地或将产生一定约束和规范作用，但在实际情况中，关于是否构成虚增土地出让收入很难追溯和判定，短期对地方国资拿地影响或有限，对于确实存在土地出让收入严重虚增的区域及举债拿地的地方国资或有一定规范作用。

五　总结与展望

2022年，全国300城住宅用地供求两端均呈缩量趋势，绝对规模均降至近十年最低水平，其中一线城市市场韧性较强；政府加大核心区优质地块供应力度，300城住宅用地成交楼面均价小幅上升。22城供地计划完成率仅六成，虽然土拍规则不断优化调整，但企业参拍积极性仍显不足，大多数城市土地市场低温运行态势延续，底价成交地块占比持续走高，溢价地块占比下行。拿地主力整体以央国企和地方国资为主，民企拿地意愿持续不足，但三批次后央国企拿地亦显乏力，地方国资平台托底显著。

表9　2022年22城住宅用地各批次不同企业拿地金额占比情况

单位：%

城市	央国企				混合所有制				民企				地方国资			
	首批	二批	三批	四批	首批	二批	三批	四批	首批	二批	三批	四批	首批	二批	三批	四批
福州	39	46	4	47	0	0	0	0	5	3	3	2	56	51	93	51
无锡	0	0	0	6	0	0	0	0	8	45	11	32	92	55	89	62
济南	55	14	6	25	0	0	0	0	13	13	6	0	32	73	88	75
成都	35	47	11	13	0	0	0	0	19	11	10	16	46	41	79	71
武汉	48	81	7	48	0	0	0	0	28	3	19	0	24	16	74	52
南京	71	35	17	0	11	0	0	0	4	11	13	0	15	53	69	100
青岛	9	32	8	23	0	3	0	1	58	24	26	14	33	40	66	62
长沙	53	40	14	41	2	0	7	0	14	6	18	13	31	54	61	46
深圳	35	92	43	49	18	0	0	2	0	6	0	6	47	8	57	42
宁波	42	38	22	—	6	0	0	—	11	29	22	—	41	33	56	—
上海	51	65	32	68	4	1	8	0	21	6	9	17	25	28	50	15
厦门	71	66	55	57	9	0	0	0	6	0	0	22	13	34	45	21
广州	25	80	55	80	0	0	0	0	6	0	0	10	69	20	45	10
杭州	19	7	7	0	30	6	20	0	39	67	34	100	12	20	39	0
合肥	43	36	14	8	0	0	10	0	54	20	37	54	2	44	38	38
天津	50	53	41	4	0	0	0	0	2	0	27	45	48	47	33	51
北京	51	91	65	60	27	0	0	0	3	6	2	9	19	3	32	31
苏州	42	0	48	0	0	0	0	0	0	4	24	25	58	96	28	75
郑州	15	0	10	—	15	0	0	—	19	0	0	—	51	100	90	—
重庆	65	50	18	—	0	10	0	—	18	24	1	—	17	16	81	—
沈阳	0	34	—	—	0	0	—	—	48	0	—	—	52	66	—	—
长春	0	0	—	—	0	0	—	—	100	100	—	—	0	0	—	—
合计	40	47	29	32	10	1	4	0	18	16	13	22	31	36	55	47

资料来源：中指数据CREIS。

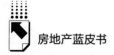

　　展望 2023 年，地方政府为稳定土地市场，土拍规则或继续保持宽松趋势，在"集中供地"批次上，各地或根据自身实际情况继续调整，但土地市场回温仍有赖于住宅市场销售端的回暖，短期土地市场低迷态势或难改善，同时城市分化、板块分化行情仍将延续，核心一二线城市成熟板块土拍将保持一定热度，而大部分城市地块底价成交或仍为土拍主流。

B.4
2022年中国住宅市场分析报告

许小乐 刘丽杰*

摘 要： 2022年我国住宅市场深度回调，新房、二手房销售规模均同比下降，交易节奏减缓，市场预期走弱。房地产企业投资收缩，2022年住宅开发投资额和新开工面积均出现明显下降。预计2023年住房调控政策和金融环境持续宽松，供给端去库存，需求端购房消费更理性，全年市场温和修复，实现以"稳"为主的供需新平衡。

关键词： 住宅市场 新房 二手房

一 2022年全国住宅市场表现和特点

（一）量价下行，交易规模降低

从全年看，2022年住宅市场交易规模出现2015年以来首次同比下降。根据国家统计局数据，2022年全国新房①销售面积11.5亿平方米，同比下降26.8%；全国新房销售金额11.7万亿元，同比下降28.3%；全国新房销售均价为1.02万元/米²，同比下跌约2.0%。

根据贝壳研究院测算，2022年全国二手房成交面积2.6亿平方米，同

---

* 许小乐，贝壳研究院首席市场分析师，研究方向为住房政策与房地产市场；刘丽杰，贝壳研究院市场分析师，研究方向为住房政策与房地产市场。
① 报告中新房指新建商品住宅，二手房指二手住宅。

比下降 27.0%；成交金额 4.8 万亿元，同比下降 31.3%；成交均价 1.83 万元/米²，同比下跌 5.9%。

2022 年新房和二手房合计销售面积 14.1 亿平方米，较 2021 年下降 26.8%。销售金额 16.5 万亿元，比 2021 年下降 29.2%。从月度走势看，2022 年住宅市场整体处于低位，上半年呈波动性回升走势，下半年趋势性向下，年底出现筑底信号。根据贝壳研究院数据，2022 年 2~3 月贝壳 50 城①二手房成交量指数②连续环比回升，4 月短暂性环比下降，5~7 月连续 3 个月环比增长，市场呈现修复趋势。下半年房地产企业风险外溢、疫情扰动等因素使得市场观望情绪加重，8 月起二手房成交量整体呈现下行走势（见图 1）。年内二手房价格持续下跌。从数据表现上看，贝壳 50 城二手房价格指数③延续 2021 年 8 月以来的持续环比下跌，截至 12 月连续环比下跌 17 个月（见图 2）。

（二）节奏变慢，市场预期减弱

需求释放节奏变慢。从二手房市场观察，二手房成交周期是反映住房消费释放节奏的关键指标，2022 年房源成交周期持续延长。贝壳研究院数据显示，2022 年重点 50 城二手房房源成交周期④平均为 65 天，较 2021 年延长 5 天。

2022 年供需两端均收缩。购房者的看房行为和卖房业主挂牌行为是反映供需两端活跃度的指标。带看客户量是在一定时期内有实际看房行为的购

---

① 重点 50 城包括：北京、上海、深圳、广州、成都、大连、福州、贵阳、哈尔滨、杭州、合肥、呼和浩特、济南、昆明、兰州、南昌、南京、宁波、青岛、厦门、沈阳、石家庄、苏州、太原、天津、温州、武汉、西安、银川、长春、长沙、郑州、重庆、常州、东莞、佛山、淮安、惠州、嘉兴、廊坊、洛阳、南通、泉州、绍兴、无锡、芜湖、徐州、烟台、中山、珠海。

② 二手房成交量指数是基于贝壳二手房交易数据编制而成，通过建模对二手住宅市场小区交易密度进行描述，数值高低反映小区整体交易量的高低，能够有效衡量不同城市、不同时期二手房市场交易水平的差别和变化，反映市场交易能量。

③ 贝壳二手房价格指数是在城市选择固定样本小区，以贝壳真实的二手房成交数据为基础，利用重复交易法，反映城市房地产市场价格走势。

④ 房源自录入系统到成交之间的自然天数，统计自录入到成交之间在 180 天以内的样本。

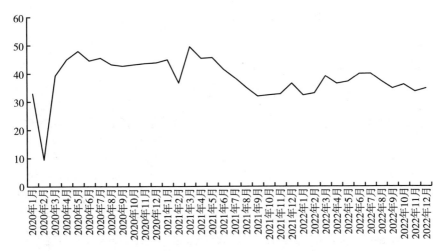

图1 2020年1月至2022年12月重点50城二手房成交量指数月度走势

资料来源：贝壳研究院。

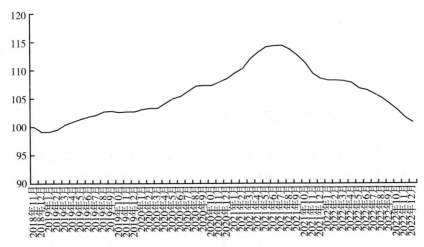

图2 2018年11月至2022年12月重点50城二手房价格指数月度走势

资料来源：贝壳研究院。

房人的数量，代表的是未来需求的多少。新增房源量代表业主供应二手房的数量。从数据表现看，2022年重点50城二手房带看客户量同比下降28%，新增房源量同比下降18%。

市场下行期业主定价权减弱。从数据表现看，2022年3月以来代表卖

图 3　重点 50 城二手房带看客户量与新增房源量月度走势

注：带看客户量与新增房源量均以 2020 年 1 月为基期，基期值为 100。

资料来源：贝壳研究院。

方业主预期的二手房景气指数①整体保持在 20 及以下的低迷水平（见图 4）。

（三）供给收缩，投资开工意愿不足

房企投资需求减弱。根据国家统计局数据，2022 年全国新建商品住宅开发投资额为 10.1 万亿元，同比下降 9.5%，是 1998 年以来首次同比下降。2022 年全国新建商品住宅新开工面积为 8.8 亿平方米，同比下降 39.8%，同比降幅较 2021 年明显扩大，是 1998 年以来最大降幅（见图 5）。

受住宅市场持续调整、房企资金压力加大影响，地方政府公开出让土地及房地产企业拿地意愿均不足，全国住宅用地供求两端均缩量明显。土地市场规模降至近 10 年低位。

----

① 贝壳二手房市场景气指数是基于贝壳平台上业主挂牌和调价行为数据，计算挂牌房源调价中调升的次数比例来反映当前市场预期，能够预测未来短期房价走势，景气指数＝调涨次数/调价次数×100。景气指数在 40 以上为市场预期景气，涨价预期强，20~40 预期相对平稳，20 以下为市场预期低迷。

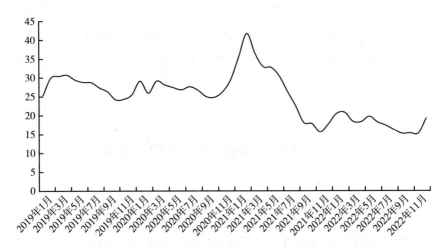

图4　2019年1月至2022年12月重点50城二手房景气指数走势

资料来源：贝壳研究院。

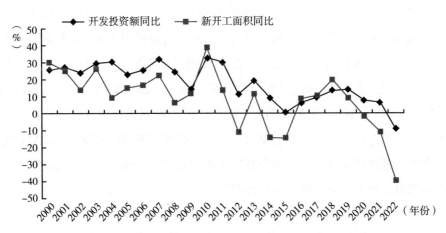

图5　2000~2022年全国新建商品住宅开发投资额、新开工面积同比增速

资料来源：国家统计局。

综合来看，2022年在房地产风险外溢、疫情扰动等因素影响下，我国住宅市场深度下调。这种深度下调是在长期下行周期里叠加了短期扰动的力量。长期下行周期指住宅市场需求中枢水平下降，这主要是我国城镇化速度放缓、人口出生率下降、老龄化程度上升等基本面所致。宏观经济下行、疫

情扰动等进一步放大了房地产风险的外溢性，加重了居民购房的观望情绪，使得短期市场修复面临难度。整个过程中房地产调控政策和金融政策在防风险、保交楼和稳需求等方面给予了更多支持，为接下来的市场运行注入了更强的力量。

二　2023年全国住宅市场和行业展望

（一）政策和金融环境持续宽松

供需两端政策支持加码，改善市场预期。2022年底以来，监管部门多次重申房地产在国民经济中的"支柱产业"地位。2023年初，多城市陆续确定新一年的经济增长目标，房地产在稳增长中的作用更加凸显。在此背景下，限制性政策调控优化、促进住房消费成为重要手段。2023年以来，河南、湖南及武汉、南京、哈尔滨等省市已经出台稳楼市举措，包括放松限购限贷、加大住房补贴等。供给端，自2022年11月以来"金融十六条"、房地产"三支箭"等利好政策跟进，信贷、债券、股权融资等政策均放松。2023年，在"房住不炒"基调之下，供需两端政策仍有继续优化空间，政策力度有望进一步加大，特别是核心一、二线城市的调控政策有望优化；支持企业合理融资需求，房企融资畅通促进企业资金面改善，"保交楼"有望取得更多实质性进展，促进市场预期转变。

住房金融环境宽松，促进住房消费释放。2023年1月初，人民银行、银保监会建立首套住房贷款利率政策动态调整机制，新建商品住宅销售价格环比和同比连续3个月均下降的城市，可阶段性维持、下调或取消当地首套住房贷款利率政策下限。据统计，70个大中城市中有38个城市（2022年9月至2022年11月新建商品住宅销售价格指数同环比均下跌的城市）符合降低首套房贷利率的条件。贝壳研究院统计数据显示，2023年1月，重点103

个城市[①]首套主流房贷利率平均为 4.10%，二套主流房贷利率平均为 4.91%，同比分别回落 146 个基点和 93 个基点（见图 6）。在首套住房贷款利率政策动态调整机制下，预计房贷利率有进一步下降的空间。

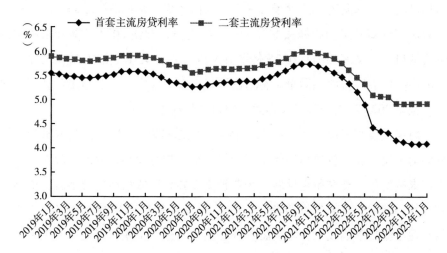

图 6　2019 年 1 月至 2023 年 1 月重点 103 个城市首套、二套主流房贷利率

资料来源：贝壳研究院。

（二）供需两侧走向新发展阶段

1. 供给侧：从积库存到去库存

影响供给侧的关键变量为供给量和价格的变化。拿地减少不会导致短期缺货。2022 年全国新建住宅销售面积同比下降 26.8%，住宅新开工面积累

---

① 103 个城市包括：安庆、包头、宝鸡、北海、北京、常州、成都、达州、大理、大连、丹东、东莞、佛山、福州、赣州、广州、贵阳、桂林、哈尔滨、海口、杭州、合肥、呼和浩特、湖州、淮安、黄石、惠州、吉林、济南、济宁、嘉兴、江门、金华、九江、开封、昆明、兰州、廊坊、临沂、柳州、洛阳、鞍山、绵阳、南昌、南充、南京、南宁、南通、宁波、青岛、泉州、厦门、上海、上饶、绍兴、深圳、沈阳、石家庄、苏州、太原、泰安、唐山、天津、潍坊、温州、无锡、芜湖、武汉、西安、咸阳、襄阳、新乡、徐州、许昌、烟台、盐城、宜昌、银川、漳州、长春、长沙、镇江、郑州、中山、重庆、珠海、株洲、淄博、眉山、德阳、常德、邯郸、晋中、汉中、景德镇、清远、衢州、台州、威海、乌鲁木齐、宜春、驻马店、遵义。

计降幅 39.8%，住宅用地成交规划建筑面积累计降幅超 40%。拿地和新开工降幅明显大于销售，拿地和新开工代表了未来新房的潜在供应量，这是否意味着 2023 年会出现新房整体供应紧缺的局面？我们认为不会。2023 年，市场供应端主基调为盘活存量去库存。当前新房库存仍然处于高位。广义库存常用累计新开工面积减去累计销售面积衡量，即使 2022 年新开工和销售形成缺口，广义库存仍然在 25 亿平方米以上。狭义库存常用国家统计局公布的商品住宅待售面积衡量，特指已竣工可售的现房，主要是尾盘和积压项目，截至 2022 年末，狭义库存累计同比增长约 18.4%。

新房供应逻辑由"投资推动"转为"需求拉动"。过去行业逻辑为高杠杆驱动规模增长，投资拿地受市场景气度影响相对较小，因此供应端往往领先需求端变化。现在逻辑反转，企业投资需要高度依赖经营现金流，依赖销售回款，需求变化领先供给调整。由于 2022 年销售市场剧烈调整，企业回款及现金流受影响较大，尽管融资环境逐渐改善，企业以需定供的决策思路不会轻易改变，对待新增库存态度维持谨慎。即使 2023 年销售市场修复，企业不需要大量新增土储也有足够的货源，通过加快尾盘促销和在建项目的施工进度，以及加快还未动工的储备土地建设，企业手中的各类储备即可快速转化为可售货源。

二手房供应量稳定增长。2022 年底贝壳研究院监测的重点 50 城的在售房源量较 2021 年末上升 11%，2021 年末较 2020 年末上升 13%，二手房总供应量变化基本稳定。受整体市场预期影响，2022 年二手房流通速度减慢，新增房源量较 2021 年同样有所下降。价格下跌导致消费者预期不强，购房意愿减弱，以换房为主导的市场中不买也就意味着不卖，所以新增库存变化幅度相对平稳。

供应价格预计先降后稳。由于项目滞销、土拍热度不高等因素，各地对新房项目备案价下调幅度的容忍度提高。随着政策对房企支持力度的增加，企业对项目定价的自主权提高，这会使得滞销盘或库存项目有更灵活的定价空间。企业要改善资产负债表，外部融资支持固然重要，但销售回款仍处首要地位。2023 年需求面尚未完全企稳之前，企业依然有以价换量的动力，新房供应价格有进一步下行空间。二手房方面，当前重点城市二手房平均议价空间处于近几年高位。买卖双方达成合意价需要卖方做出更大的价格让步，这一特征还将延续，直到更多买方入场后，议价空间方可逐步回落。

2. 需求侧：从超前消费到理性消费

居民会根据家庭收入水平变化和房价预期来调整其住房消费决策。居民收入水平相对稳定并且预期房价在未来会快速上涨时，居民会出现提前购买住房行为，并通过增加杠杆购买比当前住房更大的房子，从而形成住房消费的提前释放，这体现为住房市场短期需求增加。根据对新增住房需求的测算，2017~2021年年均新增住房需求中枢在14亿平方米左右，但实际每年的新房销售面积均超过14亿平方米，2021年达到了15.7亿平方米。这是房价上涨乐观预期促使住房消费提前释放的结果。

2021年下半年以来，房价持续上涨的预期被打破，叠加居民收入预期的降低，居民的住房消费由过去多年形成的提前消费机制转变为理性消费，购房偏好从追求资产回报转变为追求性价比，居民更加注重决策质量。因此，我们看到2022年新增住房需求和实际销售量已经大体相等。这表明"房住不炒"真正起到了作用，现在的销售基本等同于真实"住"的需求。未来，理性消费在住房市场深入人心，需求释放将围绕住房需求中枢合理波动。

需求向核心城市改善群体集中。改善住房需求已经成为当前房地产市场的主要稳定器和驱动力，全国层面改善性住房需求占总需求的五至六成，核心城市改善需求占比更高。核心城市住房价格高，人均住房面积小，老房子占比高，购房门槛和需要积累的换房成本也更高，因此待释放的改善住房需求更强。随着稳需求政策向高能级城市扩围，以改善需求为中坚力量的住房需求有望加快释放。

（三）市场实现以稳为主的供需新平衡

2022年的新房销售大幅下降是过去旧模式下市场的深度出清，同时也带动销售规模与真实住房需求规模相匹配，接下来市场不具备继续大幅下降

的基础。新增供应的减少有助于缓解市场库存去化压力，并与中枢下行的需求形成新的平衡。

销售总量温和修复，二手房修复略好于新房。保交楼取得实质性进展之后，消费者对购买新房的观望情绪在很大程度上得到缓解，2022年积压的部分延迟购买需求有望在2023年逐步释放，带动全年新房成交量略高于新的需求中枢。二手房修复主要受益于两方面。一是二手房市场弹性大，下行期先于新房调整且调整幅度更大，修复时同样快于新房市场。二是换房政策利好加快兑现，换房退个税政策将于2023年底到期，叠加核心城市改善需求支持政策的落地，部分改善换房需求可能在2023年释放。

全年价格趋稳。重点城市市场价格预计在二季度企稳。2023年一季度大部分城市新房市场仍处于化解库存阶段，价格有继续调整惯性，随着价格出清，住房成交量在二季度后重回修复通道，价格将逐步企稳。

新房二手房市场联动性更高。2022年下半年，新房交付风险使得消费者对新房风险规避情绪急剧上升，进而出现相对无交付风险的二手房市场韧性强于新房市场的局面。随着供给侧对保交楼和优质房企的支持深化，房企资金压力实质性缓解，购买新房的保障得到加强，加上改善换房需求的释放，一二手市场的联动同步性有望增强。

核心城市核心区市场稳中有升。全国整体市场成交量基本稳定，背后是区域结构的进一步分化，头部市场将占据更高的份额。过去三年，市场持续向长三角、大湾区、京津冀、成渝四大核心城市群和部分核心城市集中。这些城市过去人口净流入较大，需求提升快，但部分核心区新增住房供应跟不上，依然面临住房供需缺口。除了城市之间的分化，城市内部分化也将延续，核心区拥有更坚实的人口和产业支撑，其市场份额、价格走势都将表现出更强韧性。

B.5
2022年中国办公楼市场分析报告

韩 晶*

摘 要： 2021~2022年，中国经济和商业房地产市场危机与新机遇并存，代表着经济繁荣风向标的写字楼市场也发生了一些变化。存量、租金、价格、空置率等市场指标均出现下行趋势。新的形势发展变化，对于办公空间提出了新的要求，混合办公可能成为主流，同时结合短期和长期的战略思维，更绿色、更科技的资产组合规划或将成为发展趋势。

关键词： 办公楼市场 混合办公 绿色发展

在过去的两年里，中国经济和商业房地产市场实现了"危机中寻求新机遇，变局中创造新篇章"。自2021年起，中国的经济社会开始逐步复苏，实施"十四五"规划和2035年远景目标，为实现"第二个百年奋斗目标"奠定了基础。这一历史时刻为我们提供了重新审视商业地产行业环境的契机。作为传递、承载和催化经济增长的平台，办公楼市场在社会经济转型过程中展现出新的特点和趋势。

中心城市等具有代表性的办公楼市场，在一定程度上推动了中国经济的高速增长和国际化进程。然而，随着中国经济增长主线不断向"高质量发展"转型，房地产领域粗放式扩张的时代已然成为历史，精细化和集约化正逐渐成为行业发展的主导方向。与此同时，消费市场的扩大

---

* 韩晶，仲量联行评估咨询服务部资深董事，英国皇家特许测量师资深会员（FRICS）、中国房地产估价师、中国土地估价师，研究方向为楼宇经济。

与升级、基础设施建设的完善、网络科技产品的普及以及疫情的影响，都对多元化管理理念提出了更高的要求。这些要求对市场各方的专业知识储备、服务水平和运营能力产生了影响，办公楼市场也应对一系列变化。

因此，本文基于对超过200个城市的深入调研，有针对性地整理和总结了办公楼市场的最新动态、阶段性特征和发展趋势。

一 2021~2022年办公楼市场概览

2022年，中国经济和商业地产充满了挑战和曲折。复杂严峻的外部环境、需求萎缩带来的下行风险以及疫情多点散发的不确定性，使中国经济承受多重压力。虽然年末政策环境逐渐向积极信号转变，但从2018年开始，办公楼市场的投资额及同比变化已出现明显下滑（见图1）。

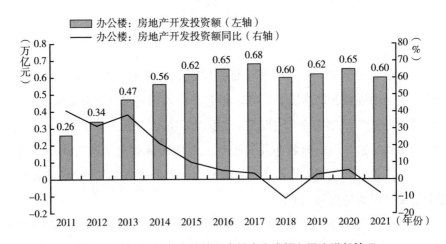

图1 2011~2021年办公楼开发投资完成额和同比增长情况

资料来源：国家统计局。

总体而言，当前经济运行保持恢复和回稳态势。各部门、各地区紧抓窗口期、机遇期、攻坚期，稳中求进，继续向市场释放稳增长、扩内需的明确信号。稳健的货币政策精准有力，更好地满足实体经济需求，保持流动性合理充裕。积极的财政政策加力提效，财政支出结构持续优化，加大重点领域投入，增强精准性和针对性，推动巩固经济稳中向好、保持经济运行在合理区间。

代表性的商业房地产市场，如办公楼，2021~2022年也呈现一些变化趋势。以包括香港在内的21个重点城市的甲级办公楼为例，总体量为8787万平方米。2022~2023年，预计将有近2000万平方米的新增供应，约占总量的22%。其中，深圳、上海、广州、成都的未来供应量较为显著，而北京、青岛、天津、大连等的未来供应量相对较为有限。从需求因素来看，头部企业在其中发挥引领支撑作用，科技、金融等领域的企业在全国各主要城市保持活跃。总的来说，全国甲级办公楼市场需求端的优秀表现助力市场各方参与者大幅提升信心（见图2）。

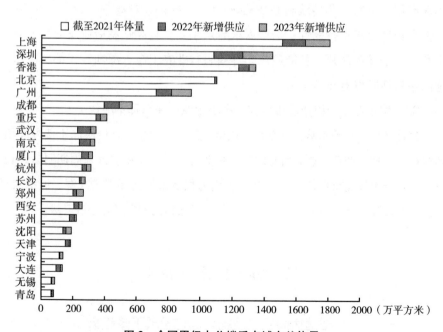

图2 全国甲级办公楼重点城市总体量

资料来源：仲量联行。

总结来看，在过去的 2 年间，办公楼市场呈现如下明显的发展趋势。

1. 市场复苏受到结构性压力和阶段性不利因素的影响

2021 年经济底部修复后，部分城市因 2021 年积累的需求释放在开年保持强劲势头，而另有部分城市开局疲软，进而受到二季度持续封控导致的经济活动阻断影响。多数城市在三季度恢复正常并趋于稳定后，年末动态清零政策放开导致的短暂大规模停工停产再次影响市场。从 2021 年以及 2022 年的趋势看，全国办公楼市场复苏进程远比预期更为艰难和波折。

2. 需求收缩成为多数城市2022年面临的共同挑战

金融、科技、专业服务仍是各城市办公楼市场需求的主导力量，但结构性逆风对需求增长的显著影响亦不容忽视。金融和专业服务行业持续稳定市场，例如，内资保险等传统金融行业在多地有大面积成交案例；大型互联网企业在北京、广州、深圳等头部城市持续进行战略和结构调整，从而影响其不动产租赁策略。非传统科技中心城市，如成都、青岛等，企业服务型 IT 软件类租赁需求保持韧性；新增需求亮点主要来自高端制造业及第三方办公运营商，半导体芯片、新能源汽车等新兴行业在上海、深圳、成都、杭州等地的租赁活跃度有显著上升。

3. 大型企业全年租赁政策保守，中小企业更注重降本增效

经济环境和疫情形势使大型企业租赁决策趋于审慎，如更倾向于楼内续租、暂缓扩租计划，或精简业务后搬回自有物业等。下半年租赁谈判周期明显延长，进一步影响市场需求释放。中小企业虽仍为租赁市场主要需求来源，但因对现金流依赖较强，在疫情冲击下更倾向于降本增效目的的搬迁和抄底升级。

二 办公楼市场表现

（一）办公楼销售面积以及销售额均呈现下降趋势

2018~2021 年办公楼的销售面积以及销售额受到市场以及经济下滑等因素的影响整体上价量齐跌，也表现了办公楼市场在这些年间承受的压力（见图 3）。

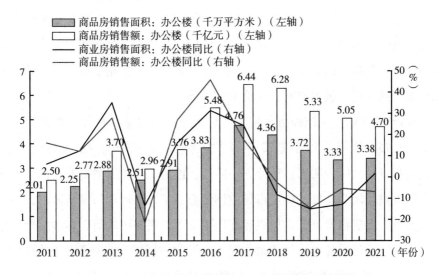

图例：
- 商品房销售面积：办公楼（千万平方米）（左轴）
- 商品房销售额：办公楼（千亿元）（左轴）
- 商业房销售面积：办公楼同比（右轴）
- 商品房销售额：办公楼同比（右轴）

图3　2011~2021年办公楼销售面积、销售额和同比情况

资料来源：国家统计局。

（二）在租户市场中，业主的租金策略更加多样化和灵活

在租金方面，全国20个重点城市中，有19个城市的市场租金同比下降。其中降幅超过5%的有4个城市，这主要是因为需求疲软叠加供应压力，业主积极调整租金策略；同比降幅在3%~5%的有4个城市，全年需求放缓的负面影响主要体现在年末的租金表现；同比降幅在1%~3%（不含）的有8个城市，在经历连续数个季度的租金下探后，降租拉动需求增量的效果大不如前，"以价换量"的边际收益明显收窄；同比变化在正负1%（不含）之间的有4个城市，租金处于正常波动区间，市场韧性凸显。

在空置率方面，全国20个重点城市中，有9个城市的甲级办公楼空置率同比下降，其中降幅最大的是苏州。苏州全年无新增供应，相对稳定的市场需求推动甲级办公楼空置率同比下降4.4个百分点至20.5%；另有11个城市的甲级办公楼空置率同比上升，其中涨幅最大的是成都。供应增长叠加退租情绪，2022年成都甲级办公楼市场平均空置率年末达到28.0%，同比上涨8.2个百分点，但剔除新增供应影响，空置率为20.9%，涨幅仅1.0个百分点。

展望 2023 年中国经济，国民经济和社会发展的积极因素主要体现在基本面的韧性和政策面的加码，包括有序实施优化调整的疫情防控措施、经济稳步回升的基础不断巩固、一揽子稳经济政策和接续措施全面落地生效、未来政策工具箱还有较大空间、物价水平总体可控。

预计 2023 年，中国经济各主要指标将全面、显著、积极地改善，全年经济增长很可能超过 5%。2023 年经济复苏的关键在于全力扩大有效需求，尤其是积极扩大国内需求。预计下一阶段，经济工作将以消费的基础作用和投资的关键作用为支柱，稳定市场主体信心，扩大居民部门预期需求，增加有效投资，促进消费复苏，加强经济内生动力，提振市场信心和激发全社会活力。同时，加强各类政策协调与配合，形成共同推动高质量发展的合力。因此，尽管市场回暖仍需时间，但随着刺激政策的全面实施，我们预计2023 年将是中国商业地产市场稳步前行、迈向复苏之年。

（三）疫情影响下，跨国企业不动产策略的演变及启示

自 2022 年开始，疫情改变了跨国企业在中国的办公租赁、空间策略及设施管理需求与期望。为了解这一趋势，仲量联行于 2022 年 6 月针对在中国的跨国企业租户展开问卷调查，探讨其不动产策略及发展趋势。调查深入研究了在中国的跨国企业如何优化不动产策略，并从短期及中长期角度分析其对办公楼市场的影响（见图 4）。

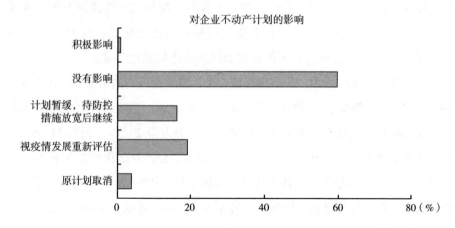

对主要行业不动产计划的影响

□ 没有影响　　　■ 计划暂缓，待防控措施放宽后继续
■ 视疫情发展重新评估　　　■ 原计划取消

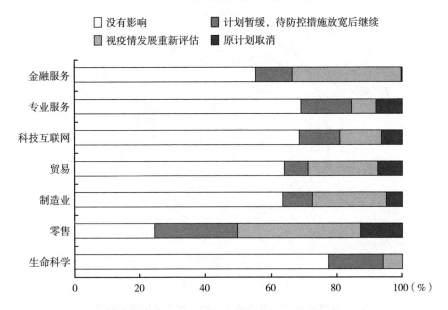

图4　疫情对企业及主要行业不动产计划的影响

资料来源：仲量联行。

（四）不动产策略在实现企业战略目标中的作用显著提升

对比 2019 年以及 2022 年，当前更多企业在制定不动产选址策略时，除了关注传统选址要素如成本、可及性等，还更加重视企业战略层面的支持。这些战略选址要素包括 ESG（环境、社会和公司治理）、企业品牌形象、吸引保留人才和 BCP（业务持续性计划）等。在这些战略要素中，企业对 ESG 和 BCP 的关注程度非常显著。这表明，在新一轮办公选址策略中，企业更注重战略选址因素，以实现公司长期战略目标，如吸引人才、打造品牌、数字化转型和 ESG 倡议等（见图 5）。

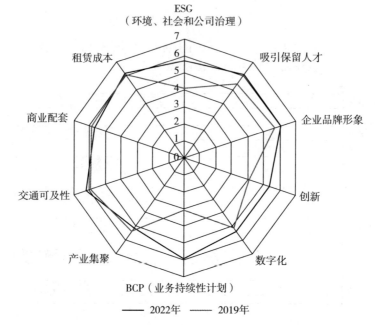

图5 未来企业不动产选地策略中，各影响因素的必要性

资料来源：仲量联行。

（五）混合办公趋势逐渐兴起，实体办公空间仍具关键作用

在疫情之前，企业已开始转变传统工作模式，更倾向于混合办公。在华跨国公司采用混合办公的比例不断上升。在受访企业中，约70%的公司允许、30%或更少的员工继续居家办公。尽管混合办公趋势渐起，但实体办公空间仍具重要作用。多数企业认为实体办公空间的面对面交流是提高生产力的关键，且具有不可替代的价值。此外，实体办公室的优势体现在跨部门协作与创新、提升即时交流效率以及为员工提供社交空间等方面。功能丰富的办公空间更具韧性。许多受访公司考虑增加临时应急储备和储物空间。与此同时，企业更倾向于通过增设单人电话亭等设施提高办公效率。适当优化娱乐休闲空间也反映了受访企业关注员工体验和人文关怀（见图6）。

办公	**53%**的企业将在2025年前永久地开放远程办公选项给全体员工	**77%**的企业同意/非常同意提供远程/混合办公选项，这对于吸引和留住人才至关重要	**75%**的企业表示员工越来越期望办公场所对社会有积极的影响	**69%**的企业已经部署或将在2022年内部署促进办公室协作的科技工具
员工	**45%**的受访者认为，促进协作是办公空间存在的主要目的之一	**79%**的受访者表示，他们的企业正在采取行动，提升办公场所对所有员工的多元性和共瞻性	**40%**的企业希望在员工健康福祉和可持续发展方面，采用更多的外包服务	**43%**的企业将加速投入新增或升级可促进员工健康和福祉的设施和服务
办公场所	**72%**的企业认同，长远来看，办公室仍将是企业生态系统的核心	**77%**的受访者同意，投资不动产质量的优先级将高于扩大不动产的面积	**73%**的企业已计划或正在规划将办公空间改造为全开放式的协作空间，并取消个人固定工位	**43%**的企业预计在未来三年将会寻求更多关于企业不动产科技解决方案的外包服务支持
企业不动产组合	**77%**的企业不动产管理层预见，他们将承负更多责任，在2025年前推动企业不动产组合变革。62%的企业不动产职能部门预计从现在至2025年，将增加预算投入	**75%**的企业不动产职能部门预计日后将会更加依赖外部合作伙伴	**74%**的企业表示他们愿意为绿色租赁支付溢价，56%的企业计划在2025年落实这一策略	**13%**的受访者表示他们所在的企业目前在使用先进的数据分析方法来持续或实时收集数据

图6　未来办公的关键数据

资料来源：仲量联行。

　　跨国公司的不动产战略在一定程度上推动了中国办公空间的转型。调研结果表明，跨国公司关注疫情影响下的企业韧性，并尝试通过优化不动产策略有效应对疫情，为其在中国长期战略发展服务。此外，这也凸显了企业不动产决策在公司战略中的重要性，并可能为中国所有公司的未来工作提供启示。

三　主要城市群市场总结

（1）在京津冀城市群中，北京办公楼市场表现欠佳，2022 年净吸纳量降至 19 万平方米，同比下降 81%，其中 82% 来自第一季度的成交。天津市场需求增速放缓，部分优质办公楼项目推迟入市，缓解了供需紧张。

（2）在长三角城市群中，上海办公楼市场租赁需求谨慎，2022 年净吸纳量为 52.4 万平方米；杭州市场正处于调整周期，甲级办公楼需求受到较大影响；南京市场租赁活跃度在下半年有所回升，全年甲级办公楼净吸纳量约为 4.26 万平方米，仅为往年同期的五成。

（3）在大湾区城市群中，广州办公楼市场继续低迷，全年甲级办公楼净吸纳量为 11.7 万平方米；深圳市场新增需求和存量需求疲弱，全年甲级办公楼净吸纳量为 83 万平方米，整体去化仅为 2021 年的六成，其中超 50% 为总部自用需求；佛山市场需求同样疲软，退租减租频繁使市场承压。

（4）在成渝城市群中，成都甲级办公楼市场全年充满不确定性，2022 年净吸纳量仅为 10.4 万平方米，较上年同期下跌 57%；重庆市场关注甲级办公楼的主力行业退租，如在线教育、地产建筑、保险行业、联合办公及小微企业，业务量萎缩导致部分企业缩租、搬迁至低成本楼宇甚至倒闭，全年净吸纳量录得负 1.7 万平方米。

（5）在长江中游城市群中，武汉市场在第四季度受益于前三季度积累的租赁需求，年末表现稳健。2022 年甲级办公楼吸纳量为 20 万平方米，超过 2019 年疫情前水平。南昌市场受疫情影响较轻，得益于金融、科技和建筑类企业的需求支持，全年租金呈现小幅上涨趋势，展示了长江中游城市群的发展潜力（见图 7）。

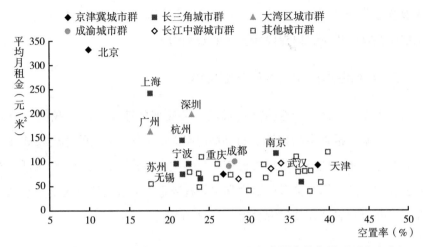

图7 2022年全国40城甲级办公楼市场租金与空置率散点图（对应文字）

资料来源：仲量联行。

四 未来办公楼市场的发展趋势

（一）混合办公成为主流，将激发企业办公场所的活力

随着企业逐步从新冠疫情影响中恢复，他们面临着新的挑战：一是企业战略目标执行更为复杂，外包服务愈加精细化；二是员工在新办公生态中获得更多主动权，促使企业重新审视办公场所与不动产组合策略；三是科技广泛应用对提升企业各方面绩效至关重要。企业如何拥抱新的动态办公模式并发挥优势？这对构建未来企业不动产组合意味着什么？

根据仲量联行研究，许多企业正推动不动产组合长期转型，同时，寻求人才战略机遇，重新确定未来支出优先级。企业需对办公场所进行改革，以适应混合办公趋势、应对灵活性非阶段性需求。战略决策者不应忽视混合办公对企业的持续影响。研究证实，混合办公模式已成为办公场景下的常态。

不提供混合办公选项的企业数量从疫情前的45%降至9%，绝大多数企业租户认识到，提供混合办公选项对吸引、留住人才至关重要。随着办公室

成为混合办公场景下的选项之一，企业应实施相应策略，加大对办公场所与员工健康福祉的投资，以保障企业绩效长期增长。

（二）结合短期和长期的战略思维

战略重点是什么？如今企业向灵活办公转变的速度超出了我们在2018年未来办公调研报告中的预测。自2020年以来，许多企业的办公模式发生了巨大变化，从以现场办公或办公室办公为主的模式，转变为更加灵活动态的办公模式。员工拥有更多的自由和主控权来选择办公时间和地点，包括结合办公室办公和居家办公的混合模式（见图8）。

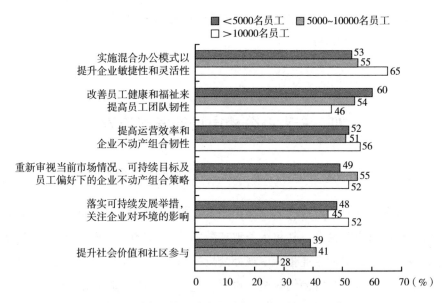

图8 对企业的不动产职能部门重要的影响因素

资料来源：仲量联行。

在未来三年内，除了应对混合办公的挑战外，企业还需关注其他战略领域。调研中第二大最常提及的重点领域是提升员工健康和福祉，以增强团队韧性，这也是员工人数少于5000人企业的最高优先级战略（60%的企业表示这是其优先级前三战略之一）。

第三大关注战略领域是提高运营效率和企业不动产组合的韧性（53%的企业将其列为优先级前三战略之一）。新冠疫情凸显了企业不动产生态系统的脆弱性和企业面临的风险。员工规模超过10000人的较大规模企业将提高运营效率和企业不动产组合韧性列为第二优先级战略。

此外，企业决策者还需关注其他重点战略。除提升企业敏捷性、运营效率和韧性外，企业还需提前规划长期办公场所变革。企业正根据市场情况重新评估不动产组合规划是否与业务目标一致，并推进相关措施，以应对分散办公模式下的员工协作性、绩效表现和人性化体验等需求。

（三）赋能员工，实现混合办公的未来

混合办公的趋势是否具有长期性？企业是否会回归到疫情前的办公模式？我们的研究发现，对于多数企业，混合办公趋势将持续。有1/4（24%）的企业已为需要的员工提供永久远程办公选项。此外，还有30%的企业预计在2025年前实施类似政策。拥有等于和超过5000名员工的企业更倾向于为员工提供这些选择（见图9）。

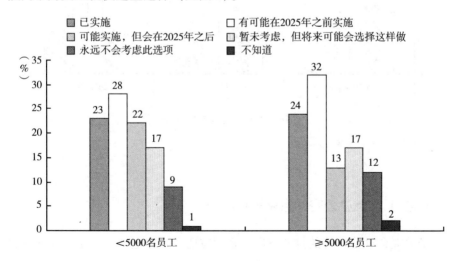

图9 永久提供远程办公的调查

资料来源：仲量联行。

办公模式向混合办公转型带来的好处明显：未来，员工将拥有更多自主权来更有效地利用办公空间，包括更自主地安排工作方式和时间。到2025年，超过一半（54%）的企业将转向员工选择为主的办公模式，即员工有权自行决定办公方式。然而，在疫情前，仅有8%的企业为员工提供了这种办公选择（见图10）。

受访企业表示，为了保持竞争力并吸引最优秀的人才，企业需要规划未来的办公模式，动态办公策略将成为员工团队模型的核心。超过3/4（77%）的受访企业认为，提供远程或混合办公选项对于吸引和留住人才至关重要。

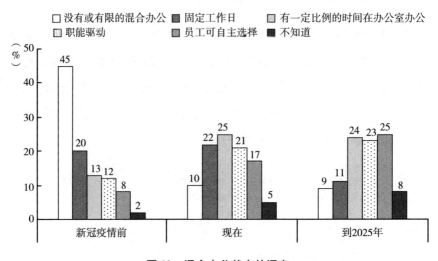

图10　混合办公状态的调查

资料来源：仲量联行。

（四）灵活办公空间数量持续增长

随着混合办公趋势的持续发展，企业应适应并拥抱这一变化，调整不动产组合规划以满足员工分布式办公需求。为实现办公空间的灵活性和韧性，企业需关注动态空间使用率管理（见图11）。

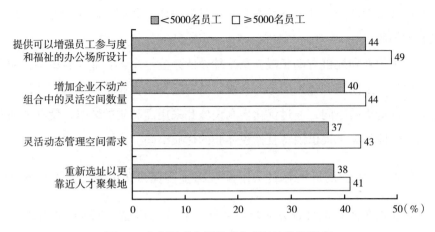

图11　企业不动产部门减少或加速投资调查

资料来源：仲量联行。

（五）短期内，对优质空间的投资比扩大面积更重要

办公室仍是办公生态的核心，企业应优先获取优质办公空间。关键数据显示，大部分受访企业认为办公室仍是企业生态的核心，应优先投资于不动产质量而非面积。为了吸引和留住人才，企业需要优化现有和未来的办公空间，鼓励员工来办公室工作，并确保员工健康和福祉。受访者希望未来办公室成为一个能促进协作、创新和保障员工福祉的空间。

获取优质空间对企业至关重要，许多企业已经在重新思考不动产组合用途，并投资于差异化品牌和吸引人才的空间。企业意识到，优质办公空间不仅能鼓励员工来办公室工作，还需优于竞争对手以形成竞争优势。

尽管办公空间仍是未来办公生态的核心，但现在企业将协作视为办公室的主要作用。45%的受访者将促进协作列为办公场所的三大目标之一。超过一半（55%）的员工数、超过10000人的企业认同这一观点，这反映了对企业来说，如何促进分散办公的大型员工团队有效协作的挑战越来越大。

36%和32%的受访者表示，未来办公室将成为激发创新和创造力的场所。员工在办公室工作时更容易分享想法和获得良好的职业学习体验。企业

不动产决策者认为，办公室始终是实现员工协作、共创、职业学习等目标的最有效场所。

除了规划和提供有助于提高员工绩效的办公空间，企业还希望构建能确保并促进员工健康和福祉的办公环境。具有远见的企业租户认为，他们应该致力于创造优质空间，通过优化便利设施和采用高品质的装修，使办公场所成为一个能为员工提供独特且愉悦体验的优质空间。

（六）企业对环境和社会的愿景将重塑其未来的不动产组合规划

企业正面临着来自各方对环境、社会和公司治理（ESG）的诉求与期望，因此需要加大对 ESG 解决方案的投资。随着对 ESG 成果的期望不断提高，企业决策者越来越注重通过企业不动产组合带来积极的环境和社会影响。他们需要在短时间内实现明确的 ESG 成果，同时应对日益增加的压力和审查力度。

员工期望是企业决策和行动的重要推动力，他们希望办公场所在环境、社会和福祉方面均有积极影响。因此，绿色租赁、环境承诺和脱碳路径图将成为企业不动产组合规划的重点。同时，加大对社会方面的投资已变得与对环境方面的投资同等重要。

数据显示，多元、共融和福祉是员工期望的主要关注点。近半数的企业表示，他们将在 2025 年前加大投资，以提高办公场所在多元和共融方面的成果。

（七）企业不动产职能部门需要加倍投资智能科技部署

对智能科技和数据分析的持续投资对于提升办公场所运营绩效和韧性具有重要意义。随着企业全力提高各方面的绩效，采用更先进的技术和更全面的数据能够极大地帮助改善决策。例如，高质量的企业不动产数据、先进的科技与系统的应用能够为企业不动产管理者提供强大的实时洞察力，从而进一步优化企业不动产组合并增强办公场所的韧性和敏捷性。

对智能科技进行深入投资将成为企业把握新机遇、提升绩效和生产力的关键。证据表明，这种投资趋势正在加速。然而，与此相比，企业目前在数据投资和使用方面仍然处于落后状态。

对于企业来说，数据与科技同等重要。企业需要一套系统性的数据收集和分析方法来服务于复杂的运营模式，从而进一步提升员工、企业不动产组合和资产等多方面的绩效。然而，企业应认识到数字化转型并非一蹴而就，利用技术来适应混合办公的新兴需求是一个循序渐进的过程，并需要通过企业愿景、承诺和战略来引领方向。

在过去两年中，科技的变革力量显著地加速了动态办公模式的演变。新冠疫情中，企业投资重点是提供能够改善远程办公和协作的工具，以支持分散在各地办公的员工间协作。企业普遍认为，科技将成为提升办公效率、员工满意度和办公场所体验的最强驱动力之一。

（八）企业不动产需求正变得愈加精细化和复杂化

企业无法单独应对未来办公带来的新挑战，将更加依赖企业联盟和伙伴关系。企业应认识到，要成功应对复杂挑战、抵御风险并抓住机遇，单靠自身力量是不足够的。随着企业不动产管理层面临越来越多的责任，他们将无法独立应对未来办公的新需求和多样化挑战，因此对企业联盟和伙伴关系的依赖将逐渐加强。

企业将更多地寻求优先投资领域内专家的建议。研究显示，决策者正尝试通过与外部伙伴合作来增强自身能力。他们正在建立一个多元化的合作伙伴生态系统，包括企业内部其他职能部门（如人力资源、战略、运营、财务、信息技术）以及企业外的专业合作伙伴。

我们的研究表明，企业已经清晰地认识到利用外部合作伙伴的专业知识和经验来帮助实现环境目标的益处。除了可持续发展战略，企业在其他领域对外部支持的需求也很重要，包括可再生能源供应和采购（43%的企业预计将增加与外部合作伙伴的协作）、可持续发展项目管理（42%）和可持续资产（41%），如建筑评估、评级和认证。

然而，企业不仅认为外部合作伙伴在环境、社会和公司治理（ESG）中

的"环境"（E）领域具有关键作用，还在寻求他们在"社会"（S）方面的支持。外部合作伙伴可以帮助提升混合办公模式下员工的体验，弥补企业内部知识和资源的不足。调查显示，39%的企业不动产决策者预计在2025年前将向外部合作伙伴寻求更多支持，以提高混合办公模式下的员工体验。

（九）绿色资产是亚洲企业租户的新标准

仲量联行的研究显示，绿色认证、地理位置和租金成本是企业不动产（CRE）管理者在租赁办公室时的三大关注点。鉴于大型企业的碳减排承诺，无论是跨国公司还是本土企业，在考虑商业地产租赁时，都会将绿色标准作为重要的决策因素。研究发现，1/3的CRE管理者计划在2025年前撤出碳效率较低的物业，这一比例还可能继续上升。仅这一因素就会迫使业主考虑对物业进行绿色升级改造，以避免资产出现"棕色折扣"（Brown Discount）。

在亚洲，过去十年里绿色认证建筑的数量呈强劲增长趋势，现有的甲级办公楼中，有75%的绿色认证建筑是在2015年《巴黎气候协定》通过后新增的。然而，市场对绿色资产的需求仍然超过供应。仲量联行的研究显示，亚洲地区的企业租户希望在条件允许的情况下，到2025年前将企业不动产组合中绿色认证建筑的占比提升至约50%。但由于市场供应不足，实现这一目标具有挑战性。

因此，不动产行业需要在新建和翻新方面实现平衡。换句话说，过去几年亚洲甲级办公楼的存量有所增加，其中非绿色认证办公楼的数量也相应上升。这意味着办公楼绿色改造领域蕴藏着巨大的商机。

在对亚洲市场办公楼租金的研究中，我们发现了绿色资产租金溢价的明确证据。目前，绿色资产的供应无法满足企业租户设定的净零碳目标，这种供需差距导致了绿色溢价的产生。如今，这种差距为溢价创造了机会，而一旦相关法规出台，不符合可持续发展原则的建筑将很快面临棕色折扣。我们采用特征价格模型（HPM）对各个城市的数据进行了分析，得出了获得绿色认证的甲级办公楼的绿色溢价的上下限。研究发现，绿色认证甲级办公楼存量较多的城市的租金溢价要低于存量相对稀缺的城市，这体现了经济学中需求和供给的关系。以新加坡为例，90%的甲级办公楼存量已获得绿色认证，相应的租金溢价在4%~9%。其中，溢价最高的建筑是获得新加坡建设局绿色建筑标志白金级认证的办公楼。相反，在中国香港，不到1/3的甲级办公楼存量拥有绿色认证，其中获得LEED铂金级认证的办公楼租金溢价接近28%。

然而，印度各城市的情况相对独特。尽管绿色认证项目在总存量中所占比例较高，但印度各城市的绿色溢价上限几乎都是两位数。这主要归因于印度市场上众多跨国企业制定了宏伟的ESG目标，对于他们而言，租用绿色认证建筑成为必选条件。在印度的各个城市中，孟买的绿色溢价最高，范围在7%~20%。

从企业租户角度看，为实现净零排放，整体建筑环境优化势在必行。随着越来越多的企业认识到范围三排放（Scope 3）[①] 在实现净零排放目标中的关键作用，调整企业不动产战略变得至关重要。企业租户需要寻找有效的绿色认证方式，以便为实现净零承诺奠定良好基础。此外，为了拓宽选择范围，企业租户还应考虑租用符合本国/本地区绿色建筑标准认证的资产，而非仅关注获得国际绿色建筑认证的资产。随着绿色标准的提高，租户与业主将建立共同致力于实现脱碳目标的合作关系。

从投资者和业主角度看，应抓住存量建筑升级改造的机遇。由于绿色溢价的推动力，投资者和业主都有强烈的财务动机投资于绿色环保认证建筑。然而，随着对可持续资产需求的攀升以及相关法规的实施，可持续资产将成为行业标准。那些未对建筑物进行升级改造以使其符合可持续性标准的业主可能面临经济损失，即"棕色折扣"。改造不仅是加速建筑环境脱碳的最快、最有效的方法，还为业主提供了满足市场对绿色办公空间需求的机会，而且租户愿意为绿色租赁支付溢价。

企业租户日益追求与其可持续发展议程相一致的不动产解决方案，从而推动了对环境友好建筑的需求。这使得具备韧性和可持续性的建筑在租用率

[①] 香港交易所的《企业净零排放实用指引》中，范围三为公司上游/下游活动产生的间接排放。

和租金溢价方面明显优于同期未经认证的建筑。受到对未来气候风险担忧的影响，绿色和可持续资产的关注度将不断提升，企业租户也将更愿意为绿色溢价埋单。

毫无疑问，中国经济正站在新一轮复苏期的起点。然而，鉴于当前国内需求依然疲软，海外需求也较弱，我们应该针对有效需求不足这一问题，加快实施扩大投资和促进消费政策，以持续释放政策效应。我们要通过总量政策、结构政策和价格政策全面发力，适时适度地支持实体经济的恢复与发展，使经济运行尽快回归潜在增速的合理区间。同时，我们应运用财政和金融政策工具，支持重大项目建设、设备更新改造，以创造更多实物工作量。

我们还要促使消费恢复成为经济的主要驱动力，落实支持大宗消费和生活服务业的政策，因城施策支持刚性和改善性住房需求。为实现这一目标，我们应注重将实施扩大内需战略与深化供给侧结构性改革有机结合，通过供需双向发力、有效协同，坚持高水平对外开放，坚定实施扩大内需战略。

参考文献

仲量联行研究部：《大中华区 2022 年三季度物业摘要》，仲量联行，2022。

仲量联行智动办公、仲量联行研究部：《2022 年未来办公调研报告》，仲量联行，2022。

仲量联行研究部：《可持续发展的价值：亚洲地区绿色资产溢价的有力佐证》，仲量联行，2023。

仲量联行商业地产部、仲量联行研究部：《中国办公楼租赁指南》，仲量联行，2022。

B.6
2022年中国家装消费品质分析报告

闫金强　汤子帅*

摘　要： 当下，我国家装服务品质现状还存在明显不足，消费者服务品质
实际感知低于预期。家装消费调查结果显示：目前我国家装消费
者服务品质评价得分为负分，消费者的实际服务品质感受整体低
于他们的期待，家装行业服务品质仍存在明显不足；整体来看一
线城市家装服务品质高于二线城市，不同城市间的消费者品质评
价差异大；家装企业在交付能力、设施等硬性指标上的消费者品
质评价较高，而涉及人性化服务、情感价值体验服务等"软实
力"指标品质评价较差；家装行业亟须一场品质进化，向更高
水平、更加立体的品质服务迈进，以适应人们对于美好生活追求
的需要；疫情防控新时期，模式创新、效率提升将成为行业发展
的新驱动力，对消费者更好、更快、更适合的品质服务是行业及
企业确定的增长方向。

关键词： 家装消费　服务品质　高质量发展

一　行业品质趋势分析：势在必行

在过去，家装消费、供给两侧都发生了深刻的变化，经济腾飞为中国百
姓的生活方式奠定了良好的物质基础，家装与居家生活方式之间的联系更加

---

* 闫金强，房地产研究机构贝壳研究院研究专家，研究方向为房产交易、租赁及家装政策等；
汤子帅，房地产市场研究机构贝壳研究院高级研究员，研究方向为家装家居产业、居住消费。

紧密，住房市场和家装行业的发展，必然带来家装服务走向更大层面的竞争。无论是需求端还是供给端，面对居住消费升级下的美好生活新时代，品质提升都势在必行。

（一）居住属性回归和居住消费升级，消费者品质追求趋强

中国家装行业的发展需求过去 30 年来主要依托两大基础——待装修商品房的数量和家装消费支出水平，如今这两大基础都在发生着改变。住房回归到更基本的居住属性，这也意味着住房市场的周期性减弱，从高频波动进入低波动，居住消费的内生性更强，一个更稳定的居住消费市场是家装品质发展的重要条件；同时，存量市场从一线主导发展到一二线城市并驾齐驱，居住消费向 C 端消费者进一步趋近，服务的溢价逐渐得到体现，效率驱动和品质驱动比规模驱动更重要，成为居住消费发展的新动力。

居住消费也不再仅限于房屋交易，向更多房屋之上的美好生活价值延伸，家装在居住消费升级之下受到更多关注。居住体验和美好生活之间的联系紧密，居家环境在很大程度上影响家庭生活的舒适度和给予个体的归属感，人们对于家庭装修空间功能设计和美学实现的重视程度上升，更愿意投入；此外，在家庭居住消费生命周期中，装修是仅次于房屋交易的大笔支出，是人们对美好生活的重要投资，随着人们收入水平的提高，近年来家庭装修的客单价在逐年提升。

反映到数字上，贝壳研究院依据我国城镇居民人均消费支出复合年均增长率、装修支出水平和我国新房/存量房装修总需求，经测算，我国家装家居市场总体规模在 2025 年将达到 5 万亿元左右，在 2030 年将达到 7 万亿元左右，年均增长率超过 6%（见表 1、表 2）。

表 1　住房装修单价

单位：元/米²

年份	2022	2023E	2024E	2025E	2026E	2027E	2028E	2029E	2030E
装修单价	1040.00	1092.00	1146.60	1203.93	1264.13	1327.33	1393.70	1463.38	1536.55

资料来源：贝壳研究院。

表 2　家装家居市场规模预测

单位：万亿元

年份		2022E	2023E	2024E	2025E	2026E	2027E	2028E	2029E	2030E
家装家居 市场规模	保守	3.51	3.88	4.30	4.51	4.80	5.12	5.42	5.78	6.58
	中性	3.69	4.12	4.52	4.78	5.12	5.47	5.80	6.19	7.06
	乐观	3.88	4.35	4.79	5.06	5.42	5.80	6.23	6.62	7.54

资料来源：贝壳研究院。

数据的增长，反映了家装需求在居住生活中的重要性提升，而另一组数据则反映了更具体的家装需求。据中国消费者协会官网数据，2022 年全国消协共接到与房屋装修物业服务相关投诉共 2.3 万件。与 10 年前相比，增加了 1.64 万件，增长速度仅次于教育培训服务、文化娱乐体育服务和互联网服务（见表 3）。

表 3　2012~2022 年服务大类投诉量变化

单位：件

年份	房屋装修及物业服务	同比
2012	6303	
2013	7804	
2014	5596	
2015	3980	
2016	11430	
2017	14536	
2018	17352	
2019	15507	
2020	15799	
2021	21865	
2022	22752	与 2012 年相比：261.00%

资料来源：中国消费者协会。

网络投诉平台黑猫投诉数据则显示，截至 2023 年 3 月 15 日，以"装修"为关键词，相关投诉共 2 万余条，其中被投诉最多的商家大多为互联网装修平台，投诉内容多与企业服务品质相关。

@投诉编号173＊＊＊＊7898

某某家装网络平台不履行装修售后

本人2021年在＊＊＊平台上委托上海某某建筑装潢设计有限公司进行房屋装修，2023年1月装修完工后，2月发现马桶出现漏水现象，本人多次与装修公司联系，对方一直不予理睬，之后又和平台联系，希望平台能出面协调处理，但平台不作为，对于我的诉求，不予理会，烦请介入处理，谢谢。

@投诉编号173＊＊＊＊4340

某某装修网说好未开工免费退款现在要收取3000元设计费

强买强卖没有任何告知，并且设计费远高于一般公司，现在我也不敢打电话给设计师，毕竟去过我家量房，投诉也没有门，只能靠这里了，前期总收了意向金1717元、定金10000元，无法合作原因是贷款不批也不是我的问题。

资料来源：网络投诉平台黑猫投诉。

家装行业服务过程时间长、各环节牵扯主体多，一个消费者从选择家装开始到交付，整个周期会有28个角色参与其中，179个交界点，其中包括人与人的协同、人与货的协同等，本就是一个极易在服务过程中出现问题的生意，而随着居住属性回归和居住消费升级，家装在构建居住美好生活作用方面受到重视，投诉数据则现实反映出消费者对家装服务品质有了更多关注、提出更高要求。

同时，消费者对家装服务品质的要求更加全面、精细。贝壳研究院2022年一项针对家装消费者品质认知度的调查显示，在我们调查的1~2个维度的家装服务品质中，消费者基本上都给予了较高的评分，这些维度既涉及服务硬性专业能力，也涉及沟通、信任等精神情感层面的软性需求，传统的粗放型服务模式已走到了尽头，高质量和精细化的服务成为下一个阶段家装消费者的新追求（见图1）。

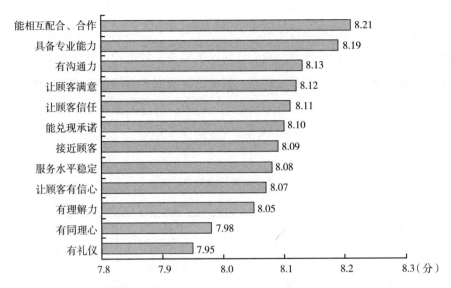

图1 家装消费者服务品质重要性认知评分结果（平均得分，满分10分）

资料来源：2022年5月家装消费者调研，N=2000，贝壳研究院。

（二）行业竞争加剧，企业更注重用品质赢得客户满意

家装行业正在发生着持续且深刻的演化和变革，行业竞争加剧，"对消费者好"成为企业越来越迫切需要实施的战略，企业更需要品质。

传统模式下家装企业作为业务集成商，通过施工服务收费而获利，而家装市场规模逐年增大，吸引了家装产业链上下游及相关行业的主体进入，如定制家居企业、互联网企业、家居建材卖场运营商、房屋中介公司等，不同的主体切入视角不同，运营模式也不同，丰富了家装行业的生态，但也加剧了行业服务主体间的竞争态势；另外，传统服务模式下，家装公司主要负责硬装交付的落地以及与上下游供应商的沟通对接，捕获的价值来源于其所提供的劳力与施工服务，其收入（人工、设计和管理费）占消费者家装总支出的25%左右，而要想在家装链条上捕捉更大的价值求生存，家装公司还需要跟上下游竞争。不论是不同类型主体间的竞争，还是不同服务模式之间的竞争，其根本取决于企业能否取得消费者信任、让消费者满意。

消费者满意度是衡量家装服务品质的重要指标，客户通过比较自己的服务预期与实际感受的服务价值对服务进行评价，产生满意或失望的态度将会影响客户的再次使用或推荐。我们针对家装消费人群进行了专项调研，发现用户群体对家装行业整体较为满意，但也仍有两成多的消费者感觉一般或不满意。消费者最不满意的环节分别是施工过程、售后服务和配送环节，占比分别达到了19.2%、17.8%和16.9%（见表4、表5）。

表 4　我国家装行业用户满意度

单位：%

指标	占比	指标	占比
非常满意	23.3	比较不满意	2.4
基本满意	53.2	非常不满意	0.2
一般	21.1		

资料来源：贝壳研究院消费者调研，n＝2000。

表 5　客户最不满意环节

单位：%

指标	占比	指标	占比
施工过程	19.2	其他	11.8
售后服务	17.8	施工验收	10.3
配装环节	16.9	方案设计	10.0
企业营销	14.2		

资料来源：贝壳研究院消费者调研，n＝2000。

可以看到，过去多年家装行业规模在扩张，不同领域商家布局也完善了服务生态，但消费者仍然面临诸多痛点，不只是施工装修成果与设计方案是否一致、装修质量是否达标，还有服务流程标准化、装修费用透明可控以及互动沟通顺畅及时与否，这些和消费者偏好的异质性直接相关，单纯某一项的提升并不能完全实现让消费者满意，而需要企业整体的品质体系构建和提升，这是家装企业在激烈竞争中的"护身符"。

此外，从品质服务的后果看，行业企业也需要更注重用品质赢得客户满意。在我们的调研结果中，有超过三成的受访家装消费者通过朋友介绍了解到服务企业，在所有装修企业了解渠道中占比最高，而家装低频消费特征导致客户复购率低，因此荐客价值在获客环节就变得更加重要。但现实是，我们调研结果显示，行业NPS值（即推荐度）仅有31.9%，消费者在经历家装企业提供的服务后，推荐度并不高。因此，企业要想在竞争中脱颖而出，打破"逆循环"，只能走品质之路。谁能让人们体验到舒适满意的高品质服务，谁就能获得更多的消费者青睐，形成最牢固的"护城河"，做大自己的规模，在竞争中突围（见表6）。

表6　家装消费者装修企业最主要了解渠道

单位：%

了解渠道	占比	了解渠道	占比
朋友介绍	34.5	房产中介推荐	7.5
线下门店	24.5	直播/短视频平台	4.3
网站/网页广告	17.9	其他	1.1
线下广告(传单、电梯等)	10.2		

家装行业NPS值*
NPS值　推荐度　31.9%
（NPS值算法公式说明）
　＊NPS测算方法：净推荐值（NPS）＝（推荐者数/总样本数）×100%，（贬损者数/总样本数）×100%NPS，调研问题为"您是否会愿意将'该家装公司'推荐给您的朋友或者同事？"根据愿意推荐的程度让客户用0～10分来打分：其中（9～10分）为推荐者，他们对企业忠诚度高，会推荐给其他人购买；（7～8分）为被动者，他们总体满意但忠诚度并不高，也会考虑其他竞品；（0～6分）为贬损者，他们对企业服务并不满意或对企业并没有忠诚度。
　资料来源：贝壳研究院消费者调研，n＝2000。

二　家装新消费洞察

人们对于"美好生活"的追求是家装消费市场不断增长的引擎。美好生活既是社会生活和文明水平的整体提升，又是个体全面发展、家庭美满幸

福的充分体现；既是精神层面的快乐，又是物质层面的丰裕。投射到家装消费领域，体现为产品和服务的品质升级。因此，家装企业坚持品质价值追求、增进消费体验，准确把握不同人群的个性特征和消费需要以及对品质服务的具体期待，对于企业针对性地进行前瞻布局有着重要的意义。

（一）瞄准四大人群家装消费升级

消费是稳增长的"压舱石"，也是家装发展的原动力，作为观察居民消费变化的重要指标——社会消费品零售总额，近年来已进入平稳增长期，这说明要想撬动消费需要在更精细和更深层的方向上挖掘市场潜力，不断推动未来消费市场的升级。而挖掘消费潜力和推动消费升级可以从两个方面入手，即激发存量和引导增量。激发存量是指对过去我们未充分关注的市场要开发和释放，引导增量则是指用新产品和服务引导消费者向更高层次的消费阶段转变。

在家装消费领域，激发存量主要包括存量改善需求和长尾市场，这两个市场在过去家装快速发展时期并没有受到太多关注而发展缓慢，存量时代下包括改善需求，以及下沉市场、老年市场和年轻群体等过去处在边缘的市场，分散但总和规模庞大，值得深入挖掘释放。引导增量主要包括城市家装新生代人群和新中产，这两类人群本来就是城市家装的主力消费人群，物质相对富足、消费能力强，他们中间衍生出的消费新趋向，往往蕴藏着巨大的商业机会。

基于以上家装消费升级视角，我们锁定了新生代人群、城市新中产群体、居住改善群体和老、青两端消费者，虽然这样的划分存在一定的交叉重叠，但我们希望通过这样的划分锁定家装消费最活跃的力量，洞察消费需求和消费趋势，将家装消费升级特征抽离出来进行深入的分析。

人群1：新生代主力消费人群告别"量的消费"，开始从"质的消费"向"价值消费"转变。

家装消费主力人群更新。在我们面向过去一年有家庭装修经历的消费者调研中，30~39岁的受访群体占比接近一半，40岁以内客户群体占比达到

71.6%，可以说当下的家装消费市场"80后""90后"已经成为主力人群。相比老一辈的消费观念，这个年龄段的人群出生于中国经济高速增长的时代，父母给予了优越的物质生活成长环境，他们也是互联网最早的原生居民，从小就通过网络接收到海量多元信息，眼界开阔、观念更加多元包容，同时，他们思想更加独立，决策自主性更强。

折射到家装消费上，新生代人群在家装消费过程中经济因素考量已不是首选，他们对家装服务有着更多元的需求。家装新生代主力消费人群更倾向于"居家升级"的消费理念，对家装服务在质量要求的基础上，更提出了便捷化、个性化、智能化等新需求。在对不同年龄消费群体对各装修因素的重视程度调查中，施工质量是各年龄段人群都最看重的因素；"档次和品质感"是消费中坚力量（30~39岁人群）第二考虑的因素，且年龄越小的消费者对这一因素的重视程度越高；同时，例如"个性化设计""审美风格""智能和科技感"等超出基本生活需求，体现消费者生活方式追求、实现消费者情感价值的品质需求也占一定比例，反映出新生代人群更加在乎自己是否喜欢、能否让自己满意（见表7）。

表7　不同年龄消费群体对各装修因素的最重视比例

单位：%

装修因素	20岁以下	20~29岁	30~39岁	40~49岁	50岁及以上
档次和品质感	16.7	13.2	12.2	11.8	9.3
施工质量	21.4	21.7	24.1	26.1	30.7
经济实惠	14.3	9.0	8.5	8.3	18.8
工期交付	2.4	5.5	5.2	6.5	9.0
智能和科技感	4.8	6.2	7.4	7.4	0.9
时间成本	7.1	4.6	3.8	4.3	4.3
个性化设计	7.1	7.8	6.4	7.0	3.8
审美风格	4.8	7.7	6.4	5.4	4.1
预算控制	9.5	6.2	6.3	4.7	5.2
空间收纳	0.0	4.1	4.0	3.1	2.9
装企品牌信誉	4.8	3.9	5.9	5.5	1.7

续表

装修因素	20 岁以下	20~29 岁	30~39 岁	40~49 岁	50 岁及以上
问题响应	0.0	1.7	1.6	1.1	1.2
服务体验	2.4	3.0	3.3	3.8	1.7
售后保障	2.4	5.5	5.0	4.8	6.1
其他	2.4	0.0	0.0	0.1	0.3

资料来源：贝壳研究院消费者调研，n=2000。

另一项针对家装服务模式选择偏好的调查显示，新生代主力消费人群更加注重服务体验。在调查中，选择整装、全包装修模式的"80后""90后"人群占比在半数左右，整装、全包相比传统装修半包、清包服务模式更加便捷、更加高效，结合上面的装修因素调查，反映出新生代主力消费人群在需求更加多元的同时，更青睐便捷的服务体验。由于工作生活节奏快，日常比较忙碌，他们更加青睐便利、快捷的家装服务方式，整装、全包服务模式，为消费者提供了一站式解决方案，涉及设计、施工、物流、装配、售后等全方位服务，给消费者更加友好的消费体验（见表8）。

表8　不同年龄客户群体选择装修模式

单位：%

装修模式	20 岁以下	20~29 岁	30~39 岁	40~49 岁	50 岁及以上
清包	3.1	16.9	34.6	23.8	21.5
半包	0.7	22.1	46.7	24.2	6.3
全包	0.6	22.0	50.9	21.4	5.1
整装	0.9	25.2	48.6	22.1	3.1

资料来源：贝壳研究院消费者调研，n=2000。

人群2：城市新中产人群具备更强的消费购买力，具有更高生活品质追求。经济腾飞为中国消费者居住生活的改变奠定了良好的物质基础，在我们调研近一年有装修经历的消费者群体中，月均收入在1万元以上的占比达到62.3%，月均收入在2万元以上的占比也有两成左右。一般而言，收入越高，对品质生活的需求以及为此埋单的能力也就越高。从家装消费支出水平调查数据看，家庭装修花费在 21 万~40 万元的客户占比达到 47.4%（见表9），在这个区间一线城市和二线城市的差距不显著，新中产是中国家装消费的中坚力量（见表 10）。

表 9　家庭装修支出水平分布

单位：%

支出水平	占比	支出水平	一线	二线
10 万元(含)以内	7.0	10 万元(含)以内	2.50	8.86
11 万~20 万元	20.6	11 万~20 万元	13.50	23.57
21 万~30 万元	24.1	21 万~30 万元	24.17	24.07
31 万~40 万元	23.3	31 万~40 万元	21.83	23.93
41 万~50 万元	11.4	41 万~50 万元	14.50	10.00
51 万~60 万元	6.8	51 万~60 万元	11.33	4.86
61 万~70 万元	3.5	60 万元以上	12.17	4.71
71 万~80 万元	1.8			
81 万~90 万元	0.9			
91 万~100 万元	0.6			
100 万元以上	0.4			

资料来源：贝壳研究院消费者调研，n＝2000。

表 10　家庭装修消费者月收入水平分布

单位：%

收入分布	占比	收入分布	占比
3000 元(含)以内	2.3	15001~20000 元	18.7
3001~5000 元	5.4	20001~30000 元	13.3
5001~8000 元	12.9	30001~50000 元	4.8
8001~10000 元	17.3	50000 元以上	1.7
10001~15000 元	23.8		

资料来源：贝壳研究院消费者调研，n＝2000。

城市新中产人群是家装消费最具活力的代表，引领着消费升级的风潮，随着城市新中产人群的快速扩大，中国城市家庭装修消费正刮起升级潮，个性消费、品质消费、情感消费等发展势头迅猛。在我们的调查中也验证了这一趋势，高收入群体在家庭装修过程中更加注重"档次和品质感""智能和科技感""个性化设计"，而收入水平相对较低的群体在装修过程中则更关注"经济实惠""预算控制"，新中产人群对品质装修的追求更强烈（见表11）。

表 11　不同收入水平群体对各装修因素的最重视比例

单位：%

装修因素	5000 元(含)以内	5001~8000 元	8001~10000 元	10001~15000 元	15001~20000 元	20001~30000 元	30000 元以上
档次和品质感	8.8	11.3	10.8	12.1	13.0	14.6	14.4
施工质量	25.8	27.7	25.2	25.1	22.9	22.0	20.8
经济实惠	21.2	13.0	9.1	8.3	6.2	6.1	6.7
工期交付	6.3	5.9	5.2	5.0	6.3	6.9	4.9
智能和科技感	1.6	2.1	4.6	7.9	9.1	10.1	9.0
时间成本	4.7	4.8	3.1	3.8	4.1	4.7	5.4
个性化设计	4.4	5.6	7.5	6.3	6.7	7.8	8.2
审美风格	2.8	5.8	6.1	7.1	6.2	7.5	6.4
预算控制	8.1	6.3	7.1	5.0	6.5	3.4	5.4
空间收纳	3.5	4.9	3.5	3.8	3.9	3.2	2.8
装企品牌信誉	1.6	4.4	5.0	5.5	5.4	6.4	5.7
问题响应	0.7	1.2	2.0	1.5	2.1	1.1	0.8
服务体验	2.8	1.5	4.6	3.7	2.6	3.4	3.1
售后保障	7.2	5.2	6.1	4.9	4.9	2.7	6.4
其他	0.5	0.1	0.1	0.0	0.0	0.0	0.0

资料来源：

对上述装修因素进行归类可以看到，不同收入水平的家装消费者关注的家装服务因素存在较大的差异，施工质量、经济实惠、工期交付、时间成本、预算控制这类基本需求仍然是各收入水平群体的主要需求，但收入水平越高的人群，对于审美风格等更高服务水平的需求，以及档次和品质感、个性化设计等自我价值实现的服务需求也就越强烈（见表12）。

表12 不同收入水平群体对装修需求层次分析*

单位：%

需求层次	5000元(含)以内	5001~8000元	8001~10000元	10001~15000元	15001~20000元	20001~30000元	30000元以上
基本需求	66.4	57.9	49.7	47.3	46.0	43.2	43.2
升级需求	15.9	21.6	22.7	22.7	22.5	20.9	22.1
价值需求	17.8	20.5	27.6	30.0	31.5	35.9	34.7

* 基础需求是指施工质量、经济实惠、工期交付、时间成本、预算控制；升级需求是指问题响应、售后保障、审美风格、空间收纳、装企品牌信誉；价值需求是指档次和品质感、个性化设计、服务体验、智能和科技感。

资料来源：贝壳研究院消费者调研，n=2000。

人群3：改善需求人群进一步释放潜能，向住得更好迈进，家装绘制美好生活细节带来新增长。第七次全国人口普查数据显示，2020年中国城镇人均住房达到1.06间，家庭户人均住房建筑面积为41.76平方米，相比第六次全国人口普查时增加了10.7平方米。从增量时代迈向存量时代，居民的住房需求将逐渐从单纯扩大居住面积，转变为拓展空间功能、提升住房舒适度、提高居住品质与生活质量，家庭装修在新时代美好居住生活中的作用凸显。

通过对调查家庭装修房屋面积和家庭结构进行交叉分析可以看到，"独居"或"夫妻二人"的家庭装修主流户型面积在60~90平方米，而家庭结构为"夫妻二人，有孩子"或"夫妻二人，有孩子、老人"的消费者，装修房屋的主流户型面积在91~144平方米。随着家庭结构的变迁发展，改善性需求增加不仅是居住面积的提升，也会带动一波改善性装修需求。近年来，重点城市大户型、改善性住宅消费占比不断提升，随着家庭结构变化带来的居住空间需求变化，以及连带的装修需求仍富有潜力。2022年底召开的中央经济工作会议强调，要因城施策，支持刚性和改善性住房需求，政策支持下的改善性装修需求有序释放大有可为（见表13、表14、表15）。

表 13   家庭装修房屋面积分布

单位：%

房屋面积	占比	房屋面积	占比
60 平方米以下	4.3	91~144 平方米	52.6
60~90 平方米	38.4	144 平方米以上	4.8

资料来源：贝壳研究院消费者调研，n=2000。

表 14   客户群体家庭居住情况

单位：%

居住情况	占比	居住情况	占比
独居	5.9	夫妻二人，有孩子、老人	19.3
大妻二人	16.5	其他	1.5
夫妻二人，有孩子	56.9		

资料来源：贝壳研究院消费者调研，n=2000。

表 15   不同家庭结构消费者家庭装修房屋面积分布

单位：%

房屋面积	独居	夫妻二人	夫妻二人，有孩子	夫妻二人，有孩子、老人	其他
60 平方米以下	14.41	6.38	2.90	1.56	26.67
60~90 平方米	49.15	47.42	37.26	30.65	40.00
91~144 平方米	33.90	40.73	57.47	56.10	23.33
145 平方米以上	2.54	5.47	2.37	11.69	10.00

资料来源：贝壳研究院消费者调研，n=2000。

人群4：老年群体、年轻群体"长尾"需求激发，价格敏感，但消费意愿较为强烈。在我们的调查中，20 岁以下和 50 岁以上的家装装修受访者占比仅分别为 0.9% 和 6.2%，可以说这两类人群从人数规模上看并不是家装消费的主力，属于家装消费市场的长尾部分，但在存量深耕时代，以及人口结构变化趋势下，了解这两类人群，特别是老年群体的个性特征和消费特征对于家装企业仍有着较强的发展指导意义。第七次全国人口普查数据显示，2020 年中国 60 岁及以上人口占比 18.70%，相比十年前上升 5.44 个百分点，这是一个规模庞大的市场，且随着老龄化趋势的加深，这个人群的规模还在扩大，家庭适老化装修需求有待激活释放；而少儿人口比例在生育政策积极调整下也有所上升，0~14 岁人口占 17.9%，相比十年前上升 1.3 个百分点，且这一代人得到家庭支持的力度更大，家庭装修消费能力不容小觑（见表 16、表 17）。

表 16　家庭装修消费者年龄结构分布

单位：%

年龄	占比	年龄	占比
20 岁以下	0.9	40~49 岁	22.4
20~29 岁	22.3	50 岁及以上	6.2
30~39 岁	48.4		

资料来源：贝壳研究院消费者调研，n=2000。

表 17　中国人口年龄结构变化

单位：%

年龄	2010 年	2020 年
0~14 岁	16.6	17.9
15~59 岁	70.1	63.4
60 岁及以上	13.3	18.7

资料来源：国家统计局，人口普查数据。

对比不同年龄段人群对各装修因素的重视程度，年轻群体和老年群体对"经济实惠"的性价比因素追求都要高于中间年龄段的人群，但对于"预算控制"的重视程度年轻群体要高于老年群体，虽然都对价格因素敏感，但老年群体的家装消费底气更足，关注价格因素更多因为传统消费观念的影响。年轻人群对于"档次和品质感""智能和科技感""个性化设计""装企品牌信誉"这类新颖、自我实现追求更强；老年人群对于"工期交付""售后保障"这类实质、硬核因素更加看重。

综上对于家装消费人群的分析，无论是激发存量还是引导增量，在居住

消费升级的主旋律下，家装企业最核心的还是要关注消费升级中的"人"，即消费者，消费者的需求是家装服务发展的原动力。上述对不同人群的个性特征和家装消费特征分析都在指示家装服务要提供满足特别需求的产品、服务和解决方案，引领家装消费升级向着更精细、品质化的方向发展。

（二）五大家装品质

家庭装修的标的是人们对于美好居住空间的预期，因此弄清楚人们对家装服务在期待什么以及期待程度如何，对于把脉服务品质发展很关键。

1.什么是品质？

家装企业的人力、人才、产品、服务等状态与消费者期望的差距构成了服务品质的最终结果。综合以往研究成果和家装服务业务特点，并参考了服务质量差距模型及 SERVQUAL 量表，我们将家装品质评价分为五大维度、22 个评价指标问题，设计出一套家装服务品质量化测量问卷。其中涵盖的五大品质评价维度的内涵分别是：

服务有形性，主要是衡量企业是否具有相关资质，或是否能提供行业所需服务能力；

服务可靠性，主要衡量企业产品和服务的质量是否可靠；

服务响应性，主要是衡量家装服务是否及时高效，快速帮助消费者解决问题，发生问题有提高服务水平的意愿；

服务保证性，主要聚焦于家装企业对于客户的承诺情况、兜底情况；

服务共情性，主要衡量家装企业能否关心消费者，并为消费者提供具有价值感的人性化服务（见表 18）。

表 18　家装服务品质评价量表

服务品质	序号	指标详情
服务有形性	Q1	装修服务过程中有线上平台可随时查看订单、验收等详情进度
	Q2	提供个性化设计方案、预算规划框及模拟效果图供选择
	Q3	装修工人经验丰富、能力强，能处理装修工程中的各类情况
	Q4	施工现场整洁规范，施工工艺有明确标准告知并执行到位

服务品质	序号	指标详情
服务可靠性	Q5	材料产品、施工工艺没有出现质量问题
	Q6	装修过程中出现问题及时响应沟通提供解决方案,不推诿
	Q7	服务企业在行业内外具有稳定、良好的声誉
	Q8	工期计划清楚说明,并能按时间节点完成装修进度交付
	Q9	施工现场有摄像头或拍照上传等监管举措及时记录,可追查过程细节
服务响应性	Q10	材料、产品配送安装能按工期计划达成
	Q11	从预约到完工各环节的服务人员很容易接触或联络到
	Q12	遇到问题时,装修人员一直可以立即提供服务
	Q13	装修人员总是愿意帮助我解决遇到的意外问题
服务保证性	Q14	有明确的服务承诺清单并能够兑现
	Q15	装修过程中我对服务没有产生担心危险、风险式疑惑的状况
	Q16	装修人员的专业知识和技艺是值得信赖、让人放心的
	Q17	装后有稳定、定期的售后检修、保修服务
服务共情性	Q18	专业设计师能1对1咨询沟通,满足个性化设计需求
	Q19	从预约到完工,全程有管家/项目负责人1对1服务,解决家装难题
	Q20	项目负责人及装修人员全面了解业主需求,没有沟通障碍
	Q21	业主提出新需求,从设计师到装修工人能积极配合调整
	Q22	装修服务人员能从我的角度、利益考虑,提出可行的装修优化建议

对于家装服务品质评价量化结果,我们通过对过去一年内有过家庭装修经历的消费者进行调查,了解家装消费者对于服务品质评价情况,根据服务期待值和实际感受值,并通过计算得出行业企业服务品质得分,最终分值越大说明消费者的品质评价越高,分值越低说明消费者品质评价越差。具体计算公式为:

$$SQ = \sum_{j=1}^{5} W_j \frac{1}{n} \sum_{n=1}^{n} (P_{ji} - E_{ji})$$
$$SQ(平均分数) = SQ/m①$$
(1)

---

① 注:SQ 为总体感知的服务品质分数,W_j 表示各个维度的权重,j 表示维度数,并在 1~5 中取值,P_{ji} 表示第 j 维度的第 i 个因素(即第 j 维度的第 i 个题项)的服务品质感知数值,E_{ji} 表示第 j 维度的第 i 个因素(即第 j 维度的第 i 个题项)的服务品质期望数值,n 为第 j 维度的所有因素数(即题项数);再将得到的 SQ 除以样本数量 m,就为样本总体服务品质平均得分。

2. 五大服务品质期待程度: 服务有形性>服务保证性>服务可靠性>服务共情性>服务响应性

调查结果显示, 消费者对于家装服务五大品质维度的期待值都较高, 说明该指标设计符合消费者对品质的认知, 从具体评分结果看, 期待值由高到低的排序为: 服务有形性>服务保证性>服务可靠性>服务共情性>服务响应性 (见表19)。

表 19　客户对装修各服务品质维度期待值

服务品质	期待值	服务品质	期待值
服务有形性	4.109	服务共情性	4.094
服务保证性	4.099	服务响应性	4.079
服务可靠性	4.095		

资料来源: 贝壳研究院消费者调研, n=2000。

具体细分看:

期待1: 服务有形性, 消费者最期待个性化设计方案。服务有形性主要是衡量企业是否具有相关资质或是否能提供行业所需服务能力, 其中客户对"企业能够提供个性化设计方案、预算规划框及模拟效果图供选择"的期待值最高, 同时该细分项也是所有22个指标里期待值得分最高的项目 (见表20)。

表 20　消费者对家装服务有形性各指标期待值

序号	具体内容	期望均值
1	装修服务过程中有线上平台可随时查看订单、验收等详情进度	4.03
2	提供个性化设计方案、预算规划框及模拟效果图供选择	4.20
3	装修工人经验丰富、能力强, 能处理装修工程中的各类情况	4.14
4	施工现场整洁规范, 施工工艺有明确标准告知并执行到位	4.07

资料来源:

期待2: 服务保证性, 用专业能力为服务品质护航。服务保证性的各类指标主要聚焦于家装企业对于客户的承诺情况、兜底情况, 对于消费者而言，装修过程中的不确定性及风险规避和兜底保险，主要在服务保证性里。评分结果显示，消费者对"装修人员的专业知识和技艺是值得信赖、让人放心的"的期待值最高（见表21）。

表 21　消费者对家装服务保证性各指标期待值

序号	具体内容	期望均值
14	有明确的服务承诺清单并能够兑现	4.13
15	装修过程中我对服务没有产生担心危险、风险式疑惑的状况	4.02
16	装修人员的专业知识和技艺是值得信赖、让人放心的	4.15
17	装后有稳定、定期的售后检修、保修服务	4.11

期待3：服务可靠性，依托可靠的产品服务质量。产品和服务的质量是基础保障，信誉口碑是背书，在有装修经历的客户群体调研中，不论哪类消费人群最看中的装修因素都是质量，体现在家装品质期待上，"材料产品、施工工艺没有质量问题"是消费者服务可靠性期待值最高的细分指标（见表22）。

表 22　消费者对家装服务可靠性各指标期待值

序号	具体内容	期望均值
5	材料产品、施工工艺没有出现质量问题	4.18
6	装修过程中出现问题及时响应沟通提供解决方案，不推诿	4.09
7	服务企业在行业内外具有稳定、良好的声誉	4.14
8	工期计划清楚说明，并能按时间节点完成装修进度交付	4.09
9	施工现场有摄像头或拍照上传等监管举措及时记录，可追查过程细节	3.96

期待4：服务共情性，来自专业的人性化服务。服务共情性主要指家装企业能够关心消费者，并为消费者提供具有价值感的人性化服务。一般情况下，家装是仅次于房屋交易的第二大居住消费，标的大，同时家装涉及环节复杂、过程漫长，客户需要不断跟设计师、装修团队、供应商等沟通、斡旋，由于缺乏专业知识和经验，沟通成本高，沟通效果常不尽如人意，在这

种情况下，消费者更期待家装服务者能设身处地地帮助提供有效、专业的装修建议（见表23）。

表23　消费者对家装服务共情性各指标期待值

序号	具体内容	期望均值
18	专业设计师能1对1咨询沟通,满足个性化设计需求	4.06
19	从预约到完工,全程有管家/项目负责人1对1服务,解决家装难题	4.07
20	项目负责人及装修人员全面了解业主需求,没有沟通障碍	4.12
21	业主提出新需求,从设计师到装修工人能积极配合调整	4.10
22	装修服务人员能从我的角度、利益考虑,提出可行的装修优化建议	4.13

期待5：服务响应性，及时有效解决问题是关键。服务响应性主要是指家装服务及时高效，快速帮助消费者解决问题，发生问题时有提高服务水平的意愿。家装低频、大宗的交易特征意味着不低的试错成本，出现任何问题都意味着消费者要付出额外的时间成本或经济成本，家装公司的价值之一就是帮助消费者提供问题解决方案，因此在服务响应性方面，消费者对"遇到问题时，装修人员一直可以立即提供服务""材料、产品配送安装能按工期计划达成"的服务期待，相对其他响应问题表现得更高（见表24）。

表24　消费者对家装服务响应性各指标期待值

序号	具体内容	期望均值
10	材料、产品配送安装能按工期计划达成	4.09
11	从预约到完工各环节的服务人员很容易接触或联络到	4.08
12	遇到问题时,装修人员一直可以立即提供服务	4.09
13	装修人员总是愿意帮助我解决遇到的意外问题	4.05

3. 细分人群品质期待差异

高收入群体、中年群体对家装品质期待值更高。家装服务有形性、保证性、可靠性、共情性、响应性期待值水平，与消费者偏好的异质性直接相关，因此不同消费人群品质期待也存在不同。

从性别差异看，男女在家装品质上的关注点不同，男性消费者对家装服务共情性期待值更高，女性消费者对服务有形性期待值更高（见表25）。

表 25　不同性别消费者家装服务品质期待值

服务品质	男性	女性
有形性	4.107	4.111
可靠性	4.092	4.099
响应性	4.090	4.061
保证性	4.099	4.099
共情性	4.103	4.080

资料来源：贝壳研究院消费者调研，n=2000。

从年龄维度看，20岁以下和50岁及以上消费人群相比其他年龄段，对于家装服务品质的期待值相对较低；当前我国家装消费主力人群（30~39岁）相较于整体消费者，对效率和个性化的追求更高，而对专业化和性价比的敏感度相对较低，因此对服务有形性和服务共情性相比其他品质维度的期待值更高；40~49岁中年人群身体状况和精神状态都处于活跃期，消费实力和消费意愿强烈，具有丰富的阅历和判断力，对于家装服务品质各维度的期待值都高于其他年龄段（见表26）。

表 26　不同年龄段消费者价值服务品质期待值

服务品质	20岁以下	20~29岁	30~39岁	40~49岁	50岁及以上
有形性	3.618	4.097	4.138	4.158	3.805
可靠性	3.765	4.089	4.129	4.142	3.717
响应性	3.971	4.036	4.103	4.161	3.768
保证性	3.971	4.085	4.127	4.155	3.744
共情性	3.624	4.124	4.135	4.145	3.782

资料来源：贝壳研究院消费者调研，n=2000。

从收入水平看，收入水平越高的消费者对家装服务品质的期待值越高，这符合居住消费升级下消费人群家装需求层次变化特征，表明随着经济发展、

物质基础更加丰富，家装消费构建美好生活的品质追求、多元追求上升。从现实层面看，对于较高收入人群而言，在选择家装服务时一般会选择资质完备的品牌企业，从一开始就规避掉了家装服务的基础风险问题，因而对家装服务提出了体验、情感、价值等更高层次、更全面的要求（见表27）。

表27 不同收入水平消费者家装服务品质期待值

收入水平	有形性	可靠性	响应性	保证性	共情性
5000 元及以内	3.747	3.737	3.753	3.832	3.782
5001~8000 元	3.958	3.999	3.934	3.995	3.969
8001~10000 元	4.130	4.082	4.063	4.062	4.085
10001~15000 元	4.188	4.156	4.123	4.176	4.151
15001~20000 元	4.174	4.164	4.158	4.145	4.176
20001~30000 元	4.190	4.190	4.199	4.187	4.192
30000 元以上	4.129	4.118	4.158	4.121	4.091

资料来源：贝壳研究院消费者调研，n=2000。

三 新供给品质竞争洞察

家装服务作为一个行业，它的发展离不开为消费者提供价值、让消费者满意，只有当家装企业提供的服务效果与消费者的服务期待之间的差值越来越小，家装企业提供的服务效果能全面赶超消费者的服务期待，家装服务供给才能说实现了真正的品质成长。考察"期待—效果"差距以及"期待—效果"水平，评价消费升级下的家装服务供给品质，能为家装品质发展指明道路。

（一）实际消费感知"软服务"不足，成供给竞争关键点

对过去一年有过装修经历的消费者进行调查，结果显示，五大服务品质维度消费者实际感受：服务有形性＞服务响应性＞服务保证性＞服务可靠性＞服务共情性。作为考量家装企业相关资质，支持服务的有关能力、设施等的

指标——服务有形性，是消费者实际感知水平最高的服务品质维度；而侧重考察家装企业人性化服务、情感价值体验服务的指标——服务共情性，消费者实际感知水平最低。这说明家装服务企业的硬性服务能力普遍较强，但软实力将是未来供给竞争的关键点（见表28）。

表28　消费者对装修各服务品质维度实际感知值

服务品质	感知均值	服务品质	感知均值
有形性	4.034	保证性	4.023
可靠性	4.017	共情性	4.011
响应性	4.028		

在22个服务品质评价指标问题中，消费者对于装修工人经验能力、产品材料配送安装、家装公司声誉三项的实际感受水平最高；而施工现场摄像监察存档、线上化工具流程信息同步、全程管家/项目负责人1对1服务、装修人员帮助解决意外问题四项的实际感受值低于4分，是消费者实际感受水平较差的四项。家装公司传统上主要负责硬装交付的落地，因此在装修工人能力、装配能力及口碑上有一定积累；但在消费升级之下，面对新需求，数字化、人性化服务能力短板日益凸显，影响消费者实际服务感知（见表29）。

表29　家装服务品质评价各维度指标实际感知值

服务品质	序号	指标详情	感知均值
有形性	Q1	装修服务过程中有线上平台可随时查看订单、验收等详情进度	3.95
	Q2	提供个性化设计方案、预算规划框及模拟效果图供选择	4.06
	Q3	装修工人经验丰富、能力强，能处理装修工程中的各类情况	4.11
	Q4	施工现场整洁规范，施工工艺有明确标准告知并执行到位	4.02
可靠性	Q5	材料产品、施工工艺没有出现质量问题	4.09
	Q6	装修过程中出现问题及时响应沟通提供解决方案，不推诿	4.01
	Q7	服务企业在行业内外具有稳定、良好的声誉	4.10
	Q8	工期计划清楚说明，并能按时间节点完成装修进度交付	4.01
	Q9	施工现场有摄像头或拍照上传等监管举措及时记录，可追查过程细节	3.89

续表

服务品质	序号	指标详情	感知均值
响应性	Q10	材料、产品配送安装能按工期计划达成	4.10
	Q11	从预约到完工各环节的服务人员很容易接触或联络到	4.02
	Q12	遇到问题时，装修人员一直可以立即提供服务	4.00
	Q13	装修人员总是愿意帮助我解决遇到的意外问题	3.99
保证性	Q14	有明确的服务承诺清单并能够兑现	4.05
	Q15	装修过程中我对服务没有产生担心危险、风险式疑惑的状况	4.00
	Q16	装修人员的专业知识和技艺是值得信赖、让人放心的	4.05
	Q17	装后有稳定、定期的售后检修、保修服务	4.00
共情性	Q18	专业设计师能1对1咨询沟通，满足个性化设计需求	4.02
	Q19	从预约到完工，全程有管家/项目负责人1对1服务，解决家装难题	3.97
	Q20	项目负责人及装修人员全面了解业主需求，没有沟通障碍	4.00
	Q21	业主提出新需求，从设计师到装修工人能积极配合调整	4.03
	Q22	装修服务人员能从我的角度、利益考虑，提出可行的装修优化建议	4.04

（二）行业服务品质仍存在不足，消费者实际感受低于期待

对于家装服务的品质评价分为期待和感知两个部分。当感知值低于期待值时，说明行业企业提供的服务并未达到客户期望的效果，服务品质差；反之，当感知值高于期待值时，说明行业企业提供了超出客户预期的服务，服务品质高。同时，品质评价中各细分维度的期待和感知整体水平，也可以一定程度反映服务的水平。

结果显示，目前我国家装行业的总体服务品质评价得分为-0.322，品质评价得分越高说明消费者认为服务品质越好，反之亦然；得分小于0，说明消费者的实际服务品质感受低于他们的期待，家装行业的服务品质仍存在明显不足。

我们进一步对家装服务品质评价细分维度进行了拆解分析，在服务有形性、可靠性、响应性、保证性、共情性五个维度中，其一，共情性的服务实际感知分值最低，同时服务期待值和服务感知值之间的差额负值最大，说明在家装服务品质细分构成上，共情性服务品质表现最差，品质水平相对低；其二，消费者对服务有形性的期待值最高，同时对其实际感知值也最高，但期待值与感知值的差距并不是最小，要大于服务响应性，在品质评价五大细分维度中排第二，这说明家装有形性服务水平较高，但消费者期待更高，影响服务品质最终结果；其三，服务响应性的消费者期望-感知差值最小，响应性服务品质相比其他维度表现更符合消费者需要（见表30）。

表 30　家装服务品质评价结果

服务品质	期望均值	感知均值	GAP 值（SQ）
有形性	4.109	4.034	-0.075
可靠性	4.095	4.017	-0.078
响应性	4.079	4.028	-0.051
保证性	4.099	4.023	-0.076
共情性	4.094	4.011	-0.083

资料来源：贝壳研究院消费者调研，n=2000。

　　具体看22个评价指标的结果，其一，消费者对于"装修工人经验丰富、能力强，能处理装修工程中的各类情况"的实际感知分值在所有22个指标里最高，同时品质差值在所有22个指标中相对较小，在这一小点上，消费者品质评价较好，大部分家装企业都是从施工开始做起，装修工人的专业能力建设属于基本功，时间的淬炼和经验的积累最终得到消费者的认可。其二，"提供个性化设计方案、预算规划框及模拟效果图供选择"这一项，在服务有形性品质评价中差值最大，同时在所有22个指标中差值也最大，说明消费者对这一项服务的品质评价在所有考察指标中最差，是家装品质服务的最短板。其三，消费者对"材料、产品配送安装能按工期计划达成"这一项的实际服务感受值要大于期待值，是22个家装服务品质评价指标中唯一正值的项，说明在"材料、产品配送安装能按工期计划达成"方面家装公司的表现要高于消费者预期，服务品质表现较好（见表31）。

表31 家装服务品质评价各维度指标得分

服务品质	序号	指标详情	期望均值	感知均值	GAP值（SQ）
有形性	Q1	装修服务过程中有线上平台可随时查看订单、验收等详情进度	4.03	3.95	-0.08
	Q2	提供个性化设计方案、预算规划框及模拟效果图供选择	4.2	4.06	-0.14
	Q3	装修工人经验丰富、能力强，能处理装修工程中的各类情况	4.14	4.11	-0.03
	Q4	施工现场整洁规范，施工工艺有明确标准告知并执行到位	4.07	4.02	-0.05
可靠性	Q5	材料产品、施工工艺没有出现质量问题	4.18	4.09	-0.09
	Q6	装修过程中出现问题及时响应沟通提供解决方案，不推诿	4.09	4.01	-0.08
	Q7	服务企业在行业内外具有稳定、良好的声誉	4.14	4.10	-0.04
	Q8	工期计划清楚说明，并能按时间节点完成装修进度交付	4.09	4.01	-0.08
	Q9	施工现场有摄像头或拍照上传等监管举措及时记录，可追查过程细节	3.96	3.89	-0.07
响应性	Q10	材料、产品配送安装能按工期计划达成	4.09	4.10	0.01
	Q11	从预约到完工各环节的服务人员很容易接触或联络到	4.08	4.02	-0.06
	Q12	遇到问题时，装修人员一直可以立即提供服务	4.09	4.00	-0.09
	Q13	装修人员总是愿意帮助我解决遇到的意外问题	4.05	3.99	-0.06
保证性	Q14	有明确的服务承诺清单并能够兑现	4.13	4.05	-0.08
	Q15	装修过程中我对服务没有产生担心危险、风险式疑惑的状况	4.02	4.00	-0.02
	Q16	装修人员的专业知识和技艺是值得信赖、让人放心的	4.15	4.05	-0.1
	Q17	装后有稳定、定期的售后检修、保修服务	4.11	4.00	-0.11
共情性	Q18	专业设计师能1对1咨询沟通，满足个性化设计需求	4.06	4.02	-0.04
	Q19	从预约到完工，全程有管家/项目负责人1对1服务，解决家装难题	4.07	3.97	-0.1
	Q20	项目负责人及装修人员全面了解业主需求，没有沟通障碍	4.12	4.00	-0.12
	Q21	业主提出新需求，从设计师到装修工人能积极配合调整	4.10	4.03	-0.07
	Q22	装修服务人员能从我的角度、利益考虑，提出可行的装修优化建议	4.13	4.04	-0.09

（三）家装服务品质城市分化，一线城市高于二线城市

由于家装服务具有显著的区域性特征，进一步从城市维度进行分析对于揭示家装行业服务品质现状具有现实意义。我们对 15 个一线、新一线城市家装品质评价调查结果逐一进行了分析，整体来看一线城市家装服务品质高于二线城市，不同城市间的消费者品质评价差异大。一线城市因为经济更发达，消费者的消费理念更加前卫，引领着中国家装的发展潮流，且一线城市以存量市场为主，家装企业更重视 C 端消费者，供需两端的特点共同作用于品质水平的提升。但目前一些二线城市的房产经济发展迅猛，人们的消费理念也日趋接近一线城市，与大城市家装行业的差异度也正在逐步缩减，例如，省会城市合肥的家装服务品质消费者反馈就好于广州、北京、深圳一线城市，在我们调查的 15 个城市中排名第二（见表 32、表 33）。

表 32　不同等级城市服务品质评分

服务品质评分	中位数	平均数
一线城市	−19	−22
二线城市	−32	−39

表 33　城市家装服务品质评分

城市	服务品质分值	城市	服务品质分值
上海	−2	成都	−32
合肥	−14	南京	−34
广州	−19	长沙	−50
北京	−19	深圳	−50
宁波	−24	青岛	−55
杭州	−24	西安	−59
郑州	−29	苏州	−77
武汉	−30		

资料来源：贝壳研究院消费者调研，n＝2000。

从具体城市表现看，城市间家装服务品质分化特征明显。上海消费者的品质期待和实际感受最为接近，服务品质表现最好；但地理上邻近上海的苏州，家装服务品质评价期待和感知差值在 15 个调研城市中最大，与上海的差距大。需要说明的是，在五大品质评价维度上，苏州家装服务的实际感受值都不是最低的，但因为苏州消费者的期待值更高，拉大了两者之间的差值，这说明苏州的家装服务与城市发展带动的消费需求还不够匹配，仍有较大的发展提升空间（见表 34）。

四 结语

增量开发的时代正在远去，但存量时代深耕居民需求的美好生活时代正在来临，贝壳研究院测算，我国家庭家居装修市场总体规模在 2025 年将达到 5 万亿元左右，在 2030 年达到 7 万亿元左右，年均增长率超过 6%。中国家装行业的发展需求主要依托两大基础——待装修商品房的数量和家装消费支出水平，从中长期来看，新建住房需求仍有增长空间，带动装修市场增长；同时，存量住房翻新需求释放，将取代新房市场成为家居家装的主要市场；此外，家居家装市场消费主力人群更新，收入和消费水平持续提高，推动家居家装消费升级。

品质服务是消费者评价一个装修品牌的根本，是相较于经营管理、规模发展、行业竞争等层面最本质的问题，家装服务只有将消费者的确定性、体验感、价值感需求落实到每一个服务环节中，建设好基础服务设施、提高施工交付能力和问题响应效率，构建客户信任，提供个性化体验，坚定品质成长，才能为下一个时代的发展赢得先机，共同迎接美好生活新时代。

表 34　不同城市服务品质五大维度评分情况

城市	有形性			可靠性			响应性			保证性			共情性		
	期待	感知	服务品质	期待	感知	服务品质	期待	感知	服务品质	期待	感知	服务品质	期待	感知	服务品质
上海	4.165	4.208	0.042	4.224	4.168	-0.056	4.208	4.185	-0.023	4.238	4.218	-0.020	4.174	4.210	0.036
合肥	4.008	3.905	-0.103	3.976	3.938	-0.038	3.998	3.970	-0.027	4.023	3.978	-0.045	3.964	4.006	0.042
广州	4.098	4.076	-0.021	4.120	4.054	-0.066	4.091	4.041	-0.050	4.071	4.039	-0.032	4.094	4.058	-0.036
北京	4.123	4.111	-0.011	4.159	4.123	-0.036	4.125	4.126	0.001	4.175	4.119	-0.056	4.167	4.066	-0.101
宁波	4.003	3.945	-0.058	4.014	3.926	-0.088	3.973	3.920	-0.053	4.038	3.958	-0.080	3.940	3.936	-0.004
杭州	4.189	4.155	-0.034	4.136	4.081	-0.055	4.104	4.045	-0.059	4.128	4.073	-0.055	4.134	4.062	-0.072
郑州	4.189	4.155	-0.034	4.136	4.081	-0.055	4.104	4.045	-0.059	4.128	4.073	-0.055	4.134	4.062	-0.072
武汉	4.095	4.030	-0.065	4.048	3.988	-0.060	4.030	4.063	0.032	4.093	3.973	-0.120	4.086	3.964	-0.122
成都	4.151	4.055	-0.096	4.131	4.062	-0.069	4.124	4.100	-0.024	4.124	4.056	-0.067	4.182	4.079	-0.103
南京	4.270	4.185	-0.085	4.278	4.168	-0.110	4.243	4.163	-0.080	4.208	4.148	-0.060	4.232	4.186	-0.046
长沙	4.075	3.993	-0.083	4.068	3.980	-0.088	4.070	3.973	-0.098	4.110	3.960	-0.150	4.044	3.900	-0.144
深圳	4.150	4.010	-0.140	4.086	3.970	-0.116	4.103	3.960	-0.143	4.053	3.955	-0.098	4.084	4.008	-0.076
青岛	3.860	3.700	-0.160	3.858	3.758	-0.100	3.898	3.785	-0.113	3.850	3.785	-0.065	3.926	3.746	-0.180
西安	4.095	3.883	-0.213	4.048	3.922	-0.126	3.935	3.890	-0.045	4.063	3.885	-0.178	3.984	3.872	-0.112
苏州	4.145	4.028	-0.118	4.122	3.986	-0.136	4.173	4.003	-0.170	4.210	4.025	-0.185	4.178	3.922	-0.256

B.7
2022年中国人才住房分析报告

赵彤阳　张　波　盛福杰*

摘　要： 人才是第一资源，住房保障是人才稳固的基石。随着人才资源总量不断增长，人才住房问题日益凸显。当前各地人才住房支持对象主要为高层次人才，对于骨干型人才和基础型人才的支持有待进一步完善。不同类型的人才对住房需求不同，各地在住房供应时要结合人才需求特点因才施策。目前，我国已基本建立了以公租房、保障性租赁住房和共有产权住房为主体的住房保障体系，但针对人才类住房尚处于探索阶段。人才住房供应存在灵活性不足、结构不合理、支持政策不完善等方面的问题。因此，建议加快搭建人才住房数字化运营管理平台，引导多主体供给、多渠道保障，优化人才住房支持政策以及拓宽政策宣传渠道，切实解决人才住房问题，聚天下英才而用之。

关键词： 人才住房　住房制度　人才政策

　　人才是第一资源。世界各地对人才资源的竞争从未停止，且愈演愈烈。我国人口红利正逐步转变为人才红利，人才红利成为城市经济发展的新动能。在2021年中央人才工作会议上，习近平总书记强调了人才强国的重要性，并对培养、引进、用好人才作出重要指示。安居才能乐业，住房问题的解决对人才去留有着重要的影响。近年来，在高房价、高租金、限购政策等

---

* 赵彤阳，58同城副总裁，研究方向为房地产营销；张波，58安居客研究院首席分析师，研究方向为房地产市场；盛福杰，58安居客研究院资深分析师，研究方向为房地产市场。

因素影响下，加上人才住房"僧多粥少"，人才住房困难的问题日益凸显。切实解决人才住房问题、解除人才后顾之忧，成为当前发展需要解决的重要课题。

一 人才类型划分及住房需求

在"人才是第一资源"的理念下，城市之间对人才资源的竞争愈演愈烈。近两年，各地与人才有关的政策频繁出台，从任职、社会保障、户籍、子女教育、住房、创业等方面为人才提供全方位支持，以此吸引人才前来发展。在这些政策中，部分文件对人才适用范围以及人才类型进行了划分。对人才类型的划分大体包括两种：一种是按人才性质划分，如把人才划分为紧缺急需人才、高技能人才、创新创业人才等；另一种则是按人才级别划分，根据人才技能、贡献等，将人才分为A、B、C、D、E等不同等级。

人才分类没有统一标准，且复杂多样，各地根据城市功能定位和人才需求情况自行定义，更能贴合城市实际发展需要。无论如何对人才进行定义和分类，应尽可能地将不同层次的人才考虑进来，因为一个城市的发展离不开各类人才共同发挥作用。结合人才定义和分层分级思路，大致可将人才分类如下。

(1) 高层次人才，指行业内领军人才、杰出人才、青年拔尖人才，可参考《国家高层次人才特殊支持计划》中对高层次人才的认定。

(2) 骨干型人才，指有高技能水平或者对行业有突出贡献人才，可参考《上海市引进人才申办本市常住户口办法》中的高技能人才、紧缺急需人才、创新创业人才、专业人才等。

(3) 基础型人才，指在高层次人才、骨干型人才之外，其他拥有大专及以上学历或者中级及以上职称的人才，该类人才对社会的贡献暂未凸显，可作为人才储备。

从基础型人才到骨干型人才再到高层次人才，对应的是人才发展的不同阶段。在这个过程中，个人能力越来越高，对社会的贡献越来越大，经济条件也越来越好，家庭结构也可能发生了较大变化，因而对住房的要求也越来越高。对基础型人才来说，住房需求是"住得起"，交通位置较好的出租房或者单身公寓往往便能满足其需求；骨干型人才的住房需求是"住得好"，满足基本居住需求的同时对精神生活也有一定的追求，品质小区、教育资源优良的小区成为其关注点；对高层次人才来说，住房需求是"住得优"，按照马斯洛需求层次理论，该层次人才的需要是自我实现，因而住房不仅满足其居住需求，更要能满足社交、尊重、身份等需求，舒适安静的环境、高素质邻居、优质教育等对其有较大吸引力。

人才层次不同、行业不同、职位不同，对住房需求存在较大差异。为便于分析和比较，减少城市差异的影响，我们以北京为样本，从安居客平台数据库筛选出企业高管、大学教师和技术操作工 3 类不同人群进行研究。通过对 3 类人才的在线找房数据分析，我们发现，人才层次类型越高，受其经济条件、社会地位等影响，对住房的要求也较高。面积方面，高管和大学教师偏好 120 平方米以上的大面积产品，其中高管对大面积产品需求高达 66%。相比之下，技术操作工主要关注 90 平方米及以下的住宅项目（见图 1）。

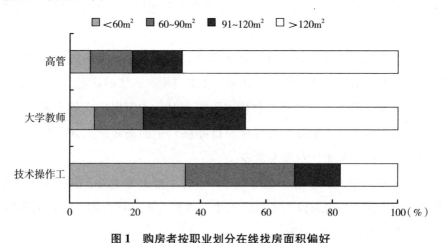

图 1　购房者按职业划分在线找房面积偏好

资料来源：58 安居客研究院，根据客户在平台找房数据整理。

户型方面，技术操作工更关注1室或2室的纯刚需项目，而高管和大学教师更关注3室及以上的舒适改善型项目，其中高管对4室及以上项目需求达19%（见图2）；价格方面，高管对价格承受能力较高，目标住宅项目总价在1000万元以上的占47%，其次为大学教师，技术操作工受经济因素制约限制购买预期，承受力相对较低（见图3）。

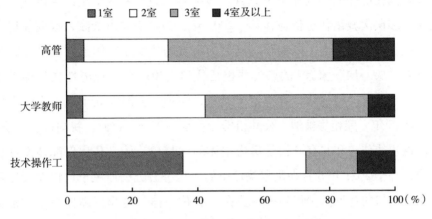

图2　购房者按职业划分在线找房户型偏好

资料来源：58安居客研究院，根据客户在平台找房数据整理。

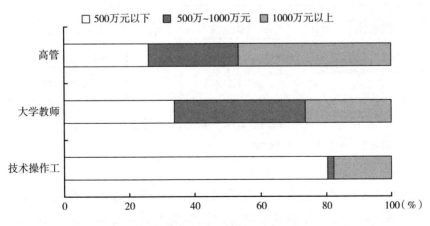

图3　购房者按职业划分在线找房价格偏好

资料来源：58安居客研究院，根据客户在平台找房数据整理。

二 人才住房供应现状

（一）人才住房供应体系

我国住房保障制度在不断完善。1998年，我国首次提出以经济适用房为主的多层次城镇住房供应体系。2007年，为解决城市低收入家庭住房困难问题，国务院提出了以廉租房制度为重点的住房政策体系。2010年，政府针对"夹心层"家庭①试点公共租赁住房。2014年，保障性住房体系中又增加了共有产权住房，并确定了北京、深圳、上海等6个城市为试点城市。2015年，廉租房被纳入公共租赁住房统一管理。自此，我国以公租房、保障性租赁住房和共有产权住房为主体的"三位一体"住房保障体系逐步形成，并于2021年6月在国务院发布的《国务院办公厅关于加快发展保障性租赁住房的意见》中得到确立。在"三位一体"住房保障体系中，租赁类住房占主导地位，是解决居民住房困难的主要形式（见图4）。

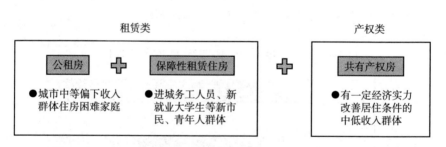

图4 我国"三位一体"住房保障体系

资料来源：58安居客研究院整理。

我国人才住房的供应主要有两大途径，一类是市场类住房，另一类是保障类住房，其中保障类住房又可以分为面向所有住房困难群体的常

---

① 指既未享受到廉租房等政策性住房又无力通过市场租赁或购买住房的城市中等收入偏下住房困难家庭。

规保障类住房和专门面向人才的定向保障类住房（见图5）。大多数城市通过市场类住房和常规保障类住房途径解决人才住房问题，将人才公寓纳入保障性租赁住房体系中，为人才提供租房补贴或优先入住权利。部分城市在市场类住房和常规保障类住房之外，尝试提供专门的人才住房或人才公寓。

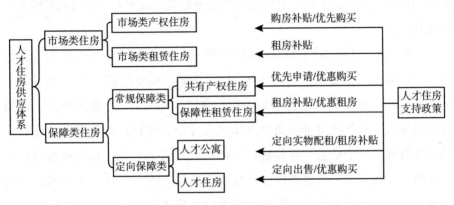

图5 我国人才住房供应体系框架

资料来源：58安居客研究院整理。

具体到城市来看，各地人才住房供应仍然处于"三位一体"住房保障体系框架内，但城市发展不同，对人才的需求不同，在人才住房问题的解决上也存在一定差异。作为经济发展排头兵和改革政策先行先试的前沿阵地，北京、上海、广州和深圳在发展模式和政策摸索上一直处于领先地位，研究一线城市的人才住房供应体系对国内其他城市的人才住房问题解决具有重要的参考意义。

1. 北京人才住房供应情况

目前，北京基本形成以公租房、保障性租赁住房、共有产权住房和安置房为主体的住房保障体系。2018年，北京市住房和城乡建设委员会在《关于优化住房支持政策服务保障人才发展的意见》中提到，从政策性住房供应中拿出一定比例的住房面向人才专项供应。北京人才住房保障举措主要包括供应人才公租房、供应共有产权住房、提供租房补贴等，具体操作以人才公租房配租为主，共有产权房配售、租房补贴发放为辅。其中，人才公共租赁住房只租不售，主要面向本市无房或本市有房但距单位较远的人才家庭，申请者需满足符合首都城市战略定位、符合人才需要、签约年限等条件；共有产权住房支持无房刚需家庭，包括非本市户籍家庭，需满足符合首都战略定位、签约年限等条件，住房实行封闭管理、内部流转；对于经市级人才主管部门认定的高层次人才，可以通过租房补贴发放或共有产权房购买的方式解决住房问题。

《北京市"十四五"时期住房保障规划》中明确了人才住房支持的范围。区域方面，重点在"三城一区"、大学城、临空经济区等功能区加大人才住房的土地供应和建设筹集力度，在"三城一区"、朝阳望京、通州等高品质人才社区积极推进市级高层次人才公寓建设；产业方面，重点支持人工智能、量子信息、区块链、生物技术"四个占先"和集成电路、关键新材料、通用型关键零部件、高端仪器设备"四个突破"等领域；机构方面，重点支持国家实验室和新型研发机构等单位，在原始创新领域取得重大突破的单位和团队以及在本市实现科技成果转化的科研机构和科技企业。

"十三五"期间，北京建设筹集各类政策性住房41.4万套，竣工38.8万套，其中，有75个共有产权住房项目入市，提供房源7.9万套。"十四五"期间，北京将进一步加大保障性住房供应，计划建设筹集公租房、保障性租赁住房、共有产权房分别为6万套、40万套（间）、6万套。与此同时，加大保障性住房建设用地供应，新增公租房供地、保障性租赁住房供地、共有产权房供地占比分别不低于10%、15%、15%。

2. 上海人才住房供应情况

《上海市住房发展"十四五"规划》中明确了上海住房保障体系，即由保障类租赁住房、保障类产权住房、市场类租赁住房、市场类产权住房构成的"四位一体"的租购并举住房制度体系。在"四位一体"的住房体系中，并未明确提及人才住房，但规划中有提到，要不断完善新市民、青年人、各类人才的保障性住房分配供应政策，优化人才租房支持政策，完善人才租房补贴制度。

上海人才住房保障举措主要包括：供应公共租赁住房、供应保障性租赁住房、供应人才公寓、提供租房补贴及购房支持政策。其中，公共租赁住房以"保基本"为导向，主要面向科技、教育、文化、卫生、环卫、公交等城市运行服务保障人群；保障性租赁住房是住房保障体系中最重要的组成部分，重点解决新市民、青年人等人群的住房困难，主要提供给无房或居住条件偏低的人群，以及存在住房困难的职住分离人群；人才公寓主要面向各区认定的优秀人才，供应方式有实物配租和租金补贴两种形式，由市、区两级建设筹集的公共租赁住房、保障性租赁住房以及市场闲置房屋转化而来，纳入人才安居工程统一管理。各区根据区域发展和人才需求情况，对人才分类并按照分类结果实行人才公寓分层分类供应。如果人才没有申请保障性住房或人才公寓，到市场上租房或购房，同样可以获得租房补贴或安家补贴。

在"四位一体"住房制度体系下，上海主要还是通过租赁类住房解决人才住房问题。"十三五"期间，上海租赁类住房供应在住房供应总量上占比53%，到"十三五"期末，上海累计供应公共租赁住房15万套。"十四五"期间，上海租赁类住房供应占比计划为42.7%，计划在"十四五"期末形成40万套保障性租赁住房供应。人才安居方面，计划通过人才安居工程实施、人才安居房源建设筹集等方式，到2025年实现20万套租赁房源用于人才安居。

3. 广州人才住房供应情况

《广州市住房发展"十四五"规划》提到，广州基本形成以公共租赁住房、保障性租赁住房和共有产权住房为主的住房保障体系，并形成了"租、售、补"相结合的住房保障制度。人才住房被纳入现有住房保障体系中，住房举措与北京类似，包括三大类：提供人才公租房、提供共有产权住房、提供租房补贴等。公共租赁住房原本只保障本市城镇户籍住房困难家庭，"十三五"期间覆盖范围进一步扩大，来广州时间长、稳定就业的务工人员、高技能人才以及获得荣誉称号的务工人员也被纳入其中。供应方式以实物配租为主、发放租房补贴为辅,二者选其一。共有产权住房面向无房的城镇户籍家庭和符合条件的非户籍家庭供应,严格封闭运行,满 5 年后可以转让给其他具有购买共有产权住房资格的住房保障对象,中高层次人才的非户籍家庭可优先配售。保障性租赁住房主要解决环卫、公交等公共服务行业人员、重点发展产业从业青年和外来务工人员的住房问题。

广州保障性租赁住房的建筑面积规定在 70 平方米以下,租金略低于同地段同品质市场租金标准。针对高层次以及中高层次人才,广州提供了人才公寓作为过渡性住房支持。人才可以以个人或家庭的名义申请入住,也可以通过单位集体租赁的方式申请入住。中高层次人才租赁面积原则上不超过 120 平方米,高层次人才不超过 200 平方米。对于部分优秀人才,经相关部门认定后,可申请免租金入住。

"十三五"期间,广州完成建设筹集保障性安居工程 8.89 万套(含新增发放租赁补贴 1.07 万户),户籍家庭公租房准入门槛从家庭年人均可支配收入 29434 元调整为 35660 元。"十四五"期间,广州市住房发展以"美丽宜居,活力安居"为愿景,计划建设筹集政策性住房 66 万套,其中保障性租赁住房(含人才公寓)60 万套,公共租赁住房和共有产权住房各 3 万套。

4. 深圳人才住房供应情况

2016 年,深圳首次提出构建人才住房和保障性住房双轨并行的住房保障体系。2017 年,深圳开启了第二次住房制度改革,并着手进行住房制度优化设计。2018 年 8 月,深圳正式出台《深圳市人民政府关于深化住房制度改革加快建立多主体供给多渠道保障租购并举的住房供应与保障体系的意见》,将原来以商品房供应为主的供应体系转向以具有保障性的公共住房为主导的供应体系,构建"4+2+2+2"住房供应和保障体系,即 40% 的市场商品住房、20% 的人才住房、20% 的安居型商品房、20% 的公共租赁住房(见表 1)。其中,人才住房面向企事业经营管理、专业技术、高技能、社会工作、党政等各类人才,以 90 平方米以内的产品为主,可租可售,价格为同地段同类型产品市场价格的六成左右。

表1 深圳市公共住房供应和保障情况

公共住房	供应占比(%)	保障对象	供应形式	价格
人才住房	20	符合条件的各类人才	可租可售	租金、售价为市价60%左右
安居型商品房	20	符合收入财产限额标准等条件的户籍居民	可租可售,以售为主	租金、售价为市价50%左右
公共租赁住房	20	符合条件的户籍中低收入居民、为社会提供基本公共服务的相关行业人员、先进制造业职工等群体	只租不售	租金为市场租金的30%左右,特困人员、低保及低保边缘家庭租金为公共租赁住房租金的10%

资料来源:2018年8月,深圳市人民政府办公厅发布的《深圳市人民政府关于深化住房制度改革加快建立多主体供给多渠道保障租购并举的住房供应与保障体系的意见》。

2023年1月,深圳市住房和建设局发布了4份征求意见稿,对深圳住房保障体系进行了进一步的完善。新规取消了安居型商品房,确立了以公共租赁住房、保障性租赁住房、共有产权住房为主体的住房保障体系,与国务院提出的"三位一体"住房体系基本保持一致。原先的可售型人才住房在意见稿中没有被提及,短期内应该会与住房保障体系同步运行,未来有可能纳入保障性租赁住房和共有产权住房中去。共有产权房实行封闭流转制度,购买未满五年不得转让所持产权份额,满五年的仅可以将所持份额转让给符合条件的对象。相比原有保障体系下持有十年后可在市场出售,新规进一步降低投资属性,让人才住房回归居住保障属性。

2022年11月,深圳市住房和建设局发布关于安居君兰湾府、安居鸿栖台、安居玥龙苑、安居颢龙苑、星河开市客环球商业中心、华侨城九樾广场等6个可售型人才住房项目,共推出房源4422套,其中两房1957套,三房2465套。作为深圳首批可售型人才房,该类型产品不同于安居房需要"排队轮候",只需满足条件即可"摇号"选房。2023年2月,南山区推出本年首批人才住房2279套,光明区、盐田区、宝安区、龙华区于3月陆续发布人才住房配售公告,分别推出人才住房685套、83套、783套、976套。

总体来看，各个城市基本在国务院提出的"三位一体"住房体系下解决人才住房问题，并因地制宜进行了差异化调整。北京对人才的住房支持以人才公租房配租为主，共有产权房配售和租房补贴发放为辅，侧重满足重点科研领域、重点发展产业、重点支持单位人才的多层次需求。广州在保障性租赁住房中规划一定比例的人才公寓，重点面向青年人才、高端专家、国际人才等。此外，在共有产权住房申请方面，中高层次人才在一定程度上可以享受优先配售。深圳在公共住房体系中，面向符合条件的人才专门提供人才住房。人才住房可租可售，出售的人才住房在一定年限内实行封闭流转。上海的人才住房，主要是通过公共租赁住房和保障性租赁住房为人才提供人才公寓。各区根据区域发展需求和社会贡献对人才划分，并按照人才级别进行实物配租或补贴发放。

（二）人才住房实现路径

人才住房具有双重属性，即保障属性和激励属性。对高层次人才是激励属性，可以通过入住高层次人才公寓或购房补贴来解决；对骨干型、基础型人才则更多是保障属性，需要依靠人才公寓配租或租房补贴来解决。其中，骨干型人才、基础型人才占据绝大多数，因而，人才住房的问题最终还是要靠保障性租赁住房解决。在"房住不炒，租购并举"的顶层制度设计下和住有所居的大背景下，扩大保障性租赁住房供给是必然之举。

从供应占比来看，各城市规划的保障性租赁住房占新增住房供应总量比重一般为20%~45%，一线城市相对较高，均在40%以上。从供应规模看，一线城市保障性租赁住房供应均在40万套以上，合计占24.6%，二线城市合计占58.9%，城市之间差异较大（见图6）。

目前，保障性租赁住房来源有三种路径，具体包括如下。

1. 新建

各地可充分利用交通便利区域或产业园附近的集体经营性建设用地，进行保障性租赁住房建设；企事业单位可以充分利用依法取得的闲置土地，在土地用途变更后，将其用于保障性租赁住房建设。

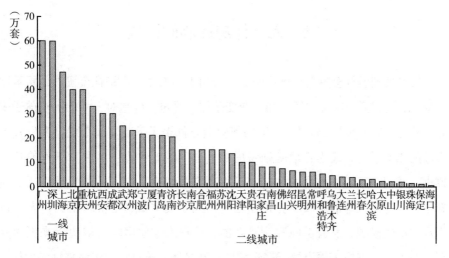

图6 一、二线城市"十四五"保障性租赁住房规划目标

资料来源：58安居客研究院整理。

2. 配建

适当提高产业园区中产业类项目配套建设行政办公及生活服务设施的用地占比，用于配套建设宿舍型保障性租赁住房；提高保障性租赁住房在住房用地中的占比，新建住宅项目或地铁上盖物业，可根据需求配建一定比例的保障性租赁住房。

3. 转化

对利用效率不高的闲置房屋，如闲置的厂房或仓库、入住率较低的旅馆等，将其改建为保障性租赁住房，作为城市保障性租赁住房供应的补充。

现有土地供应政策中，并没有专门针对人才公寓的土地供应，人才公寓主要由保障性住房供应或存量房转化而来。各地政府可以通过市场房源整合、存量房源盘活、保障性租赁住房转化等方式进行人才公寓建设和筹集。此外，用人单位、住房租赁经营机构等第三方主体可以通过各种方式参与人才公寓的建设、运营和管理，从而实现人才公寓的市场化运作。

三　人才住房面临的挑战

在全面建设社会主义现代化国家的号角下，人才对经济社会发展的贡献逐年提升。随着新一轮科技革命和产业变革深入推进，各地对人才的渴求前所未有。面对 2.2 亿的人才资源①，该如何营造条件聚天下英才而用之，激发各类人才的创新活力，成为各地亟须考虑的问题。随着各地住房保障工作的扎实推进，城镇户籍困难群众的住房问题得到有效解决，住房保障的重心逐步向新市民、青年人等群体倾斜。相比之下，人才类型多、层次跨度大，人才住房定位比较模糊，兼有保障和激励功能，使得人才住房问题解决起来更为复杂。各地人才安居工程尚处于探索阶段，在具体实施过程中仍面临许多挑战。

（一）人才住房供应灵活性不足

租购并举，以租为主，租房成为解决城市居民住房突出问题的主要手段。许多地区将人才住房纳入保障性租赁住房体系，通过实物配租或货币补贴的方式，从租赁住房入手短期解决人才过渡性居住问题。实物配租主要指通过人才公寓的方式解决人才住房问题，存在一些不足。首先，人才公寓属于过渡性解决方案，通常只租不售且租期有限，短期内可以满足人才居住需求，但不能满足人才长期居住和稳定性居住的需求；其次，人才公寓普遍采用排队轮候机制，同一项目申请人数大大超过住房数量时，轮候时间会延长；最后，人才公寓以70 平方米以内的小户型为主，通常为 40~50 平方米的一居室，对于三人及以上家庭居住来说，空间显得较为局促。各地政府通过租房补贴或安家补贴提供住房支持，人才可以拿着补贴自行去市场上购房或租房，相比人才公寓配租，货币补贴的形式相对更为灵活，但同时对政府财政支出也提出更高的要求。

无论是实物配租还是租房补贴，本质上都是短期内解决过渡性居住的方

---

① 《习近平：深入实施新时代人才强国战略　加快建设世界重要人才中心和创新高地》，中华人民共和国中央人民政府网，2022 年 12 月 15 日，https：//www.gov.cn/xinwen/2021–12/15/content_5660938.htm。

法。为了让人才能够在城市长远发展和稳定发展，部分城市积极探索新的人才住房解决思路，面向符合条件的人才专项供应一定比例的共有产权住房、人才公寓或人才住房。大体上包括三类：第一类，提供共有产权房。共有产权房是住房保障体系的重要组成部分，也是各地人才产权类住房的主要探索方向。申请人除了满足基本申请条件外，还需满足工作单位、签约年限等要求。共有产权房原则上不允许出租，且实行封闭运营，即满足规定限售年限后可以将住房转让给其他同样具备购买共有产权住房资格的对象。第二类，赠予人才公寓。人才公寓原则上只租不售，为吸引和鼓励高层次人才长期服务，广州、深圳等城市出台规定，高层次人才可申请免租入住人才公寓，对于全职工作满10年，贡献突出并取得本市户籍的杰出人才，可无偿获赠所租住房。第三类，提供人才住房。深圳率先在全国探索专门面向人才供应的产权类住房，人才住房占住房供应总量的20%左右。

（二）人才住房供应结构不合理

1. 人才类住房稀缺，住房保障不充分

现有的"三位一体"住房保障体系中，城镇户籍困难群众有公租房保障，新市民、青年人等群众有保障性租赁住房或共有产权房保障，而人才没有明确的住房类型与之匹配。现有的公租房、保障性租赁住房、共有产权房既要承担保障性住房功能，又要承担一部分人才住房功能。随着人才安居工程实施和推进，部分城市对人才公寓、人才住房等供应计划进行了单列。整体上来看，虽然各地加大了保障性租赁住房投入，但住房资源有限，加上原有保障对象分流，人才住房供求矛盾比较突出。

从重点城市人才住房供应情况来看，供应量和需求量存在失衡。北京从2017年开始推行共有产权房政策，2018年"三城一区"筹集人才共有产权房2190套，于2019年正式启动对人才的专项分配。2019年底，北京人才公租房分配达4.9万套。北京人才资源已达781万人，其中高技能人才就有114万人，与人才资源总量相比，人才住房资源明显不足。根据规划，上海计划到2025年人才安居租赁房源总量达20万套，而截至2020年，上海人

才资源总量为 675 万人。"十四五"期间，杭州人才资源将由 280 万人增加到 325 万人，新增 45 万人，同期计划新增供应人才公寓仅 8 万套。根据规划，深圳第一阶段（2018~2020 年）新增建设筹集各类住房共 42 万套，人才住房按 20%占比测算约 8.4 万套，而"十三五"期间深圳新引进人才 120 万人，2022 年高层次人才累计超 2.2 万人[①]。

2.受空间规划限制，人地匹配不均衡

从租赁用地整体分布情况来看，租赁用地主要分布在城市远郊区域，其次为近郊区域，只有少量分布在城市中心区域。主要原因在于：一方面，受城市发展成熟度和整体空间限制，中心城区可供利用土地稀缺；另一方面，租赁用地主要用于解决人才短期居住问题，围绕区域功能和产业发展需要布局，而这些功能区大多数情况下都分布在城市近郊或远郊区域。

从重点城市土地区域分布来看，杭州、上海超五成的租赁用地分布在远郊区，深圳、广州、南京、青岛、合肥等城市的租赁用地主要分布在近郊区，其中，深圳、南京、青岛近郊区占比均在六成以上（见图 7）。

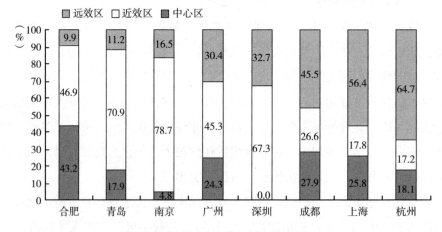

图 7　重点城市租赁用地区域分布

资料来源：根据截至 2019 年底各地公布的租赁用地数据整理。

---

① 《2023 年深圳市政府工作报告》，深圳市人民政府网，2023 年 3 月 15 日，http：//www.sz.gov.cn/zfgb/2023/gb1278/content/post_ 10484054.html。

以上海为例，上海租赁用地主要分布在浦东新区、闵行区和青浦区三个区域，合计占比约 57%，其中，浦东新区租赁用地规模最大，2017～2021年累计成交 45 块，规划建筑面积超 300 万平方米（见图 8）。租赁用地分布整体呈现两方面的特征：一方面，向人口聚集区域倾斜，如浦东新区、闵行区等；另一方面，向产业集聚区倾斜，如周康、三林、朱家角、张江、松江新城、临港新城等。

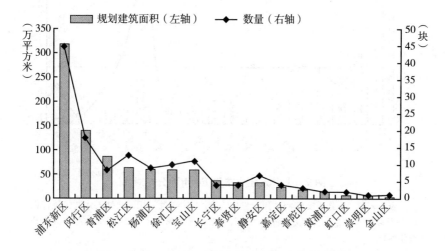

图 8　2017～2021 年上海市各区租赁用地成交情况

资料来源：根据政府公开数据整理，规划建筑面积数据已剔除综合地块内非租赁部分。

受到物理空间及可用土地规划的限制，R4 用地①供应与人才的分布存在一定的匹配性差异。从 16 个区的人地平衡度数据来看（见图 9），浦东新区、闵行区、杨浦区、徐汇区、长宁区、青浦区、奉贤区 7 个区的人地平衡度均高于 1.0，R4 用地供应相对平衡。相比之下，宝山区、松江区、嘉定区、普陀区、静安区、虹口区、黄浦区、金山区、崇明区 9 个区的人地平衡度小于 1.0，R4 用地供应相对不足。以虹口区为例，人才数量与长宁区相当，大专及以上学历人才均为 3.1 万人，占上海市人才数量的 3.7%，长宁

---

①　又叫四类居住用地，本文指租赁住房用地。

区 R4 用地供应占比比虹口区高出 3 个百分点。普陀区、嘉定区、徐汇区的人才数量均在 5 万人左右，分别占 6.0%、6.1%、6.1%，而嘉定区、普陀区的 R4 用地供应占比明显低于徐汇区，只有徐汇区的三成。

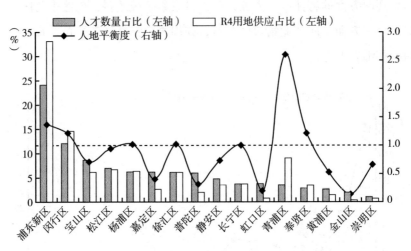

图 9　上海人才分布与 R4 用地分布对比

资料来源：人地平衡度=R4 用地供应占比/人才数量占比，此处人才数量统计以 15 岁及以上、大专及以上文化程度为统计口径，资料来源于 2020 年《上海市人口普查年鉴》。

（三）人才住房支持政策不完善

1. 现有政策主要面向高层次人才，针对广义人才的住房支持政策有待完善

为吸引优秀人才，各地都出台了人才住房支持政策，如人才安居办法、人才公寓管理办法、高层次人才支持方案等，支持对象主要是各地认定的高层次人才，包括领军人才、杰出人才、拔尖人才等。《广州市人才公寓管理办法》规定，人才公寓主要是指向符合条件的高层次及中高层次人才供应；《通州区人才公寓管理办法》规定，申请人应属于《通州高层次人才认定标准》规定的人才。人才住房政策向高层次人才倾斜，一方面，高层次人才是行业翘楚，是城市创新和发展的重要动力，为城市发展做出了重要贡献，理应被关注和支持；另一方面，各地的人才安居工程尚处于起步阶段，人才住房发展还处于摸索中，且人才类住房资源相对稀缺，各地在实际操作过程中也只能"择优录取"。

然而，高层次人才在各类人才中只占一小部分，城市中还有许多基础型人才，如技能型人才、公共服务人才、刚毕业尚未崭露头角的潜在人才等，同样在为城市发展做贡献，也需要被关注。随着保障性住房不断增加，住房保障体系进一步完善，一些有条件的城市开启了对广义人才住房保障体系的探索。其中，对人才分层分级并根据分类提供不同的住房支持方案，是当前主流的操作方法。《南京市"十四五"城镇住房发展规划》提出，要扩大高层次人才购买商品住房服务面，加大中级人才安居住房供应，持续优化初级人才租赁补贴。上海松江区根据科技贡献、经济贡献等构建了人才积分评价体系，并形成了与人才积分、市场租赁价格"双挂钩"的 12 档补贴标准。上海黄浦区对人才公寓实施分层次供应，面向高层次人才提供居家式高端人才公寓，面向骨干人才提供舒适型人才公寓，面向一般人才提供经济型酒店式人才公寓。

此外，有部分地区出台了针对特殊人群的住房支持方案。《宝山区人才公寓管理暂行办法》中提到，在本区企业及教育、卫生健康类事业单位工作，且符合条件的优秀人才，可租赁区人才公寓。《杭州市住房保障和房地产发展"十四五"规划》强调，要调整放宽收入准入条件，先后开启面向公交、环卫、教师和医生等专项公租房的配租工作。武汉市委办公厅发布的《关于加强大学毕业生安居保障的实施意见（试行）》探索为大学毕业生构筑安居保障体系，通过新建、配建、改建和盘活存量等方式建设和筹集 250 万平方米以上的大学毕业生保障性住房，让大学毕业生以低于市场价 20% 买到安居房，以低于市场价 20% 租到租赁房，从而让大学生最终能留在武汉创业就业。

2. 现有政策集中在租房方面，针对购房方面的住房支持政策有待完善

在"房住不炒，租购并举"住房制度下，扩大保障性租赁住房供给是解决大城市住房突出问题的主要思路。在此思路下，解决人才住房问题也从租赁住房出发，大多数政策集中在为人才提供人才公寓、人才公租房等租赁

类住房或者为人才租房提供一定比例的补贴。租房短期内固然可以解决落脚问题，但离真正意义上的安家还存在一定距离。中国人自古就有房子情节，有了自己的房似乎才真正在这个城市安了家。从人才长远发展和稳定发展来看，有条件的城市还是需要对符合条件的人才在购房安家方面适当地提供一些政策支持，逐步完善从租房过渡到买房安家的人才住房保障体系。

在人才购房支持方面，现有的措施主要包括三类：第一类，提供人才购房补贴，主要面向各地认定的高层次人才；第二类，降低落户门槛，落户意味着购房资格的获取，对人才有一定的吸引力；第三类，提供共有产权住房，只要符合共有产权住房申请条件的人均可以申请，非人才定向供应。除此以外，还有一些关于人才购房支持的探索，如上海临港区、苏州工业园区等地为区域内符合条件的人才提供优先购买商品住房的权利；广州、深圳等城市符合条件的高层次人才可在入住公寓满 10 年后无偿获赠其所租住房；深圳专门推出可租可售型人才住房，占住房供应总量的 20% 左右，覆盖经营管理、专业技术、高技能、社会工作等各方面人才；也有部分城市通过回购市场上的商品住宅并将其转换为人才住房向符合条件的人才出售的方式，同时解决人才住房问题和去库存问题，一举两得。

四　人才住房发展建议

（一）拥抱数字化浪潮，提供人才便捷找房

目前，人才在找房过程中面临三大难题。第一，找房难。人才不知道哪些房属于人才房，这些房分布在哪些地方，也不知道哪些房子才是适合自己的。第二，看房难。保障性住房的位置一般来说相对较偏，人才来回看房的成本较高。第三，申请难。多数情况下，人才不了解保障性住房或人才住房的相关政策和申请流程，对自己是否符合条件难以判断。

随着数字化时代的到来以及 5G、VR、AI 等科技手段不断被应用，房地产行业也迎来了数字化转型，不动产登记平台、房地产线上化营销平台、社

区运营管理平台等纷纷上线并发展成熟，而与保障性租赁住房有关的数字化平台尚处于探索阶段，服务于人才住房的数字化平台更是空白。因此，建议各地可搭建专门服务于保障性住房或人才住房的数字化住房平台，包括：一是搭建数字化房源系统，打通各类房源线上展示，精准运营房源，让人才更高效、更广泛地在线找房、看房和选房；二是充分运用人脸智能识别、大数据分析等数字化手段，建立人才身份认证、房源定向匹配的审核管理系统，让人才租房更省心；三是搭建数字化社区运营管理系统，将各类人才类房源，尤其是租赁房源纳入系统统一管理，并配套物联网系统、社区生活配套集成系统、24小时管家服务等，实现社区运营全流程数字化管理。

（二）完善住房供应结构，保障人才住房供应

多渠道解决人才住房供应问题。在人才集聚区域，鼓励通过新建、配建、转化等方式多渠道建设筹集人才住房，面向符合条件的各类人才供应。充分发挥政府、企事业单位和社会组织等各类主体作用，引导多主体投资，鼓励采取与社会力量合作等方式，调动各类主体建设筹集人才住房的积极性，多渠道增加人才住房。

进一步优化人才住房布局。在住房供应计划制定时，综合考虑区域定位、产业发展、人才分布和用地规划情况，更加注重推动产城融合、职住平衡落地。

不断完善人才住房功能配套，提升居住品质。目前大多数人才住房要么从老旧小区改建而来，小区品质和住房功能都比较差，要么是产业园区附近配套新建项目，处于还在开发阶段的远郊区域，商业、医疗、教育等生活配套欠缺，公共服务设施也处于完善阶段。因此，建议各地进一步提高人才住房规划建设标准，提升小区居住品质，适当完善小区生活配套及公共服务设施，为人才打造宜业宜居的良好环境，促进人才能安心就业、潜心创业。

（三）优化人才住房政策，保障人才安居无忧

政策支持对象方面，覆盖面逐步由狭义人才推及广义人才，不仅考虑到高层次人才、骨干型人才，还要将基础型人才也纳入人才住房政策中来。在

人才认定时，要打破"唯论文、唯帽子、唯职称、唯学历、唯奖项"的固有评判模式，从城市需要、人才技能、社会贡献等方面出发进行综合评判。制定人才住房政策时，需结合人才分类分层情况因才施策，积极发展适合高层次人才、青年人才、技能型人才、国际化人才等不同类型的人才住房。

住房政策支持方面，完善人才租房支持政策的同时适当地探索人才购房支持政策。现有的政策聚焦在购房补贴支持和落户门槛降低两个方向，而与购房有关的其他方面政策，如首付比例、社保要求、贷款优惠，以及定向住房购买支持政策等，目前属于空白，有待进一步完善。各地可以结合产业发展的实际需求，针对部分紧缺的、亟须引进的重要人才，适当出台人才购房支持政策，以使他们能够引进来、留下来，持续稳定地为城市发展做出贡献。

法律法规政策方面，加强对人才住房监管，尤其是保障性租赁住房和人才公寓的监管，确保配租过程公平公正、公开透明，最大限度地降低"暗箱操作"，确保本就稀缺的人才住房真正流向人才。

数字化平台管理方面，出台数字化住房平台管理相关政策，着力加强平台信息监管，规范平台住房信息发布行为，严格房源核验，严厉查处发布虚假信息、制造市场恐慌、扰乱租房市场秩序的行为。

（四）加大政策宣传力度，落实人才安居工程

各地都出台了与人才安居有关的各类政策，政策类型多且分散，缺乏专业性解读，无形之中形成了人才住房政策落地的"最后一公里"。各地可以通过"线上+线下"方式加大人才政策宣传力度，进一步扩大人才政策知晓面、覆盖面和惠及面。首先，可以对人才落户、人才发展、人才公寓、人才安居、人才住房等相关政策进行汇总和分类，借助数字化住房平台的人才安居保障政策专栏进行展示，以便人才能快速精准地了解人才相关政策；其次，积极开展人才政策进企业活动，与企业人才面对面交流，答疑释惑，确保企业人才能深入了解政策、掌握好政策、运用好政策；最后，组织政策宣讲会或人才安居论坛，将人才住房政策在企业端和人才端进行有效地传递，让政策入心入脑，通过政策零距离服务，让政策惠及更多的企业和人才。

B.8
2022年中国住房租赁市场发展报告

王霞 魏杨*

摘 要： 2022年我国住房租赁市场运行基本平稳，下半年呈现整体偏冷态势，租赁住房供应规模稳定增长，企业数量持续增加，市场分化态势愈加明显，头部企业向大城市聚集。政策层面，扩大租赁住房供给和完善长租房政策的重要性被多次强调，住房租赁金融支持政策明显发力，地方支持保障性租赁住房政策体系基本完善，存量房屋、土地与租赁住房联动发展政策体系逐步建立，住房租赁市场监管体系进一步完善。在相关政策支持下，保障性租赁住房REITs顺利发行，银行资本加大对于住房租赁市场金融产品供给的创新，有效地改善了企业的融资环境。地方国企、融资平台深度介入住房租赁市场发展，推动市场良性竞争。展望2023年，随着疫情影响弱化甚至消失，住房租赁市场明显回暖，预计租金有上涨压力。政策层面仍以发展保障性租赁住房为重点，金融支持将更加有力，政策发展环境将更为积极。预计更多优质的房地产开发企业将更坚定地进入住房租赁市场，租赁住房更加宜居，运营模式向更轻和更重两个方向发展。为促进住房租赁市场更好发展，当前仍要关注的问题包括：继续破解影响住房租赁市场持续发展的一些基础性问题，正确把握住房租赁高质量发展的内涵，为公募REITs扩大试点做好估价等准备，住房租赁政策应更好地鼓励市场化住房租赁企业发展等。

---

* 王霞，博士，中国房地产估价师与房地产经纪人学会副秘书长，研究方向为房地产经济；魏杨，博士，中国房地产估价师与房地产经纪人学会研究人员，研究方向为房地产经济。

关键词： 住房租赁 保障性租赁住房 公募 REITs

党的二十大报告明确提出了"坚持房子是用来住的、不是用来炒的定位，加快建立多主体供给、多渠道保障、租购并举的住房制度"，并将构建"租购并举"的住房制度列为"增进民生福祉，提高人民生活品质"的关键性举措之一。2022 年，新冠疫情反复、经济下行压力加大，对住房租赁市场发展造成了一定冲击，但是住房租赁相关法规不断完善，金融支持政策体系更加健全，住房租赁发展的政策及融资环境得到了明显改善，为住房租赁市场持续向好发展保驾护航。

一 2022年住房租赁市场发展总体情况

2022 年，我国住房租赁市场运行基本平稳，但受经济下行压力等因素影响，下半年市场整体偏冷。在稳定市场前景和保障性租赁住房建设政策的双重支撑下，租赁住房供给规模稳定增长，企业数量持续增加。受人口流动趋势等的影响，住房租赁市场分化态势愈加明显，头部企业进一步向中心城市聚集。

（一）住房租赁市场运行基本平稳，下半年呈现整体偏冷态势

从租金来看，2022 年上半年住房租赁市场运行基本平稳，下半年市场偏冷。虽然第一季度是传统的住房租赁市场淡季，但根据建信住房数据，全国百城住房租赁价格指数（以下简称"住房租赁指数"）依旧保持了环比 0.17%、同比 2.68% 的增长。而第二季度因受新冠疫情大面积暴发的冲击，住房租赁指数环比下跌 0.21%，同比保持 0.58% 的增长。进入 6 月之后，尽管北京、上海等租赁热点城市的核心区域保持了较好的市场活跃态势，全国住房租赁市场还是逐渐呈现逐步偏冷的态势，第三季度住房租赁指数环比下降 0.63%、同比下降 0.98%。第四季度本身就是租赁需求传统淡季，同

时疫情叠加经济下行因素影响，对就业造成明显冲击，居民收入预期转弱，全国住房租赁指数同比下跌1.84%、环比下跌1.18%。分区域来看，一二三线城市、三大城市群住房租赁指数同环比均出现下跌，且跌幅都在扩大，四季度租赁市场整体基本面表现弱势（见图1、图2）。

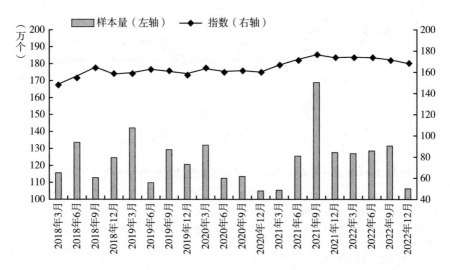

图1　2018年第一季度至2022年第四季度全国百城*住房租赁指数

　　*百城包括：北京、天津、石家庄、唐山、秦皇岛、邯郸、保定、张家口、廊坊、太原、呼和浩特、包头、赤峰、沈阳、大连、丹东、锦州、长春、吉林、哈尔滨、牡丹江、上海、南京、无锡、徐州、常州、苏州、南通、盐城、扬州、镇江、泰州、杭州、宁波、温州、嘉兴、湖州、绍兴、金华、合肥、芜湖、蚌埠、安庆、福州、厦门、泉州、南昌、九江、赣州、济南、青岛、淄博、烟台、潍坊、济宁、泰安、威海、日照、临沂、郑州、洛阳、平顶山、武汉、宜昌、襄阳、长沙、株洲、岳阳、常德、广州、韶关、深圳、珠海、佛山、江门、湛江、肇庆、惠州、东莞、中山、南宁、柳州、桂林、北海、海口、三亚、重庆、成都、泸州、绵阳、南充、贵阳、遵义、昆明、大理、西安、兰州、西宁、银川、乌鲁木齐。

　　资料来源：建信住房。

　　从成交周期和成交量情况来看，市场运行整体偏弱。据贝壳研究院全国重点40城数据，截至2022年末，房源成交周期上升至58.7天，同比延长8.4天，为历史最高值。成交周期的延长也意味着交易量的整体下滑，北京国信达数据技术有限公司公布的全国二手房租赁量指数也显示，2022年的房屋租赁量指数显著低于2021年的平均水平，

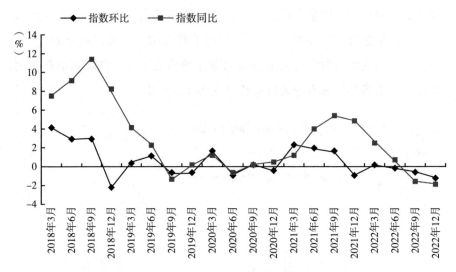

图2 2018年第一季度至2022年第四季度全国住房租赁指数同/环比变化

全国40城：北京、上海、广州、深圳、成都、杭州、重庆、西安、苏州、武汉、南京、天津、郑州、长沙、东莞、佛山、宁波、青岛、沈阳、合肥、大连、烟台、厦门、石家庄、无锡、南通、徐州、福州、长春、济南、哈尔滨、南昌、太原、贵阳、中山、兰州、惠州、廊坊、呼和浩特、芜湖。

资料来源：建信住房。

且在第二季度以后，全国的租赁量指数呈现显著下滑趋势（见图3、图4）。

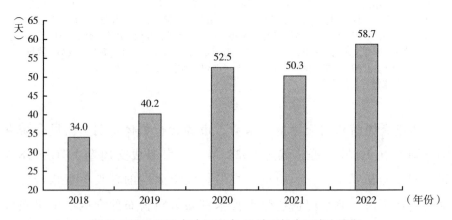

图3 2018~2022年全国重点40城租赁房源成交周期

资料来源：贝壳研究院。

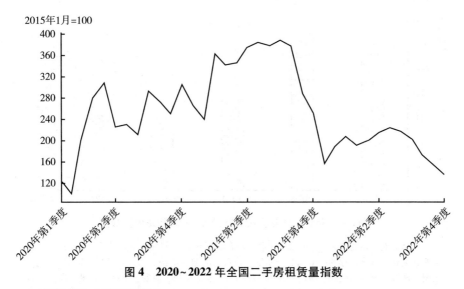

2015年第1月=100

图4 2020~2022年全国二手房租赁量指数

资料来源：国信达数据库。

（二）租赁住房供应规模稳定增长

2022年全国租赁住房新增供应量较上年有小幅增长。据克而瑞城市租售系统监测，全国55城新增个人房源供应量较上一年度增加了2.65%，呈现小幅回升态势，但与2019年高点相比仍有较大回落（见图5）。与之相关的机构化分散式租赁住房产品供给也有所下降，自如和相寓两家全国最大的分散式租赁住房运营品牌均控制其持有的分散式房源数量。据我爱我家财报，其旗下房屋资管品牌"相寓"2019年在管房源27.6万套，2022年上半年在管房源25.7万套。

保障性租赁住房供给持续增加。截至2022年10月底，全国保障性租赁住房已开工建设和筹集233.6万套（间），占年度计划的98.8%，全年完成投资1750亿元，较2021年的94.2万套有较大幅度增加。至此，全国共已开工建设和筹集保障性租赁住房330万套（间），可解决近1000万新市民、青年人的住房困难问题①。

① 《构建租购并举新格局》，《经济日报》2022年12月14日，中国经济网，http://www.ce.cn/cysc/newmain/yc/jsxw/202212/14/t20221214_38287451.shtml，最后检索时间：2023年2月27日。

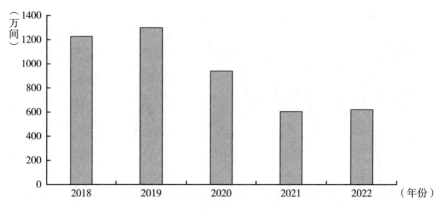

图 5 2018~2022 年全国 55 城新增个人租赁房源数量

　　* 克而瑞城市租售系统 55 城：武汉、烟台、保定、兰州、南通、北京、绍兴、上海、合肥、芜湖、常州、徐州、海口、哈尔滨、成都、太原、沈阳、嘉兴、扬州、贵阳、南宁、泉州、珠海、宜昌、镇江、厦门、福州、深圳、大庆、郑州、西安、济南、无锡、佛山、乌鲁木齐、衡阳、南京、苏州、泰州、惠州、长春、宁波、长沙、中山、青岛、昆明、石家庄、杭州、重庆、大连、南昌、广州、肇庆、天津、东莞。

　　资料来源：克而瑞城市租售系统。

　　此外，在土地供应方面，受疫情和经济下行的影响，土拍市场遇冷，纯租赁用地供应量大幅减少。2022 年全年纯租赁用地总计供应 33 宗，规划建筑面积 159.99 万平方米，同比下降 66.8%（见图 6）[①]。就租赁住房供地完成情况来看，克而瑞数据库监测的全国 22 城的平均完成度仅为 12.8%，其中，宁波和合肥加大了纯租赁用地的供应，分别完成供应计划的 72.53% 和41.12%，深圳、上海和福州利用新增租赁用地完成供应计划约 30%；福州、广州和沈阳等城市新增租赁用地供应量持续下滑。

（三）住房租赁企业数量持续增加，发展态势整体向好

　　虽然 2022 年住房租赁市场受整体外部宏观经济环境影响，出现了短期遇冷态势，但是在保障性租赁住房加速建设，以及我国住房租赁市场潜力较大等诸多积极因素的影响下，全年住房租赁企业数量依旧保持了持续增加的

---

　　① 《首发！2022 年"两集中"租赁土地图鉴》，克而瑞租售，2023 年 2 月 23 日，https：//www.163.com/dy/article/HU8DU38G0538DOCO.html，最后检索时间：2023 年 2 月 27 日。

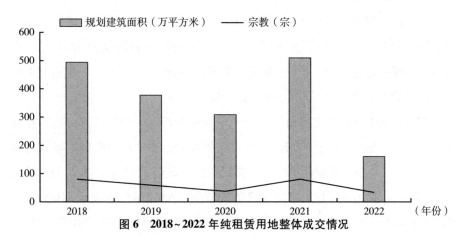

图6 2018~2022年纯租赁用地整体成交情况

资料来源：克而瑞数据库。

态势。据企查查数据库，截至2022年12月31日，在经营范围中涵盖"住房租赁"且营业状态为存续的企业数量为62.6万家，全年新增21.2万家，较上一年多增5.4万家（见图7）。

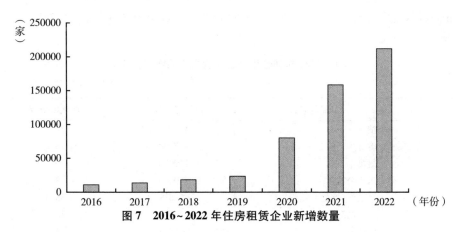

图7 2016~2022年住房租赁企业新增数量

资料来源：企查查。

从企业运营层面来看，2022年住房租赁企业运营状态相对稳定，企业营收保持较高水平，但是受疫情大面积封控等不利因素影响，企业赢利水平于上半年出现了明显下降。魔方生活服务集团有限公司向港交所递交的上市申请书显示，2019~2021年，企业净利润由6360万元增至2.95亿元，复合年增长率为115.6%。然而，2022年上半年该公司净利润仅为41万元。出租率也出现一定程度的下滑①。根据安歆研究院统计，2022年一线城市中北京和广州的出租率分别下滑4.04%和3.02%。

上述变化也导致了住房租赁市场竞争格局的转变。分散式住房租赁企业方面，将发展重心从规模扩张转向有质量的经营，逐步构建以降本增效为核心的发展模式。根据我爱我家半年报披露数据，截至2022年6月20日，相寓在管房源数量较2018年底的峰值30.3万间减少了6.7万间，但是同期企业营收和出租率均保持了大幅度增长，实现营业收入29.82亿元；平均出租周期9.6天，平均出租率95.8%。集中式租赁住房方面，其因相对独立的居住环境和完善的内部配套更加获得青年租客群体的青睐，同时也叠加保障性租赁住房建设加速等诸多利好因素，2022年集中式租赁住房品牌市场份额依旧保持了较高的增长。根据迈点网相关统计，2022年运营规模排名前50的集中式租赁住房品牌累计开业规模为91.63万间，排名前10的企业开业规模为61.45万间。同时，大型租赁社区集中入市，进一步增加了集中式品牌的市场份额（见表1、表2）。

表1 2022年部分集中式住房租赁品牌开业规模

单位：间/套，个

序号	品牌名称	合计房间规模	布局城市个数
1	泊寓	166026	34
2	魔方生活服务集团	77500	26
3	冠寓	110000	30
4	乐乎公寓	60000	9
5	百瑞纪（窝趣）	51839	38
6	瓴寓国际	37677	20
7	朗诗寓	31715	14
8	招商伊敦公寓	26396	15
9	华润有巢	25384	5

---

① 《长租公寓运营商魔方生活申请港交所上市，在营公寓7.6万套》，澎湃新闻网（2022年9月27日），https：//www.thepaper.cn/newsDetail_forward_20067139，最后检索时间：2023年2月27日。

续表

序号	品牌名称	合计房间规模	布局城市个数
10	安歆集团	27943	34
11	城方公寓	24890	1
12	中富旅居	25943	13
13	城家公寓	24099	4
14	合房股份·承寓	19400	1
15	自如寓	19255	10
16	金地草莓社区	15603	5
17	优望公寓	14995	5
18	保利公寓	10050	19
19	建方长租	9969	5
20	抱家公寓	8619	4
21	东南青年汇	8478	1
22	合景公寓	8477	8
23	方隅公寓	8072	9
24	宁巢公寓	7995	1
25	中海长租公寓(海棠、有里)	7995	1

资料来源：根据 ICCRA 和迈点网数据整理。

表2　2022年大型租赁社区开业情况

单位：间

城市	项目名称	开业时间	运营方	房间数
成都	有巢公寓西部智谷店	2022年2月	华润有巢	1000
厦门	屿果公寓(后埔店)	2022年3月	象屿商发	1600
北京	有巢国际公寓社区瀛海店	2022年3月	华润有巢	4000
武汉	武汉城建都市|泊寓·江国路店	2022年6月	万科泊寓	1416
武汉	CCB建融家园·毛坦村店	2022年6月	CCB建融家园	1120
广州	有巢国际公寓设计之都店	2022年7月	华润有巢	1500
南京	瑾家阅江台	2022年7月	瑾家公寓	1200
上海	城开·莘社区	2022年8月	领寓国际	2762
上海	微领地浦江中心社区	2022年9月	微领地	3116
上海	华润有巢国际社区马桥AI店	2022年10月	华润有巢	1600
上海	屿果公寓·上海松江醉白池店	2022年10月	象屿商发	1872
上海	城开·汇社区CCB建融家园	2022年11月	CCB建融家园	1006
上海	城投宽庭·江湾社区	2022年11月	城投宽庭	1719
上海	新黄浦·筑梦城吴泾租赁社区	2022年12月	新黄浦实业集团	2801

资料来源：克而瑞城市租售系统。

（四）租赁市场分化态势愈加明显，头部企业加速向大型城市聚集

受人口流动以及地区未来发展潜力等诸多因素影响，2022 年我国住房租赁市场的分化态势愈加明显，一线城市租赁市场的活跃程度以及价格水平远高于二线及三线城市。以建信住房租赁指数运行情况来看，2022 年四季度，一线城市租赁指数为 243.06，远高于二线城市的 164.35 以及三线城市的 142.86（见图 8）。以同期每平方米的平均租金价格来看，一线城市的平均月租金水平为 92.08 元，二线城市为 31.67 元，三线城市为 19.18 元。一线城市的平均租金水平已接近二线城市的 3 倍。分城市来看，北京、深圳、上海平均租金水平远高于其他城市。其中，上海住宅平均租金为 102.1 元/（米^2·月），居各城市之首；杭州、广州、南京等经济发达地区的核心城市，租金水平大体维持在 40~60 元/（米^2·月）；福州、珠海等 37 个城市租金在 20~40 元/（米^2·月）。

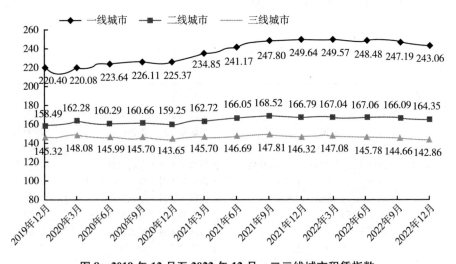

图 8　2019 年 12 月至 2022 年 12 月一二三线城市租赁指数

资料来源：建信住房。

市场的持续分化也加速了头部住房租赁企业向一线城市及部分发展基础较好、人口聚集程度较高的二线城市的聚集。中指院相关研究显示，2022

年，从新开业租赁住房项目来看，一线城市占比超过六成，二线城市占比接近三成。同期，就各品牌企业布局情况来看，深圳、上海最受市场青睐，均有 20 余家住房租赁企业入驻。此外，品牌入驻数量超过 10 家的城市主要有广州、北京、杭州、南京、成都、苏州、天津、武汉、西安等。根据迈点网相关统计，优质二线城市正在成为集中式住房租赁企业投资发力的重点。以 2022 年新开业房源规模前十家企业的分布来看，58% 的新开业房源布局在武汉、成都、合肥等人口产业加速聚集的二线城市，34% 的新开业房源集中在上海、北京、广州、深圳等一线城市，仅 8% 的项目分布在其他城市，同比略微上升。

二　2022年住房租赁市场发展相关政策及重大事件

为加快构建"租购并举"的发展格局，很好地满足人民群众对美好居住生活的向往，2022 年中央加大了住房租赁领域的金融政策供给，优化了住房租赁企业的融资环境，地方层面则是以加快发展保障性租赁住房、增加租赁住房供给为核心，加强了相关政策配套与落实，同时进一步加强了市场监管政策。市场端，保障性租赁住房 REITs 的顺利发行成为年度最具影响力的事件，同期，银行端也在不断发力探索提供匹配住房租赁市场发展的金融产品。此外，越来越多的国有租赁品牌入市也为住房租赁市场的多元化发展注入了新的活力。

（一）2022年住房租赁市场发展的相关政策

1. 扩大租赁住房供给和完善长租房政策的重要性被多次强调

自 2022 年以来，有效增加租赁住房供给和探索建立长租房制度，一直是住房租赁政策领域的重中之重。年初的全国住房和城乡建设工作会议上，住房和城乡建设部相关负责人就指出，要大力增加保障性租赁住房供给。2021 年 12 月 28 日，国家发改委等 21 部门联合印发的《"十四五"公共服务规划》（发改社会〔2021〕1946 号）将保障性租赁住房作为改善住房条件的重要内容，纳入公共服务范畴，进一步提升了发展保障性租赁住房的重要性。之后，国家发改委印发的《2022年新型城镇化和城乡融合发展重点任务》（发改规划〔2022〕371号）明确了对保障性租赁住房用地支持政策，提出要单列租赁住房用地计划，提升保障性租赁住房用地比重。

在完善长租房政策方面，国家发展改革委印发《"十四五"新型城镇化实施方案》（发改规划〔2022〕960号），明确既要扩大租赁住房供给，又要实现公共服务领域的租购同权。此外，该方案还指出了保障性租赁住房建设应以盘活存量资源为主，重点利用集体建设用地、企事业单位存量闲置用地以及产业园区配套用地和存量闲置楼宇，对于新增国有建设用地建设保障性租赁住房，要适当发展，且主要安排在产业园区、轨道交通站点附近，或在城市重点建设片区。2022年底中共中央、国务院印发《扩大内需战略规划纲要（2022-2035年）》，进一步明确了完善住房保障基础性制度和支持政策，以人口净流入的大城市为重点，扩大保障性租赁住房供给，完善长租房政策，逐步使租购住房在享受公共服务上具有同等权利。

2022年10月16日，党的第二十次全国代表大会再次明确了"坚持房子是用来住的、不是用来炒的定位，加快建立多主体供给、多渠道保障、租购并举的住房制度"。这也意味着发展住房租赁，作为"增进民生福祉，提升人民生活品质"的重要抓手，将进一步发力。

2. 住房租赁金融支持政策明显发力

2022年以来，为加快发展住房租赁市场，有效增加租赁住房供给规模，中央加大了对住房租赁企业投融资领域的政策支持力度，优化了信贷产品供给，拓展了住房租赁企业的融资渠道，有效改善了住房租赁企业的融资环境。

一是优化住房租赁企业信贷投放。2022年1月30日，中国人民银行、银保监会印发《关于保障性租赁住房有关贷款不纳入房地产贷款集中度管理的通知》（银发〔2022〕30号）明确了银行业金融机构向已被认定为保障性租赁住房项目发放有关贷款不纳入房地产贷款集中度管理。2月16日，中国银保监会、住房和城乡建设部发布《关于银行保险机构支持保障性租赁住房发展的指导意见》（银保监规〔2022〕5号），明确了关于银行、保险业支持保障性租赁住房建设的政策体系，鼓励银行业金融机构运用银团贷款加大对保障性租赁住房项目的融资支持，并支持保险公司参与对保障性租赁住房股权、债权投资。3月4日，银保监会、人民银行印发《关于加强新市民金融服务工作的通知》（银保监发〔2022〕4号），将金融支持政策进一步放宽至住房租赁市场，提出要鼓励银保机构优化住房金融服务，支持住房租赁市场健康发展。

二是住房租赁企业的融资渠道获得实质性拓展。5月24日，中国证监会办公厅、国家发展改革委办公厅发布《关于规范做好保障性租赁住房试点发行基础设施领域不动产投资信托基金（REITs）有关工作的通知》（证监办发〔2022〕53号），推动保障性租赁住房REITs业务规范有序开展。5月31日，为配合保障性租赁住房REITs发行，上海证券交易所、深圳证券交易所分别印发了《上海证券交易所公开募集基础设施证券投资基金（REITs）规则适用指引第4号——保障性租赁住房（试行）》《深圳证券交易所公开募集基础设施证券投资基金业务指引第4号——保障性租赁住房（试行）》，明确了保障性租赁住房REITs的上市发行规范和持续监管措施。

3. 地方支持保障性租赁住房政策基本完善

从地方层面来看，为推动住房租赁市场发展、加快推进保障性租赁住房建设，各地积极推动中央政策体系的落地，大批城市相继发布保障性租赁住房实施方案，多渠道筹集建设各类型租赁住房。据中房学不完全统计，仅2022年一年，各级地方主管部门出台与住房租赁相关的政策文件达130余个，政策涵盖了保障性租赁住房的认定标准、办法以及年度筹集目标；并针对各地住房租赁市场发展特征，明确了本地区保障性租赁住房的主要筹集方式。此外，上述政策在租赁住房供给端还包括了落实保障性租赁住房专项财政奖补措施，配套的专项金融支持政策等内容。在需求端，除对于保障性租赁住房的租金标准进行普遍硬性规定外，山东、重庆等地还明确提出了要探索并加快推进"租购同权"，广州、上海等地则放宽了公积金提取政策。总

体来看，经历两年的发展历程，人口流入重点地区的保障性租赁住房发展政策体系已经基本完善（见表3）。

表3　2022年部分城市重点租赁政策汇总

时　间	文　件
1月13日	《上海市保障性租赁住房租赁管理办法（试行）》（沪住建规范联〔2022〕3号） 《上海市保障性租赁住房项目认定办法（试行）》（沪住建规范联〔2022〕2号）
1月9日	《南京市发展保障性租赁住房实施办法》（宁政规字〔2022〕1号）
1月30日	《重庆市人民政府办公厅关于加快发展保障性租赁住房的实施意见》（渝府办发〔2022〕21号）
2月14日	《南昌市保障性租赁住房建设和管理实施办法》（洪府办发〔2022〕10号）
2月24日	《济南市人民政府办公厅关于加快发展保障性租赁住房的实施意见》（济政办发〔2022〕1号）
3月17日	《北京市关于加快发展保障性租赁住房的实施方案》（京政办发〔2022〕9号）
4月29日	《南京市保障性租赁住房项目认定细则（试行）》（宁房居字〔2022〕102号）
5月13日	《天津市加快发展保障性租赁住房实施方案》（津政办规〔2022〕7号）
5月24日	《西安市保障性租赁住房项目认定指导意见》（市住保办发〔2022〕15号）
8月8日	《珠海市保障性租赁住房准入退出管理规定（试行）》（珠建保规〔2022〕4号）
8月22日	《广州市保障性租赁住房项目认定办法》（穗建规字〔2022〕9号）
10月28日	《深圳市2022年度房屋租赁参考价格》（深圳市房地产和城市建设发展研究中心）
11月16日	《苏州市发展保障性租赁住房实施办法（试行）》（苏府规字〔2022〕9号）
12月13日	《成都市保障性租赁住房运营管理暂行办法》（成办规〔2022〕8号）
12月28日	《深圳市保障性租赁住房项目认定办法（试行）》（深建规〔2022〕10号）

4. 存量房屋、土地与租赁住房联动发展政策体系逐步建立

为有效增加租赁住房供给，各地主要围绕盘活存量资源，构建存量房地产与住房租赁市场高效联动的发展格局出台相应的政策，逐步形成了存量房屋、土地与租赁住房联动发展的政策体系。

这类政策主要集中于两个方面，一方面是存量非住房资源的盘活，政策主要从利用企事业单位自有存量低效用地、产业园区配建用地、城市综合交通枢纽改造等闲置用地改造出发，以及非居住存量房屋改造租赁住房，包括商改租、工改租等，重点集中于增加保障性租赁住房供应。此外，还有借助于城市更新改造，以及城中村、城市新建功能区附近村集体建设用地的高效开发利用植入租赁住房项目。

另一方面，部分城市则在租购并举、推动存量住房市场与租赁住房市场联动发展方面做出了有益的尝试。2022年5月，《关于推进长沙市租赁住房多主体供给多渠道保障盘活存量房的试点实施方案》印发，明确长沙2套及以下住房家庭盘活一套用于租赁住房后，可再购买一套住房。在该政策发布1个月后，两家试点企业累计接受咨询4879户，"长沙住房"App累计申请套数3025套，签约833户①。此后，成都、西安等城市相继出台类似政策。7月，成都发布了《关于居民自愿将自有住房用于保障性租赁住房操作指南》，明确住房纳入保障性租赁住房房源库后，居民即可申请在出租住房所在限购区域取得新增购买一套住房资格②。8月，西安出台新规《西安市保障性租赁住房资格审核及分配暂行规定》提出，居民限购区内存量住房可纳入保障性租赁住房体系，签订"认定书"并签订租赁合同后，可在限购区新购1套住房。此类政策的出台，既有助于盘活存量住房资源、有效增加租赁住房，缓解政府在保障性租赁住房供给方面的压力，又带动了商品房销售，实现了两个市场的联动发展，是地方政府构建"租购并举"住房制度的有益尝试。

5. 住房租赁市场监管体系进一步完善

2022年是地方住房租赁市场监管体系持续完善的一年。一方面，北京、上海、南京等城市相继出台了住房租赁领域的地方立法；另一方面，各地住房租赁市场的监管体系也得到了进一步的完善，为推动市场整体规范性发展提供了更为扎实的基础。

一是地方加速住房租赁领域立法工作。2022年，北京、上海、常州、

---

① 《"盘活存量房"试点满月，长沙最新解释》，长江网-长沙晚报（2022年6月10日），http://news.cjn.cn/zjzycsqpd/zs_20024/202206/t4107639.htm，最后检索时间：2023年2月27日。

② 《成都：居民将自有住房用于保障性租赁，可新增一套购房资格》，澎湃新闻网（2022年7月31日），http://tdzx.fuzhou.gov.cn/zz/xxgk/dcwz/202207/t20220713_4397491.htm，最后检索时间：2023年2月27日。

南京分别结合本地住房租赁市场发展情况，颁布了住房租赁领域的地方立法。其中，《北京住房租赁条例》明确禁止住房租赁企业、房地产经纪机构哄抬租金，规定了住建部门要建立健全租金监测预警机制，并在租金明显出现上涨或上涨趋势时，可采取强制价格管控措施。同时，该条例还突出了承租人的基本居住权益保护，并要求北京市政府为已通过网签备案的承租人在办理居住证、积分落户、子女入学以及公积金提取等公共服务方面提供便利。《常州市租赁住房安全管理条例》除对租赁经营行为中的企业、出租人的经营规范行为做出明确规定外，还强调了租赁住房的消防安全规范、治安管理要求。此外，该条例还对于各级政府的监督检查做出了明确要求。

二是住房租赁市场监管政策体系持续加强。2022年住房租赁市场的监管政策主要聚焦于市场监督领域的查漏补缺，并加强了前期相关政策的落实，以期实现住房租赁市场的规范化发展，防范可能爆发的风险。成都、青岛等地相继出台了住房租赁企业及其相关从业主体、人员的信用信息管理政策。杭州、西安等地明确了本地"非改租"的保障性租赁住房水电气价格标准。此外，在资金监管政策方面，广州、杭州等多地相继发布了资金监管办法，并加强了对于住房租赁企业和出租人的资金监管①。总体来看，随着各级政策的相继落地，住房租赁市场已经基本进入了规范化稳定发展阶段。

（二）2022年住房租赁市场重大事件及其影响

1. 保障性租赁住房 REITs 顺利发行

2022年度保障性租赁住房 REITs 的顺利发行，无疑是行业中最为重大的事件之一。从产品来看，2022年全年共计发行保障性租赁住房 REITs 四只，分别为红土深圳安居 REIT、中金厦门安居 REIT、华夏北京保障房 REIT 以及华润有巢 REIT。相比于之前三只公募 REITs 产品，作为纯市场化运营的保障性租赁住房 REITs，华润有巢 REIT 是头部房企华润置地的长租公寓

---

① 《6个关键词、35件大事，盘点住房租赁行业的2022》，ICCRA公众号（2022年12月30日），https：//baijiahao. baidu. com/s？ id＝1753614029010182017&wfr＝spider&for＝pc，最后检索时间：2023年2月23日。

品牌，具有对于长租公寓的体系化管理能力和更为成熟的租赁社区运营能力，因此其发行过程中备受社会资本认可，根据华夏基金发布的公告，华润有巢 REIT 发行累计吸金 1200.45 亿元。

保障性租赁住房 REITs 的顺利发行，对于我国住房租赁市场发展具有重大意义。一是有助于解决长期困扰我国住房租赁企业的融资问题，为住房租赁企业提供了一条可以供给长期、低成本、大额资金的融资渠道；二是为社会资本参与住房租赁市场投资提供了一条低门槛、高效率的通道；三是为房地产行业提供了合理可行的转型模式，有助于促进住房租赁市场的规模化、机构化和专业化发展。

2. 银行加速住房租赁金融服务创新

2022 年，在金融支持政策加大对住房租赁市场支持的大背景下，银行业也在逐步优化住房租赁领域的金融服务供给和金融产品创新。一方面，商业银行针对住房租赁企业融资需求特征，开展了有针对性的金融服务；另一方面，银行间交易市场也试水了针对保障性租赁住房的金融产品创新。

一是银行逐步优化住房租赁金融服务供给。首先，在对租赁住房供给端，2022 年银行加大了项目贷款、银团贷款的供给力度。例如，兴业银行广州分行围绕租赁住房购置、开发、运营全流程配套了专项产品、审批授权和优惠利率；建设银行广州分行对政府初步意向纳入保障性租赁住房的项目给予 4.2% 的优惠利率。[1] 此外，针对租赁住房项目资金回收周期长、现金流稳定的特点，兴业银行、建设银行开展了长周期贷款项目的试点。例如，兴业银行为天津市西青开发区的赛达汇智中心人才公寓、龙湖冠寓的保障性租赁住房提供了期限长达 30 年的贷款；此外，建设银行南昌分行为南昌市岭口路保障性租赁住房项目提供了 1 亿元贷款授信，贷款期限为 25 年[2]。

---

① 《优化涉房信贷结构　银行加码保障性租赁住房金融投入》，中国经营网（2022 年 7 月 30 日），https://baijiahao.baidu.com/s? id = 1736790141746571030&wfr = spider&for = pc，最后检索日期：2023 年 2 月 23 日。

② 《国内"保租房"金融支持政策加速落地》，百家号·中国经营报（2022 年 7 月 30 日），https://baijiahao.baidu.com/s? id = 1739725012671633389&wfr = spider&for = pc，最后检索日期：2023 年 2 月 23 日。

此外，在银团贷款方面，建设银行牵头组织了浦东新区前滩国际商务区九宫格租赁房项目的银团贷款。其次，在住房租赁消费服务端，建设银行、兴业银行、交通银行提供了有针对性的租赁金融服务产品。例如，兴业银行围绕居民租住这一核心，创新推出了租住一体化平台，将租住和社区服务融合管理，为租客、企业客户提供了集合租房、预约看房、线上签约、缴费、智能通行、社区金融等多维度、多用户的服务体系。

二是银行间市场开展了租赁金融产品创新。2022年，银行间交易商协会推出了保障性租赁住房债务融资工具、资产担保债务融资工具（CB）以及银行间类REITs三种金融产品，以支持保障性租赁住房发展。其中，交易商协会试点推出资产担保债务融资工具（CB），依托保障性租赁住房的不动产、土地使用权、准不动产等资产信用，使用资产抵质押、结构化模式等交易结构，加之主体和资产"双重追索"机制，为民营、小微等企业盘活资产、实现融资提供增信，提升企业融资可得性[①]；保障性租赁住房债务融资工具，募集资金用于保障性租赁住房相关项目建设、偿还借款、补充营运资金，贴标"保障性租赁"，发挥宣传示范效应[②]；银行间类REITs产品的推出则为利用银行间交易市场提供住房租赁产品的权益融资提供了一种可能的通道，为后期开展住房租赁市场的Pre-REITs做出了有益的探索。

3.建设银行成立住房租赁发展基金

2022年11月8日，中国建设银行宣布成立建信住房租赁基金、建信住房租赁私募基金管理有限公司，并于当日与北京、重庆、湖北、成都、南京、广州、佛山等地签署子基金意向协议，以及首批十余个项目收购协议。根据相关资料披露，建信住房租赁基金的初期重要投资方向包括房企自持住宅和存量商办物业改建租赁住房两类存量资产，基金募资规模为300亿元，

---

① 《大成律师事务所：资产担保债务融资工具（CB）交易安排及资产担保实现路径探析》，搜狐网（2022年7月5日），https：//www.sohu.com/a/564226625_ 120942243，最后检索日期：2023年2月23日。

② 《交易商协会三工具支持保障性租赁住房发展》，中国证券报·中证网（2022年7月5日），https：//www.cs.com.cn/xwzx/hg/202205/t20220524_ 6271397.html，最后检索日期：2023年2月23日。

建设银行认缴299.99亿元，建信信托有限责任公司全资子公司认缴人民币0.01亿元。截至2022年底，基金重点推进项目已达20余个，项目资产总值过百亿元[①]。

建信住房租赁基金的成立，是国有大型商业银行探索深度参与住房租赁市场建设、助力我国"租购并举"制度建设的重要举措，也为其他商业银行、股份制银行，利用自身金融服务优势、深度参与住房租赁权益市场、开展相关业务提供了有益的经验。

4. 国企深度参与住房租赁市场布局

2022年，伴随着保障性租赁住房建设的逐步上市，以及建设规模的持续扩张，国有企业相继发布了自身的租赁品牌，深度介入了本地住房租赁市场，并逐渐发挥本地租赁市场稳定器与压舱石的作用。如昆明首个保障性租赁住房项目品牌"惠青家"隶属于昆明公租房公司；成都轨道交通集团有限公司成立了成都首个自有保障性租赁住房品牌"轨道城市·寓见"；国贸控股集团核心成员企业国贸地产租赁住房新赛道新品牌——"贸家公寓"，也在上海举行了品牌发布会暨开业盛典。项目入市方面，渝地辰寓公司负责建设运营的4个保障性租赁住房项目集中开业，372套房源全部入市。11月，上海城市租赁住宅标杆项目、上海城投保障性租赁住房"城投宽庭·江湾社区"落成投用，这也是上海城投首个入市的保障性租赁住房项目。天津泰达集团、深圳人才安居集团等地方国有企业也加速了在保障性租赁住房市场的布局。

三 2023年住房租赁市场发展展望

展望2023年，随着疫情影响弱化甚至消失，经济基本面企稳向好，预计住房租赁市场将明显回暖，租金或面临上涨压力。政策层面，预计住房租

[①] 《建行设立住房租赁基金 助力发展长租房市场增加保障性租赁住房供给》，中国新闻网（2022年11月9日），https://baijiahao.baidu.com/s? id = 1748982674842433941&wfr = spider&for=pc，最后检索日期：2023年2月23日。

赁企业将获得更加多元、灵活的金融支持，资产证券化产品进一步扩容，政、企、银合作模式不断深化。由此，或将带动更多优质房地产开发企业进入住房租赁领域，租赁住房品质将进一步提高，企业运营模式向更轻和更重两个方向发展。

（一）住房租赁市场明显回暖

随着全国新冠肺炎疫情防控形势总体向好，平稳进入"乙类乙管"防控新阶段，我国各项经济生活逐步恢复正常，旅游、餐饮、交通等行业复苏甚至出现报复性反弹，国内需求回暖将创造更多就业岗位，人口流动快速恢复至正常状态，从而带来租赁需求恢复，住房租赁市场一季度出现明显回暖。自如全国 10 个重点城市 2023 年 1 月整体成交量同比上涨 10.32%，建信住房租赁指数也呈现小幅上扬趋势。分区域看，市场分化仍然存在，人口净流入的城市群都市圈热点城市市场率先回暖，预计租赁市场量价全年将维持在较高水平，其他城市租赁市场量价预计较上年有回升，但涨幅不及热点城市。同时，考虑到 2023 年经济整体向好发展态势，预计全年住房租金有上涨压力，但由于头部住房租赁企业承诺租金涨幅控制在 5% 以内，租金大涨的可能性较小。

（二）住房租赁金融支持政策更加有力和多元

2023 年 2 月，证监会启动了私募投资基金试点工作，将投资范围界定为包括市场化租赁住房在内的特定居住用房。中国人民银行、银保监会公布《关于金融支持住房租赁市场发展的意见（征求意见稿）》，提出进一步加大对住房租赁金融支持力度的十七条意见，提出稳步发展房地产投资信托基金在住房租赁领域的试点工作，优先支持国家政策重点支持区域以及人口净流入的大城市开展房地产投资信托基金试点。未来这一政策落地，特别是将公募 REITs 扩展到市场化租赁住房领域，将有助于房企盘活存量资产，提升其参与住房租赁市场的积极性。

同时，住房租赁信贷服务模式将会出现更多的创新。过去几年，政府、租赁企业、银行的合作增多，目前国有五大行均涉足长租领域，为住房租赁提供资金、技术支持，未来这种支持可能会更加深入、服务更加多元，由此将带来信贷和资本市场配置不断优化。需求端，住房公积金支持政策不断推进，2023年住房城乡建设工作会议上提出积极发挥住房公积金作用，加大力度，重点支持新市民、青年人租房提取公积金解决住房问题。在公积金提取方面，继上海细化了公积金提取规定后，北京、广州、济南和成都也优化了公积金支付保租房房租的具体内容，预计未来更多城市会采取具体行动。

（三）保障性租赁住房筹建规模维持较高水平

随着地方性法规及相关配套政策措施不断完善，各地对保障性租赁住房的建设、运营和管理支持力度不断加大，保障性租赁住房运行进入规范及规模发展的快车道。2023年住房城乡建设工作会上，住房城乡建设部要求大力增加保障性租赁住房供给，减少等候时间。从各地公布的2023年度保障性租赁住房筹建目标看，除北京、上海筹建规模较上年有较大幅度下调外，其余省份与2022年相比略有提高或略有减少，因此，预计全国层面仍维持在较高水平。其中，北京市计划筹建8万套（间）、上海市7.5万套（间）、广东22万套（间）、山东8.3万套（间）。此外，随着存量房屋、土地与租赁住房联动发展的政策体系不断深化拓展，保障性租赁住房筹建难度降低，加之金融政策的支持，预计保障性租赁住房筹建目标能较好完成。

（四）租赁住房将向更高品质和更宜居方向发展

随着机构化租赁住房发展，建设高品质租赁住房、努力实现职住平衡，为城市新青年营造安全、智能、高效、便利的租住生活成为行业及社会各界共识。如《上海市住房租赁条例》规定保障性租赁住房重点在新城等人口导入区域、高校园区、产业和商务商业集聚区、轨道交通站点周边等租赁需求集中、生产生活便利、交通便捷的区域进行布局。《广州市2023年度建设用地供应计划》继续单列租赁住房用地计划，提升轨道交通站点周边、重

点功能片区、产业集聚区等交通便利、人口密集的适合配建区域的配建比例，提高住房保障水平、优化空间布局，突出强化住宅用地高品质供给。2月，哈尔滨市发布《关于进一步促进哈尔滨市房地产市场平稳健康发展的若干措施》，提出采取"房票"安置补偿方式以及政府回购企业存量商品住宅筹集保障性租赁住房等方式，为进一步去库存、保障安置居民利益、提高保障性租赁住房品质做出有益探索。此外，近年来，随着专门租赁住房用地供应增加，租赁社区不断入市，租赁住房品质显著提高，带动市场上的租赁住房整体向更高品质和更宜居方向发展。

（五）企业经营模式向更轻和更重两个方向发展

住房租赁企业的经营模式可以分为轻资产、中资产和重资产三类，过去几年三类模式在住房租赁市场中的结构不断调整，从最初的以轻资产模式为主，过渡到以中资产为主，目前基本形成了以轻资产和重资产模式为主的市场结构，且有轻者愈轻、重者愈重的发展趋势。出现这种变化的主要原因，一是轻资产企业进入门槛低，容易快速大规模发展，但收益率主要来自运营管理效率，真正有运营管理能力的团队才能坚持下来，且越轻（托管型）的模式越成熟；二是近几年土地、金融等住房租赁支持政策更向重资产特别是国有企业倾斜，房地产开发企业自身也有转型发展的内在需求；三是中资产模式在运营中存在消防验收、水电改造、改变规划用途等诸多难题，且前期投入较大与租赁期不够长、租赁关系不够稳定之间存在矛盾，所以需要调整战略向两端发展。随着公募REITs等更多支持政策落地，预计重资产模式的比重将进一步提升。

四　当前需重点关注的问题及建议

近年来，住房租赁市场发展不论是在市场层面还是政策层面都取得长足进展，但仍有一些问题值得关注，包括继续破解人们长期租住意愿不高等深层次问题，正确把握住房租赁高质量发展的内涵，为公募REITs扩大试点做好估价等准备，更好地鼓励市场化住房租赁企业特别是民营企业的发展，让住房租赁市场结构更加健康多元。

（一）继续破解影响住房租赁市场发展的基础性问题

近年来，国家大力发展住房租赁市场，相关支持政策不断出台，制约住房租赁市场持续发展的收益率低、长期低成本资金缺乏、人民租住意愿不高等基础性问题得到一定程度的改善，如通过集体土地、专门的租赁用地建设租赁住房降低租赁住房建设成本从而提高租赁收益率，将 REITs 试点扩大到保障性住房租赁领域解决住房租赁企业长期资金缺乏问题等，但要从根本上解决这些深层次问题，还需要基础性制度保障。具体包括：完善住房租赁立法，尽快出台住房租赁条例，明确承租人享有的权利，稳定租赁关系及租赁预期；改革土地出让金收取方式，由一次性收取出让金改为年租制，切实降低新建租赁住房一次性投入成本；探索公共服务与住房脱钩，增加承租人享受公共服务的机会；为住房租赁企业提供包括长期贷款在内的更便利化、门槛较低的金融支持。

（二）正确把握住房租赁高质量发展的内涵

当前，我国经济已经转向高质量发展阶段，按照中央的要求，每个产业、每个企业都要朝着这个方向坚定往前走。住房租赁高质量发展的首要目标是提供与住房需求相匹配的相对高品质的住房，让各层次的租赁人群的租住质量在可负担的情况下相对较高，而不是单纯追求高端化。因此，各地制定保障性租赁住房筹建计划及租赁住房发展规划时，应在考察潜在承租人群体需求的基础上提出，如人才安居房、新毕业大学生过渡性住房、蓝领工人集体宿舍等，针对不同的目标承租人群体筹集不同类型的租赁住房，避免供需错位。另外，住房租赁高质量发展还要注意协调好增量和存量的关系，要努力盘活存量，优化增量，避免一味追求数量增长，对于交通方便区域的存量住宅要通过政策鼓励有效盘活利用，更好地解决承租人职住不平衡问题，提升租住生活质量。

（三）为公募 REITs 扩大试点做好相关准备

目前保障性租赁住房 REITs 的发行已取得突破性进展，预计未来将扩展到市场化住房租赁领域。当前我国租赁住房 REITs 产品设计为多层嵌套的发行结构，要注意防范相关风险，提高信息披露透明度，资产证券化管理人、房地产估价机构、评级机构等中介机构应勤勉尽责，对有关交易主体和基础资产进行全面的尽职调查，确保符合相关政策和监管要求。其中，估价报告是证券化产品信息披露中最重要的文件之一，应引入最专业的第三方中介机构，按照房地产资产证券化物业评估有关规定，进行严格审慎的估价。租赁住房属于房地产，根据《城市房地产管理法》应由房地产估价机构和注册房地产估价师评估，但实际上房地产估价机构进入证券化领域仍有管理和制度上的"隐性"障碍，为保障投资者权益、防范证券化产品风险，应尽快解决这一问题。

（四）更好地鼓励和培育市场化住房租赁企业

发展住房租赁市场，应是保障和市场两条腿走路，而且从发达国家和地区的经验看，多数是以市场化租赁为主，未来保障性租赁住房可能也主要依靠市场化住房租赁企业运营。因此，在大力发展保障性租赁住房的同时，还应注意鼓励和培育市场化住房租赁，对运营市场化租赁住房的企业在税收优惠、金融支持、存量房改造等方面给予同保障房运营机构类似的政策支持、破解政策堵点卡点。同时，鼓励民营住房租赁企业运营管理存量闲置住房、参与新建租赁住房项目，既有助于提升租赁市场活力、减轻地方政府财政压力，也有利于优化住房租赁市场供应结构，缓解新市民、青年人居住难题。

服务篇

Service Sections

B.9
2022年中国房地产经纪行业发展报告

王明珠 涂丽*

摘 要： 2022年，受房地产市场下行、疫情反复等叠加因素影响，房地产经纪行业有所收缩，经纪机构及从业人员数量均有所下降，倒逼经纪机构调整经营战略，提升服务品质，增强市场竞争力；经纪从业人员更加注重私域流量等线上渠道，通过自媒体平台打造个人品牌，探索直播卖房等新经纪服务模式。2023年，随着房地产市场企稳回升，经纪行业规模将有所回升；在房地产市场逐步转向买方市场、存量市场，改善性、高品质居住需求不断增加等背景下，经纪服务模式有望加速转型，转向以"客"为主的单边代理模式；随着经纪行业信用管理、个人信息保护管理的推进，行业发展环境将得到进一步改善。

---

* 王明珠，中国房地产估价师与房地产经纪人学会研究中心助理研究员，研究方向为房地产经济；涂丽，中国房地产估价师与房地产经纪人学会研究中心助理研究员，研究方向为房地产法。

关键词： 房地产经纪　直播卖房　单边代理　个人信息保护

房地产经纪俗称房地产中介，主要为住房需求者和供给者提供房源、客源、市场价格等信息，并提供房屋交易咨询、房屋状况查验、协商议价以及代办抵押贷款、税费缴纳、不动产登记等相关专业服务。近年来，随着我国房地产市场逐步由"增量为主"转向"存量为主"，由卖方市场进入买方市场，改善性、品质化居住需求不断增加，房地产经纪在促进住房流通、提高住房交易效率、降低住房交易成本等方面的重要作用日益凸显。尤其是2022年以来，住房改善消费被纳入扩大内需、稳定经济发展的重要内容，房地产经纪一头连着住房供给，一头连着住房消费，发挥房地产经纪在住房流通服务中的关键作用，既是住房城乡建设领域落实住房改善消费支持政策的重要抓手；同时作为居住服务领域的重要一环，房地产经纪又关乎民生发展大局，通过提供规范、安全、专业、高效的房地产经纪服务，提高人民群众在居住领域的安全感、获得感、幸福感，满足人们日益增长的美好居住服务需要。

一　2022年房地产经纪行业发展基本情况

2022年，受房地产市场下行、疫情反复及消费者预期不足等叠加因素影响，全国房地产交易整体低迷，房地产经纪机构和从业人员数量均有所下降。

（一）房地产经纪机构情况

1. 2022年全国经纪机构数量不足37万家，同比减少10%

据中国房地产估价师与房地产经纪人学会（以下称中房学）房地产经纪行业信息库统计，截至2022年12月31日，全国工商登记且存续的房地产经纪机构36.6万家，其中2022年新注册机构仅2.7万家，机构总量较2021年底减少近4万家，降幅达10%（见图1），为2015年以来首次出现下降。

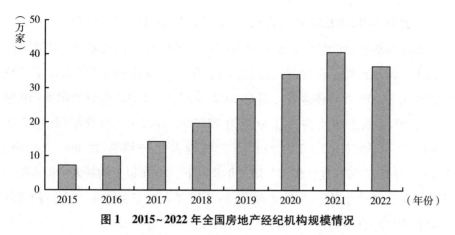

图1 2015～2022年全国房地产经纪机构规模情况

资料来源：中房学房地产经纪行业信息库。

2.新增经纪机构注册资本以100万元（含）以下为主且占比有所扩大

据中房学房地产经纪行业信息库统计，2022年全国新增房地产经纪机构注册资本以100万元（含）以下为主且占比有所扩大，占89.06%，较2021年增加近12个百分点；注册资本在100万元以上的经纪机构占比为10.94%，其中注册资本在500万元以上的经纪机构占比不足1%（见图2）。

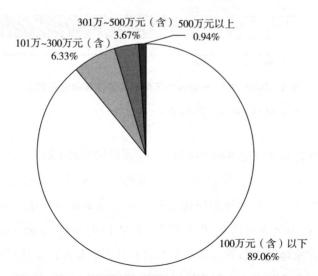

图2 2022年全国新增房地产经纪机构注册资本分布情况

资料来源：中房学房地产经纪行业信息库。

3. 经营年限1年及以下、10年以上的新老机构占比均有所下降

据中房学房地产经纪行业信息库统计，2022年全国成熟（经营年限5年以上）房地产经纪机构占比为32.5%，年轻（经营年限3年及以下）机构占比为42.0%。具体来看，截至2022年12月31日，经营年限5~10年（含）、10年以上的机构占比分别为22.3%、10.2%；经营年限3~5年（含）、1~3年（含）、1年及以下的机构占比分别为25.6%、34.5%、7.5%。与2021年相比，经营年限1年及以下、10年以上的新老机构占比均有所下降，经营年限1~3年（含）、3~5年（含）、5~10年（含）的青壮年机构占比均有不同程度的提高（见图3）。

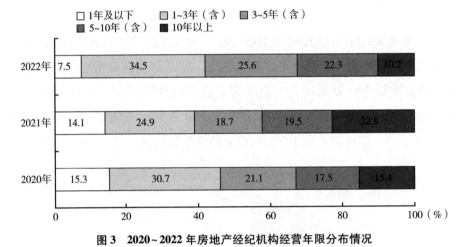

图3 2020~2022年房地产经纪机构经营年限分布情况

资料来源：中房学房地产经纪行业信息库。

4. 大部分代表性经纪机构规模回缩，个别机构逆势上涨

2022年，贝壳找房、我爱我家、中原地产、麦田、乐有家、到家了等大部分代表性平台企业和经纪机构规模下降。与2020年相比，贝壳找房经纪人员数由49万余人缩减至39.4万人，门店数由4.69万余家缩减至4.05万家；我爱我家经纪人员数由5.5万人缩减至3.9万人；乐有家经纪人员数由3万人缩减至2.3万人，门店数由5000家缩减至3800家，进入城市数由150个减少至26个。也有个别机构规模逆势上涨，如21世纪中国不动产门店数由 9401 家增加至 10039 家，进入城市数由 161 个增加至 174 个（见表1）。

表1　2020 年、2022 年代表性房地产经纪机构人员、门店及进入城市数变化情况

序号	房地产经纪品牌	年份	经纪人员数（万人）	门店数（家）	进入城市数（个）
1	贝壳找房	2022	39.4	40516	—
		2020	49+	46900+	—
2	21世纪中国不动产	2022	6.2	10039	174
		2020	6.8	9401	161
3	我爱我家	2022	3.9	4409	35
		2020	5.5	3600	22
4	中原地产	2022	5+	2400	39
		2020	5.3	2400	61
5	麦田房产	2022	1.1	800	3
		2020	1.2	600	3
6	儒房地产+鲁房置换	2022	6.5+	7000+	700+
		2020	—	7200	621
7	乐有家	2022	2.3	3800	26
		2020	3.0	5000	150
8	到家了	2022	1.1	1119	4
		2020	1.2	1000+	3

注：1. 进入城市数包括新房和二手房，直营和加盟。

2. 儒房地产+鲁房置换均为容客集团下的品牌经纪机构。

资料来源：根据实际调研、公司官网、有关公开数据等整理，到家了的数据、21 世纪中国不动产进入城市数截至 2023 年 3 月 31 日，其他数据为 2022 年情况。

（二）房地产经纪从业人员情况

1. 从业人员减少16万人，专业人员登记数量增速放缓

据中房学对代表性房地产经纪机构和房地产交易平台调研测算结果，2022 年全国房地产经纪从业人员约有 184 万人，较 2020 年减少 16 万人（见图4）。参加房地产经纪专业人员职业资格考试以及通过考试并办理登记的人员

（以下称登记人员）总量保持增加态势，但增速放缓，据中房学房地产经纪行业信息库统计，截至 2022 年 12 月 31 日，全国累计登记人数达 14.5 万人（见图 5），其中，2022 年全国新增登记人员 1.8 万人，同比下降 37.7%，主要是受疫情影响，2022 年报考房地产经纪专业人员职业资格考试的人数减少。具体来看，登记人员中，房地产经纪人登记人数为 7 万人，2022 年新增 0.8 万人；房地产经纪人协理登记人数为 7.5 万人，2022 年新增 1 万人。

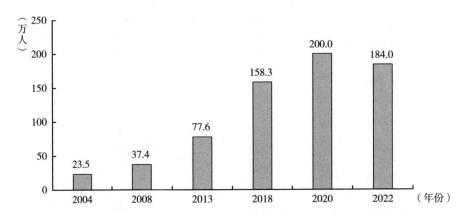

图 4　2004~2022 年（部分年份）全国房地产经纪从业人员变化情况

资料来源：2004 年、2008 年、2013 年、2018 年资料来自国家统计局公布的全国经济普查数据；2020 年资料来源于贝壳研究院；2022 年资料来源于中房学根据代表性企业调研测算结果。

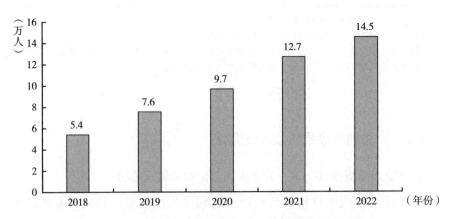

图 5　2018~2022 年全国房地产经纪专业人员累计登记情况

资料来源：中房学房地产经纪行业信息库。

2. 从业专业人员①平均年龄为34岁，30岁以上的占比超过70%

据中房学房地产经纪行业信息库统计，2022 年，从事房地产经纪专业人员平均年龄为 33.9 岁，30 岁以上的占 71.7%。具体来看，31~35 岁占比最大，为 32.5%，其次为 26~30 岁、36~40 岁、41~45 岁，占比分别为 23.5%、20.4%、11.1%，以上各年龄段占比与 2021 年相比没有太大变化，变化幅度均在 0.3 个百分点及以内；25 岁及以下占比为 4.8%，较 2021 年提高 0.8 个百分点，说明有更多的 25 岁及以下年轻从业人员有意通过房地产经纪专业人员职业资格考试提升专业服务能力，愿意将经纪行业作为长期职业（见图6）。

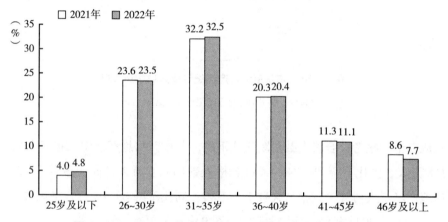

图 6 2021~2022 年从事房地产经纪专业人员年龄结构情况

资料来源：中房学房地产经纪行业信息库。

3. 九成从业专业人员为大专及以上学历

据中房学房地产经纪行业信息库统计，从业房地产经纪专业人员中大专及以上学历的占比为 90.3%。其中，大专学历占比为 50.1%，本科及以上学历占比为 40.2%；高中及以下学历占比仅为 9.7%（见图7）。

4. 职业资格报考人数不足3万人

2022 年受疫情的较大影响，大部分考区未举办房地产经纪专业人员职业资格考试，全国报考人数仅 2.9 万人，合格人数仅 0.9 万人，同比均减少

---

① 指通过房地产经纪专业人员职业资格考试并实际从业的人员。

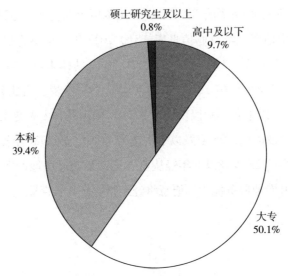

图7 2022年从事房地产经纪专业人员学历情况

资料来源：中房学房地产经纪行业信息库。

八成以上，报考及合格人数呈断崖式下跌。其中，房地产经纪人报名人数为
1.8万人，同比下降79.9%；考试合格人数约0.6万人，同比减少75.8%。
房地产经纪人协理考试报名人数1.1万人，同比下降89.4%；合格人数0.3
万人，不到2021年的一成（见图8、图9）。

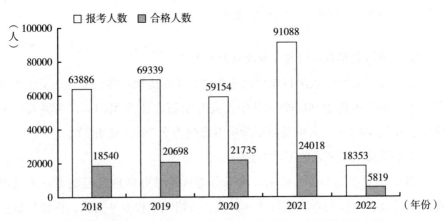

图8 2018～2022年全国房地产经纪人考试报名人数及合格人数

资料来源：中房学房地产经纪行业信息库。

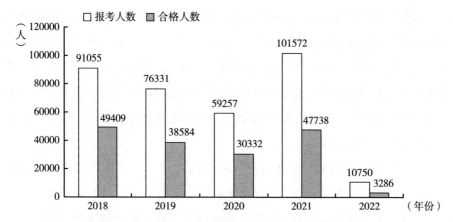

图9 2018~2022年全国房地产经纪人协理考试报名人数及合格人数

资料来源：中房学房地产经纪行业信息库。

二 行业政策及重要事件影响

（一）行业政策

2022年，在经济、房地产市场下行压力影响下，政策环境以稳定经济发展、稳定房地产市场为主基调。随着房地产长效机制、因城施策、一城一策的稳妥实施，各地陆续发布了促进房地产业健康发展、建立租购并举住房制度的相关政策法规，同时围绕建设行业信用体系、加强经纪机构备案管理等方面规范经纪行为，促进房地产经纪行业有序发展，发挥其在促进住房流通中的积极作用。

1月18日，国家发展改革委等部门发布《关于推动平台经济规范健康持续发展的若干意见》，明确厘清平台责任边界，强化超大型互联网平台责任，建立平台合规管理制度、互联网平台信息公示制度、平台经济公平竞争监管制度，探索制定互联网信息服务算法安全制度等，为房地产交易领域的平台企业规范经营与发展提供了遵循。

4月22日，住房和城乡建设部办公厅发布《住房和城乡建设部2022年

信用体系建设工作要点》，要求扎实推进信用体系建设，进一步规范和健全住房和城乡建设领域失信行为认定、记录、归集、共享和公开，积极发挥信用体系在支撑"放管服"改革、营造公平诚信的市场环境、提升政府监管效能等方面的重要作用，逐步建立健全信用承诺、信用评价、信用分级分类监管、信用激励惩戒、信用修复等制度，为房地产经纪等房地产行业信用体系建设提供了方向指引。

6月21日，住房和城乡建设部等八部门发布《关于推动阶段性减免市场主体房屋租金工作的通知》，推动减免服务业小微企业和个体工商户房屋租金，减轻了房地产经纪行业中的小微企业和个体工商户的房租负担。

9月1日，《北京市住房租赁条例》正式施行，明确规定房地产经纪机构不得开展住房转租经营业务，不得赚取租金差价，不得以隐瞒、欺骗、强迫等不正当手段开展业务，不得哄抬租金、捆绑消费、捏造散布涨价信息。《北京市住房租赁条例》作为首部住房租赁地方性法规，为规范北京市房地产经纪机构开展住房租赁活动提供了法律依据，也为各地相关立法提供了参考。其后，《上海市住房租赁条例》于2022年11月23日审议通过，并于2023年2月1日施行，其明确了房地产经纪机构及其从业人员在住房租赁经营中的机构备案、人员实名从业、房源发布等要求以及网络信息平台经营者在房源信息发布中的责任，设定了相关罚则，违反《上海市住房租赁条例》有关要求的，最高档可处100万元以下罚款，对违法违规机构和人员，起到了极大的威慑作用。

10月18日，《淄博市住房和城乡建设局关于加强房地产经纪机构备案管理的通知》发布，明确将从事房地产居间服务的互联网平台、房地产开发企业、物业服务企业纳入房地产经纪机构备案范围，具备独立法人资格的房地产经纪机构直营门店、加盟门店应当单独办理备案；明确房地产经纪机构应当通过线上进行信息登记及备案申请，并将从业人员实名登记及信用管理作为备案前的必填内容等。此外，大同市、济南市等多地也发布了加强房地产经纪机构备案管理的相关文件，对提升经纪机构备案率大有裨益。

11月23日，长沙市住房和城乡建设局发布《长沙市房地产经纪行业信用信息管理办法（试行）》，明确建立房地产经纪机构信用评分评级制度，房地产经纪机构及经纪人员多次出现不良信用信息且拒不整改的，暂停房源核验、网签资格。此前，潍坊市、泰安市、济南市等多地也发布了房地产经纪行业信用评价管理办法，推进房地产经纪行业信用体系建设，开展行业信用评级、评价等，引导房地产经纪机构和从业人员树立诚信意识。

12月20日，针对一些不法中介发掘"商机"，向消费者推介房贷转经营贷，宣称可以"转贷降息"，诱导消费者使用中介过桥资金结清房贷，再到银行办理经营贷归还过桥资金，中国银保监会消费者权益保护局发布《关于警惕不法贷款中介诱导消费者违规转贷的风险提示》，提醒广大消费者认清违规转贷背后隐藏的违约违法隐患、高额收费陷阱、影响个人征信、资金链断裂、侵害信息安全等风险，防范合法权益受到侵害。提醒房地产经纪机构和从业人员提高对诱导消费者违规转贷恶劣行为的重视，在房地产经纪服务过程中，拒绝为购房人违规转贷、使用房抵经营贷等金融产品提供便利。

（二）重要事件及其对行业的影响

1. 最高检发布房地产经纪行业侵犯个人信息指导性案例

2022年2月21日，最高人民检察院以"网络时代人格权刑事保护"为主题选编发布第三十四批指导性案例，其中检例第140号柯某侵犯公民个人信息案，明确了包含房产信息和身份识别信息的业主房源信息属于公民个人信息，对限定用途、范围的信息，他人在未经信息所有人另行授权的情况下，非法获取、出售，情节严重、构成犯罪的，应当以侵犯公民个人信息罪追究刑事责任。此案警示房地产经纪机构及从业人员应当依法规范执业中个人信息处理活动，严格履行个人信息保护义务，切实维护个人信息安全。

2. 中房学加强行业个人信息保护的自律管理

房地产经纪作为信息密集型行业，极易发生客户信息泄露事件，为此中房学多措并举，加强行业个人信息保护的自律管理。一是发布《做好客户

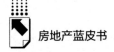

个人信息保护 防范信息泄露的风险提示》；二是将个人信息安全保护内容纳入全国房地产经纪职业资格考试用书；三是举办《个人信息保护法》专题公益讲座，教育、指导经纪机构及人员严格树立红线和底线意识，严格依法收集、使用、处理个人信息。推动代表性经纪机构及有关平台积极落实相关要求，通过制定内部管理制度、实施信息分级管理、采取加密和去标识化等安全技术措施、合理确定个人信息处理的操作权限、加强从业人员教育和培训等措施强化个人信息保护。

3. 各地持续整治规范房地产市场秩序

自住房和城乡建设部等八部门部署开展持续整顿规范房地产市场秩序三年行动工作以来，各地陆续发布专项行动工作方案，重点整治房地产开发、房屋买卖、住房租赁、物业服务等领域人民群众反映强烈、社会关注度高的突出问题，包括开展房地产经纪行业价格监督检查、发布虚假房源信息检查等，对违法违规房地产经纪机构等房地产企业及从业人员依法查处。2022年8月，中房学发布房地产市场秩序整治成效群众满意度调查问卷显示，62.08%的受访者知道所在城市已经开展持续整治行动，其中房屋买卖、住房租赁领域已开展整治工作的占比分别为81.71%、65.10%，超九成受访者对整治工作开展情况满意。整顿规范房地产市场秩序工作的开展，有力地打击了房地产交易乱象，净化了房地产经纪行业执业环境。

4. 深圳市探索的单边代理已取得一定成绩

截至2022年12月31日，深圳已实施"单边代理、房源联卖"新规则一年多时间，通过跨机构合作完成的房屋交易（买卖）达8234宗，占成交总量的28%。其间，为应对转型期间传统居间交易习惯导致的各种问题，2022年5月，深圳市房地产中介协会发布关于实施《深圳市二手房交易经纪服务指引（试行）》的通知，明确了提前告知、依次代理、自愿委托与续期、第一顺位绝对优先、同业必合作、交易进度及时告知、各收各佣、分佣不破服务、谁服务谁负责、经纪服务重大瑕疵可解除委托十大原则，对厘清新规则下交易中房地产经纪各方权责、提升经纪服务水平具有重要意义。目前，单边代理机制已逐步在深圳市房地产经纪行业内达成共识。

5. 快手发力房地产经纪业务, 探索直播卖房模式并取得不错成绩, 受到业内关注

2022 年 6 月, 快手理想家房产业务中心正式成立, 探索搭建直播短视频房产知识与信息平台和房产交易服务平台。借助流量优势, 与房地产开发企业和房产主播①、房地产经纪机构合作促成交易, 并形成了"房产领域短视频/直播内容分发—用户消费—线索—报备—成交—结佣"的全流程线上化。快手理想家布局以新一线、二线、三线城市为主, 截至 2022 年底, 快手理想家房产业务已覆盖全国超 67% 的省份, 深度合作城市 70 余个, 签约楼盘覆盖率超过 50%, 签约房产主播 5000 余人, 签约房地产经纪机构 60 余家, 2022 年房产业务总交易额超过 100 亿元。

6. 天猫好房上线租房交易平台

2022 年 7 月, 天猫好房宣布全国首家数字化店铺聚合式租房交易平台正式上线, 启动租房交易服务, 在租房行业深化"开店做生意"的业务模式, 吸引优秀租房商家入驻, 共同为租房用户提供"找房、进店、选货、成交"在线一站式服务, 打通租房线上交易链路, 实现完整闭环。

7. 多地推行"带押过户"模式, 优化二手房交易流程

2022 年, 多地推出二手房"带押过户"交易模式, 存在抵押的房产要上市交易的, 不用先归还原来的房贷就可以完成过户、抵押、发放新的贷款; 并积极向房地产经纪机构等延伸预告登记端口, 进一步简化交易流程, 缩短交易时间。目前全国共有 15 个省份 100 多个地方开展了"带押过户"模式, 其中天津、山西、江苏、浙江、福建、山东、湖北等省份已经全面开展。随着各地二手房交易流程的优化, 房地产经纪服务流程也需相应调整和优化。

8. 代表性经纪机构及平台作出稳租金承诺

2022 年 12 月 30 日, 中房学联合 18 家地方住房租赁、房地产经纪行业

---

① 据快手相关业务人员介绍, 由于房地产交易的专业性, 房产主播主要由传统房地产经纪从业人员转型而来, 而非其他行业背景的主播。

组织以及百余家企业举办"稳租金、安心住"公开承诺活动，贝壳找房、21世纪中国不动产、中原地产等代表性房地产经纪机构及平台积极响应并作出合理定价、不乱涨价、明码标价、不吃差价、不扣押金、遵守政策、净化环境、开展帮扶等8项承诺。

三 2022年房地产经纪行业发展特点

据国家统计局数据，2022年全国商品房销售面积13.58亿平方米，同比下降24.3%，创近7年来新低；商品房销售额13.33万亿元，同比下降26.7%，创6年来新低。受房地产市场景气程度走弱影响，房地产经纪行业进入调整期。

（一）行业整体规模收缩

2022年，房地产经纪机构、门店、人员数量三大指标整体呈现下行趋势。58安居客房产研究院数据显示，尽管经纪机构和经纪门店数量部分月份略有恢复，但是2022年整体保持下行趋势，截至2022年12月底，全国活跃经纪机构数量较年初减少约26%；2022年除2~3月全国经纪人员数量有较大比例增长外，5~12月经纪人员一直在流失，12月经纪人员数量环比降幅达到全年最高，超过12%。

（二）租住业务占比有所增加

2022年，二手房买卖业务受到市场下行严重冲击，房屋租赁等业务营收占比有所提升，根据58安居客研究院《2022年百万房地产经纪人生存报告》，2022年以来，房地产经纪从业人员的收入来源中，租赁业务和其他业务收入比例有所增加；根据成都市房地产经纪协会发布的《2022年成都市房地产市场和中介行业情况报告》，2022年成都市房地产经纪机构的租赁业务业绩已超过二手房买卖，是二手房买卖业务的1.2倍，渠道分销收入占比也有所增加。

面对行业变局，房地产经纪机构和平台企业调整经营战略，集中资源和精力加快发展更具优势和抗周期性的租住业务。如贝壳找房力推线下"大店模式"，优化部分亏损门店；加速推进"一体两翼"①战略，围绕房产交易，大力发展家装家居与普惠租房。根据其发布的2022年全年财务报告，2022年贝壳租房在管房源量突破12万套，其中分散式租赁业务"省心租"在管房源规模突破7万套；贝壳家装家居业务全年可比口径合同额69亿元，同比提升31%。我爱我家阶段性终止合肥、烟台、长沙城市的加盟业务，聚焦重点城市的直营业务，大力发展租赁业务，截至2022年三季度末，我爱我家旗下租住业务品牌相寓在管房源达到25.9万套，同比增长2.8%。天猫好房面向租房用户发布会员体系"喵屋汇"，截至2022年11月底，"喵屋汇"会员突破1500万人。2022年底，字节跳动上线自营装修App"住好家"，为用户提供全屋设计、标准化施工以及售后保障服务。

（三）头部机构升级品质服务

市场下行、流量红利消退等因素倒逼房地产经纪机构通过深耕社区、拓展线上服务场景等优化升级服务品质，提高市场竞争力。一是探索多种方式的深耕社区服务。如北京链家、麦田、中原地产等多家房地产经纪门店接入美团优选；21世纪中国不动产和国际知名咖啡连锁品牌Tims天好中国合作，在加盟门店中开设咖啡店，通过多种深耕社区服务增强客户黏性。二是拓展数字化服务场景。如中原地产携手商汤科技，探索通过AI+MR等数字化技术，提供虚实结合沉浸式"空间元宇宙"看房体验；我爱我家着力践行数字化战略，通过精进VR看房和一键换装等改善客户体验。三是升级服务承诺。如乐有家升级"十诺十保"，在深圳新推出三大服务保障，包括"全网推广，全城互动""超期批贷，补贴两百""超期放款，补贴两百"，全方位保障客户权益；我爱我家推出服务"诚"诺体系，主打"如实说""提前做""主动赔"九字服务真言，推动服务品质进入新阶段。

---

① 一体是指房产交易，两翼是指家装家居与普惠租房。

（四）直播、短视频、私域流量等线上渠道发挥重要作用

疫情期间，自媒体平台、私域流量等线上渠道成为房地产经纪从业人员的重要获客来源，且越来越多的传统经纪从业人员探索以短视频和直播方式分享房地产知识、直播讲房与带看，以此吸引积累客户并转化为私域流量、促成交易。如快手、抖音平台、微信朋友圈、公众号等，均是经纪从业人员获客、转化的重要渠道。根据58安居客研究院《2022年百万房地产经纪人生存报告》，选择私域流量、短视频及直播等方式作业的房地产经纪从业人员占比已达到21%。通过短视频、直播方式获客，并通过私域流量与客户不断保持联系，极大地提高了转化效率，据了解，通过快手理想家从获得线索到认购的转化是传统渠道的8倍。

四 2023年房地产经纪行业发展展望

2023年，在房地产市场企稳回升、经纪服务渗透率持续提高的带动下，预计房地产经纪行业规模将有所回升；在"租购并举"住房制度改革、房地产市场转为买方市场及存量市场等背景下，头部企业将进一步发力租住业务，形成租赁、买卖及家装家居等居住服务业务的联动效应；随着线上线下关系日渐清晰、流量红利的结束，线上线下合作模式将继续演进，线上渠道也将更加多元化；面对行业存在的个人信息泄露风险，行业主管部门、自律组织将通过加强信用管理、制定房地产经纪客户信息保护利用相关团体标准等多种措施加强行业个人信息保护管理；经纪服务模式转型升级将持续推进。

（一）行业规模有所回升

随着我国疫情防控进入新阶段、刚性和改善性住房消费支持政策陆续出台并发挥作用、防范化解交房风险取得实质性进展、抑制房地产市场的因素得到改善，预计 2023 年房地产市场将企稳回升①。随着改善性需求持续释放②，换房、连环单等经纪服务需求不断增多，一二手联动不断增强，房地产经纪服务渗透率将持续提升。2023 年，在房地产交易改善、经纪服务渗透率持续提升的带动下，预计房地产经纪行业业绩、机构和人员规模均将有所回升③。此外，随着职业资格考试组织、报考恢复正常，受疫情抑制的报考需求集中释放，预计 2023 年房地产经纪专业人员职业资格报考与合格人数将大幅回升。

（二）头部企业进一步发力租住业务

在"租购并举"住房制度改革、市场由"增量为主"转为"存量为主"等房地产市场大变局背景下，住房租赁、家居家装等租住业务成为房地产经纪机构转型升级发展的重要方向，头部企业将在租住业务投入更多关注和资源。一方面，住房租赁市场快速发展为房地产经纪机构、交易平台等提供了新的增长点。供给端，随着住房租赁市场进入买方市场，房屋出租成交周期变长，成交难度加大，业主选择委托机构出租的意愿显著提高；需求端，在"租购并举"住房制度下，选择租房解决居住问题的人越来越多。另一方面，在存量市场、买方市场下，"买"和"卖"都变得更难、更谨慎，虽然租赁带来的佣金等直接收入不高，但可以间接为买卖业务积累潜在房客源，形成租赁与买卖业务的联动效应。此外，房地产经纪机构在租赁与买卖业务中的渠道优势，也为其向家装家居业务延伸发展提供了极大便利。

---

① 根据国家统计局数据，2023 年 1 月一线城市商品住宅销售价格已环比转涨，二三线城市环比降势趋缓。

② 根据贝壳研究院数据，全国层面改善性住房需求已占住房总需求的五六成；根据中指研究院数据，百强代表企业 2022 年重点项目中改善及高端型销售占比超三成。

③ 根据 58 安居客房产研究院数据，2023 年 2 月，在线作业的房产经纪人环比增幅近 30%；北上广深四个一线城市在线经纪公司数量环比涨幅在 15%~20%。北京麦田，在 2023 年春节过后加大招聘力度，每天面试人数为 130~150 人，截至 3 月 6 日新入职人数已超过 600 人；同时也欢迎离职人员复职。

（三）线上线下合作模式继续演进

经过近年来线上线下的深度融合，二者的关系日益清晰，即线上无法取代线下，而线下也离不开线上，线上技术、渠道、流量是提升行业效率的重要方式。因此，随着互联网流量红利的结束，未来将衍生出更多线上线下的合作模式，线上渠道也将更加多元化。一是传统房地产经纪机构将继续通过外部合作、加入平台等方式加快强化自身线上服务线下、技术赋能经纪人员作业的能力，如我爱我家于2023年2月与华为签署云云协同战略合作协议，双方将在云计算、VR看房、全屋智能等领域开展全面深入的合作；房地产经纪特许加盟品牌乐远于2022年9月加盟贝壳找房。二是平台企业将继续探索提升线下服务能力，如2022年字节跳动线下经纪品牌"小麦房产"在福建福州开设了多家门店，并将在甘肃兰州、广东佛山、福建厦门等地开设门店；2023年3月百度地图联合诸葛找房，推出"百度地图-看房节"活动，通过赠送客户打车券，鼓励经纪机构、新房代理公司等通过诸葛找房在百度地图上展示房源，提升用户地图找房、看房体验。三是传统经纪人员将进一步借助社交、短视频、自媒体平台等线上渠道，更加注重经营个人品牌，打造私域流量。据介绍，快手理想家的成立就起源于其房产内容创作者、主播及用户需求，基于平台监管职责，快手于2022年6月成立理想家并在新房经纪业务中快速发展。

（四）行业个人信息保护管理将进一步加强

2021年11月1日起实施的《个人信息保护法》对个人信息的收集、存储、公开、删除等提出明确要求，而房地产经纪机构和从业人员掌握大量业主、客户等个人信息，若使用不得当、不合理，存在违法风险的同时也将对行业造成不良社会影响。目前，行业存在的这一风险已得到主管部门、行业自律组织的重视，未来将在加强行业个人信息保护管理方面采取更多举措。一是在房地产市场专项整治中，将违法收集、使用、加工、传输个人信息问题等作为市场秩序整治的一项重点内容。二是通过加强房地产经纪行业信用管理，提高机构和从业人员对个人信息保护问题的认识与重视。三是在行业自律管理方面，全国性自律行业组织中房学也将制定房地产经纪客户信息保护利用相关团体标准。

（五）经纪服务模式转型升级逐步推进

一直以来，传统的"居间模式"被认为是制约房地产经纪服务质量、影响消费者服务体验、引发经纪服务纠纷等行业痛点的根源之一，为此行业持续探索促进经纪服务模式转型升级。一是深圳、厦门等地方探索的单边代理模式将继续推进。针对新模式推进中存在的经纪人员、消费者认知不足等问题，深圳市房地产中介协会表示将通过发挥行业自律组织作用、制定行业标准、加大宣传力度等措施推进行业逐步转向"单边代理"。二是传统房地产经纪从业人员在自媒体、短视频平台探索的服务内容与服务领域将进一步延伸，如直播卖房模式是否从新房领域延伸到二手房领域，从提供初级的房地产知识、购房知识信息内容到提供付费咨询、定制化服务等。无论是单边代理，还是制作房产内容短视频、在线咨询互动，均体现了以"房"为核心到以"客"为核心的服务理念的转变，都更加考验经纪人员的专业能力、服务口碑，未来行业将有更多对服务转型升级的积极探索，推动行业高质量发展。

B.10
2022年中国房地产估价行业发展报告

程敏敏　陈胜棋　刘 朵*

摘　要： 2022年，受复杂严峻国内外形势等影响，房地产估价行业面临一定压力，发展放缓，新增估价机构数量同比减少，业务规模出现普遍性缩减。但面对困难，部分估价机构也抓住业务转型机遇，积极探索新的业务增长点。2023年，预计在经济复苏、房地产市场逐步回暖的带动下，在老旧小区改造的推进以及"数字中国"战略等政策落实下，行业将逐步走出困局，持续向好发展。

关键词： 房地产估价　老旧小区改造　数字经济

一　2022年房地产估价行业基本情况

（一）房地产估价机构情况

1.机构规模增长放缓

根据中国房地产估价师与房地产经纪人学会（以下简称中房学）房地产估价行业信息库统计，截至2022年12月31日，全国共有房地产估价机构5762家，同比增长0.2%。其中，一级房地产估价机构1047家，二级房

---

* 程敏敏，中国房地产估价师与房地产经纪人学会研究中心主任、副研究员，研究方向为房地产法；陈胜棋，中国房地产估价师与房地产经纪人学会研究中心研究助理，研究方向为产业经济；刘朵，中国房地产估价师与房地产经纪人学会研究中心高级工程师，研究方向为房地产信息化。

地产估价机构 2408 家，三级房地产估价机构 1257 家，一级房地产估价机构
分支机构 1050 家，增长率分别为 10%、−3.6%、1.5%、−1.1%（见图 1、
图 2）。

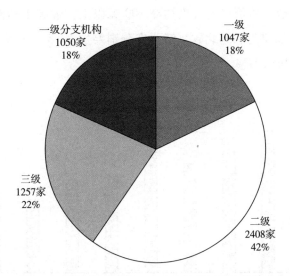

图 1　2022 年全国各等级房地产估价机构规模情况

资料来源：中房学房地产估价行业信息库。

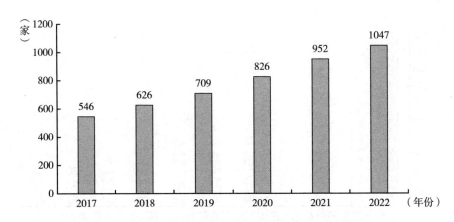

图 2　2017~2022 年全国一级房地产估价机构规模情况

资料来源：中房学房地产估价行业信息库。

2.山东、河北、黑龙江等省机构规模有所减少

广东省、山东省和江苏省估价机构数量仍占据全国前三（见图3），山东省、河北省、黑龙江省机构数量分别减少了2家、2家、8家。广东省、江苏省一级房地产估价机构规模均在100家以上，远高于其他省市（见图4），山东省、福建省、湖北省、江西省分别增加14家、7家、7家、6家，机构数量省市排名前移。

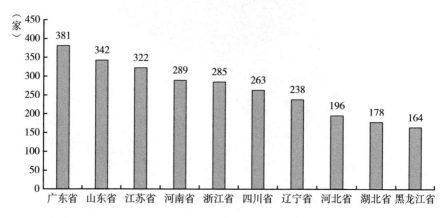

图3　2022年全国房地产估价机构规模前10的省份（不含分支机构）

资料来源：中房学房地产估价行业信息库。

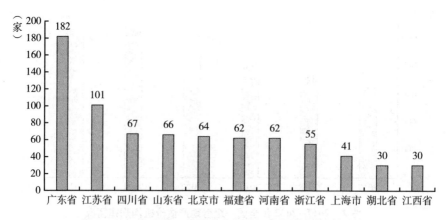

图4　2022年全国一级房地产估价机构数量前10的省市

资料来源：中房学房地产估价行业信息库。

3. 成熟机构占比超七成

房地产估价行业专业性较强，发展相对稳定，大部分估价机构深耕行业。根据中房学房地产估价行业信息库统计，七成以上估价机构的经营年限在 10 年以上，经营年限超过 15 年的占一半以上，超过 20 年的占比为 18.6%（见图 5）。对于一级房地产估价机构，经营年限的平均值达到 19 年，经营年限在 10 年以上的占比接近 96%（95.8%），超过 20 年的占比为 35.2%（见图 6）。

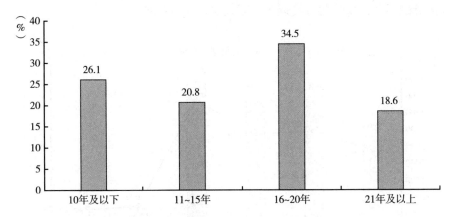

图 5　2022 年全国房地产估价机构经营年限情况

资料来源：中房学房地产估价行业信息库。

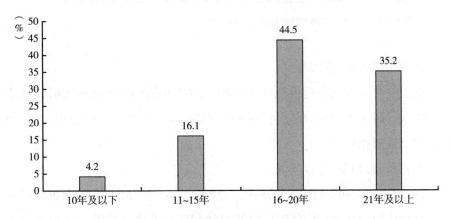

图 6　2022 年全国一级房地产估价机构经营年限情况

资料来源：中房学房地产估价行业信息库。

（二）人员情况

1.考试报名人数及合格人数有所增加

2022 年全国报名参加、实际参加房地产估价师职业资格考试的人数分别为 1.9 万人、1.6 万人，同比分别增加 46.2%、45.5%。其中，851 人考试合格，考试合格率为 5.1%（见图 7）。自 1995 年举办首次房地产估价师资格考试至今，累计共有接近 7.3 万人取得了资格证书。

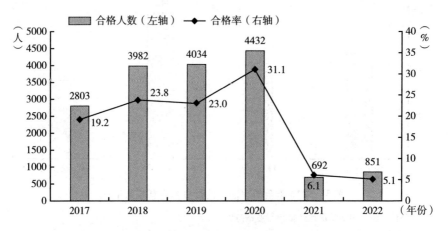

图 7　2017～2022 年全国房地产估价师职业资格考试合格人数及合格率

资料来源：中房学房地产估价行业信息库。

2.估价师人数约7万人

受上一年度考试通过人数减少影响，2022 年初始注册执业人数也减少至 683 人，同比减少 84.6%（见图 8）。截至 2022 年底，共有 69388 名房地产估价师注册执业。

3.估价师以46~55岁居多

2022 年，近 40% 的注册房地产估价师年龄在 46~55 岁，但数据同时显示，全国注册房地产估价师队伍继续保持年轻化趋势。其中，35 岁及以下估价师占比从 2020 年的 16.2% 增长为 2022 年的 20.4%（见图 9）。

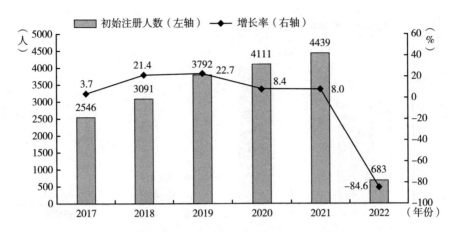

图8 2017~2022年全国房地产估价师初始注册人数及增长率

资料来源：中房学房地产估价行业信息库。

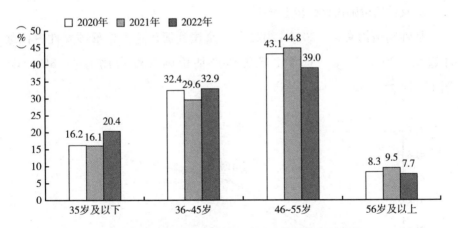

图9 2020~2022年全国注册房地产估价师年龄结构

资料来源：中房学房地产估价行业信息库。

4. 本科及以上估价师占比超六成

总体来看，注册房地产估价师的学历水平大多在本科及以上。2020~2022年这一比例均超过六成。其中，2022年，本科、硕士研究生、博士研究生的占比分别为57.1%、6.0%和0.4%（见图10）。

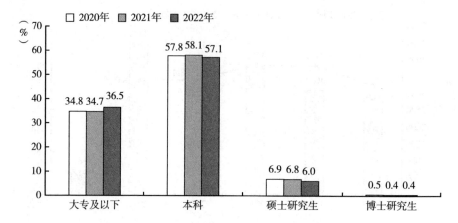

图10　2020～2022年全国注册房地产估价师学历结构

资料来源：中房学房地产估价行业信息库。

5. 女性估价师占比稳步上升

从性别结构来看，2020～2022年，全国注册房地产估价师女性占比逐年递增。2022年底，全国注册房地产估价师女性占比为41.8%（见图11）。

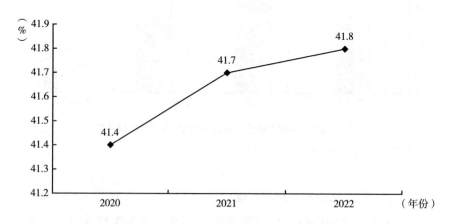

图11　2020～2022年全国注册房地产估价师女性占比

资料来源：中房学房地产估价行业信息库。

6. 估价师从业年限多为16~20年

从从业年限来看①，2022年注册房地产估价师的从业年限集中在16~20年，占比为21.7%；其次为20年以上，占比19.9%（见图12）。

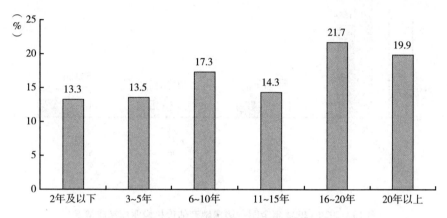

图12　2022年全国注册房地产估价师从业年限情况

资料来源：中房学房地产估价行业信息库。

（三）业绩情况

1. 业绩整体情况

根据全国1047家一级房地产估价机构填报的业绩数据统计，2022年全国一级房地产估价机构完成的平均估价项目数1624个，同比减少22.3%；平均评估价值287亿元，同比减少21.2%；平均评估建筑面积296万平方米，同比减少18.7%；平均评估土地面积296万平方米，同比减少40.0%（见图13）。

2. 不同业务类型占比情况

数据显示，不同业务的业绩表现呈现较大差异。根据全国一级房地产估价机构填报的各类房地产评估价值，2022年业绩最高的是抵押估价业务，占比为53.0%，较2021年增长0.8个百分点；房地产咨询顾问服务业务（25.4%）、其他目的的房地产估价业务（18.1%）的业绩分居第二、三位（见图14）。

---

①　以房地产估价师初始注册日期起算从业年限。

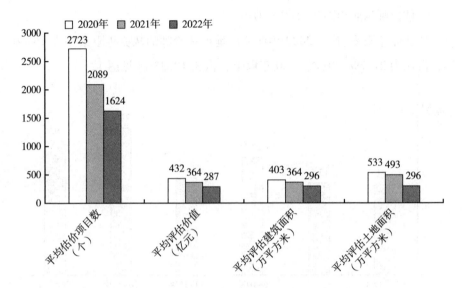

图13　2020~2022年全国一级房地产估价机构业绩完成情况

资料来源：中房学房地产估价行业信息库。

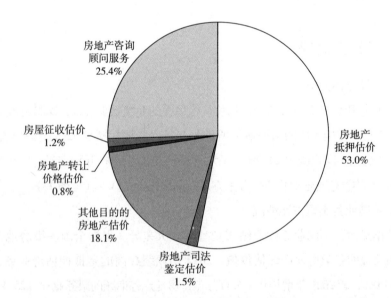

图14　2022年全国一级房地产估价机构各类估价业务评估价值占比情况

资料来源：中房学房地产估价行业信息库。

三大传统房地产估价业务（抵押估价、司法鉴定估价、征收估价）评估总价值及占比均继续下降（见图15）；房地产市场价值咨询、城市更新（含老旧小区改造）等咨询顾问业务评估价值占比逐年增加（见图16）。

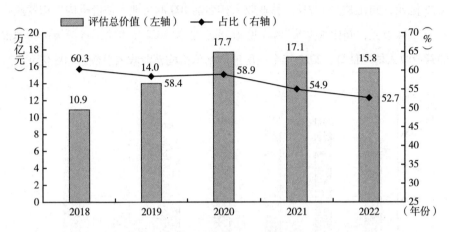

图15　2018~2022年传统估价业务评估价值及占比情况

资料来源：中房学房地产估价行业信息库。

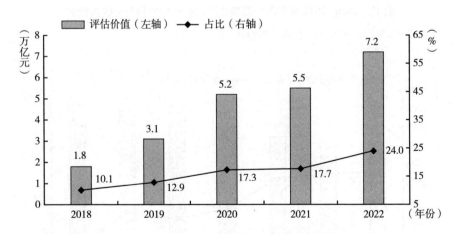

图16　2018~2022年咨询顾问业务评估价值及占比情况

资料来源：中房学房地产估价行业信息库。

3.营业收入情况

2022 年，全国一级房地产估价机构平均营业收入为 1626 万元，同比减少 11.2%（见图17）；营业收入排名前 10 的房地产估价机构平均营业收入为 2.26 亿元，同比减少 1.7%；营业收入排名前 100 的房地产估价机构平均营业收入为 7524 万元，同比减少 5.7%（见图18）。根据 2022 年度全国各等级机构填报的营业收入情况估算，2022 年全国房地产估价机构营业收入总额近 308 亿元。

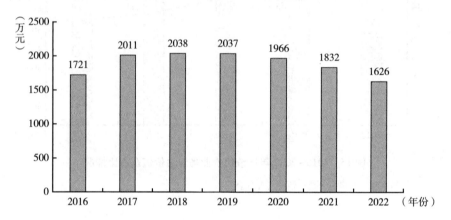

图 17　2016~2022 年全国一级房地产估价机构年均营业收入情况

资料来源：中房学房地产估价行业信息库。

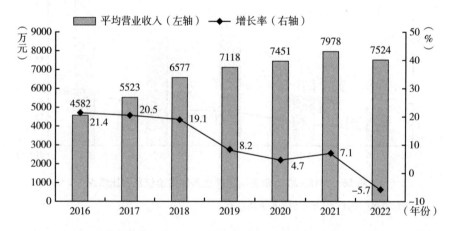

图 18　2016~2022 年营业收入排名前 100 的一级房地产估价机构平均营业收入及增长率

资料来源：中房学房地产估价行业信息库。

二 2022年房地产估价行业发展政策、重要事件及影响

（一）行业政策

3月1日，住房和城乡建设部印发《"十四五"建筑节能与绿色建筑发展规划》。《规划》提出："在城镇老旧小区改造中，鼓励加强建筑节能改造，形成与小区公共环境整治、适老设施改造、基础设施和建筑使用功能提升改造统筹推进的节能、低碳、宜居综合改造模式。推动开展绿色低碳城区建设，实现高星级绿色建筑规模化发展，推动超低能耗建筑、零碳建筑、既有建筑节能及绿色化改造、可再生能源建筑应用、装配式建筑、区域建筑能效提升等项目落地实施，全面提升建筑节能与绿色建筑发展水平。"6月30日，住房和城乡建设部、国家发展改革委联合印发《城乡建设领域碳达峰实施方案》，提出2030年前，城乡建设绿色低碳发展政策体系和体制机制基本建立；城乡建设方式绿色低碳转型取得积极进展，"大量建设、大量消耗、大量排放"基本扭转；城市整体性、系统性、生长性增强，"城市病"问题初步解决；建筑品质和工程质量进一步提高，人居环境质量大幅改善；绿色生活方式普遍形成，绿色低碳运行初步实现。"双碳"目标下建筑行业面临着转型升级，房地产估价机构可通过构建绿色建筑评估体系评估建筑的环境可持续发展性，利用"碳价值"评估体系对建筑物进行"碳价值"评估。

4月25日，国务院办公厅印发《关于进一步释放消费潜力促进消费持续恢复的意见》。《意见》在"全面创新提质，着力稳住消费基本盘"方面提出，"要大力发展绿色消费，推动绿色建筑规模化发展，大力发展装配式建筑，积极推广绿色建材，加快建筑节能改造"。在"强化保障措施，进一步夯实消费高质量发展基础"方面提出，"适应乡村旅游、民宿、户外运动营地及相关基础设施建设小规模用地需要，积极探索适宜供地方式，鼓励相关设施融合集聚建设"。随着住房建设领域绿色消费、消费高质量发展的深

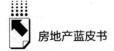

入推进，房地产估价服务需求日益精细化、多样化，对房地产估价机构专业服务能力提出新要求外，也为机构创新、高质量发展提供机遇。

5月6日，中国银保监会发布《关于银行业保险业支持城市建设和治理的指导意见》（以下简称《意见》）。在城市建设和治理领域，《意见》要求："支持基础设施建设，助推城市功能提升。引导银行保险机构依法依规支持城市更新项目，坚持'留改拆'并举，以保留利用提升为主，加强修缮改造，补齐城市短板，注重功能提升。""有序推进碳达峰、碳中和工作，推动城市绿色低碳循环发展。"《意见》的出台，为城市更新提供了政策支持，有助于推动城市更新行动有序开展，进一步激发房地产估价服务需求。

（二）重要事件及其对行业的影响

第五届中韩日房地产估价论坛共话"可持续发展"，共享估价服务新机遇。2022年6月9日，中房学携手韩国鉴定评估协会、日本不动产鉴定士协会联合会以线上方式共同举办了主题为"可持续发展与估价服务"的第五届中韩日房地产估价论坛。中韩日三国的知名房地产估价专家、学者以及房地产估价机构负责人、房地产估价师围绕房地产估价在应对气候变化中的专业作用、"双碳"背景下价值评估的路径探索、城市更新中评估的机遇实践、生态产品价值评估的技术路径等内容分享研究成果，交流实践经验。本届论坛是住房和城乡建设部所属单位首次牵头举办的相关线上国际会议，确保了中韩日三国估价行业持续交流分享，也为引领房地产估价行业树立可持续发展理念、挖掘可持续发展业务对估价的需要提供了方向。

《房地产估价对象远程在线查勘指引（试行）》公开征求意见。2022年6月10日，中房学发布《关于征求〈房地产估价对象远程在线查勘指引（试行）〉（征求意见稿）意见的通知》（中房学〔2022〕20号），向社会公开征求意见。《通知》的发布，有利于广大房地产估价机构和专业人士集思广益，助力《房地产估价对象远程在线查勘指引（试行）》后期的顺利实施，进而为满足特殊情况下及时开展房地产估价业务的需要、规范远程在线查勘活动、保障房地产估价质量提供政策依据。

财政部对《中华人民共和国资产评估法》进行了修订，形成了《中华人民共和国资产评估法（修订征求意见稿）》，并于 2022 年 11 月面向社会公开征求意见。《资产评估法》修订内容包括增加坚持党的领导的要求、统一评估师表述、提高评估机构设立要求、压实委托人和被评估单位责任、删除"应当选择两种以上评估方法"内容、明确法定业务执业条件、修改评估档案的保存期限、明确处罚金额等。《资产评估法》自 2016 年 12 月 1 日施行，此次修改稿为实施以来的首次修订，从修订内容来看，估价机构设立及执业责任更为严格，这也将促进估价机构更加重视人才培养以及风险防范，进而推动行业向更专业、更高质量方向发展。

2022 中国房地产估价年会适应估价需求变化，迎接行业未来挑战。2022 年 12 月 2 日，中房学以线上方式举办了主题为"有效适应估价需求变化"的 2022 中国房地产估价年会，房地产估价机构负责人、地方行业组织负责人及有关专家学者围绕行业重大议题进行了深入探讨。估价年会的召开，对于引导广大房地产估价机构更好地适应估价需要和要求的变化、把握房地产市场和房地产业转型升级蕴藏的发展机遇、积极拓宽发展新空间和推动行业高质量发展具有重大意义。

三　2022年房地产估价行业发展特点

2022 年，在国内复杂严峻的形势影响下，房地产估价行业收缩发展。同时，为应对外部环境带来的冲击，房地产估价机构抓住绿色可持续发展、乡村振兴等国家战略部署契机，不断在新领域挖掘机会，展现行业发展韧性和活力。

（一）行业发展整体放缓，机构业绩普遍下滑

2022 年，受经济下行和新冠疫情反复影响，房地产估价机构普遍面临一些困难和调整，发展规模有所萎缩。具体来看，2022 年新增估价机构数量为近年来最低，一级房地产估价机构平均营业收入同比下降明显。从各省

区市一级估价机构平均营业收入来看，除北京市、浙江省、山西省、四川省、云南省、贵州省等6省市外，其余省区市的平均营业收入同比均下降。其中，吉林省、上海市、湖北省下降幅度接近30%。从各机构变化来看，54%的一级估价机构营业收入同比下降，其中下降幅度20%以上的占25%，综合排名前10的估价机构有7家同比下降。

（二）北京市、上海市、江苏省、浙江省、广东省行业发展水平居全国前列

北京市、上海市、江苏省、浙江省、广东省估价业务无论是机构和人员数量还是业务规模，在全国范围内一直表现突出。2022年，这些省市一级估价机构平均营业收入水平均在2000万元以上。综合排名前100家企业中，江苏省、广东省、北京市、上海市占比也较高，分别为19%、16%、15%、14%。从竞争力和知名度来看，尤以广东省机构居多。2022年综合排名前10的企业中，广东省、北京市、上海市分别为7家、2家和1家。

（三）租金评估标准体系建设加快

随着国家大力支持住房租赁市场政策的推进，房地产租金评估业务正在蓬勃发展。北京房地产估价师和土地估价师与不动产登记代理人协会、上海市房地产估价师协会分别于2021年、2022年发布《北京市公共租赁住房整体价格评估技术指引（试行）》《上海市租赁住房租金评估指引（试行）》，以规范公租房和保障性租赁住房的租金评估行为。同时，为指导并规范房地产估价机构和房地产估价师开展租金评估业务，中房学在2022年对"住房租金评估情形及评估技术要点和注意事项研究""非居住房地产租金评估情形及评估技术要点和注意事项研究"两项课题进行研究，进一步促进租金评估标准体系形成。

（四）服务新领域的房地产估价业务探索开展

在我国经济从高速增长阶段转向高质量发展阶段，房地产由房地产开发

建设、"大拆大建"阶段进入房地产投资、运营管理和证券化阶段的背景下，部分房地产估价机构敏锐抓住战略机遇，除了继续发挥在城市更新、住房租赁中的作用外，还利用专业优势在社会稳定、乡村振兴、生态建设、绿色可持续发展等领域提供精准有效估价咨询服务，逐渐形成一定影响力。

四　2023年房地产估价行业发展展望

2023年是全面贯彻党的二十大精神的开局之年，在经济复苏、房地产市场逐步回暖的带动下，房地产估价行业也将逐步走出困局，不断向好发展。同时，在老旧小区改造以及"数字中国"战略等政策的落实下，行业发展将迎来新的增长点。

（一）行业规模稳步增长

根据国家统计局发布的数据，2022年1~2月我国市场预期加快好转，经济运行呈现企稳回升态势①，北京、上海等城市房地产市场也逐渐回暖。在疫情对社会经济发展影响逐渐消退的利好情况下，经济社会对估价服务的需求也将不断释放。但近年来，贝壳找房、自如等房地产经纪、住房租赁企业，以及阿里、京东等互联网平台跨界进入市场，加上房屋征收、房地产抵押等传统业务的逐渐减少，房地产估价机构面临的竞争压力越来越大，预计2023年估价行业业绩规模不会出现爆发式增长。

（二）行业立法将有所推进

2022年11月，财政部对《资产评估法》进行了修改，并向社会公开征求意见，预计2023年财政部会积极推动将《资产评估法》修改纳入全国人大常委会立法工作计划。2021年，房地产估价师职业资格考试工作首次由

---

① 《1~2月份国民经济企稳回升》，国家统计局网站（2023年3月15日），http://www.stats.gov.cn/tjsj/zxfb/202303/t20230315_1937161.html，最后检索时间：2023年3月20日。

住房和城乡建设部、自然资源部共同组织实施，2021年、2022年新取得房地产估价师职业资格的人员面临注册问题，预计两部委将加快对注册房地产估价师管理办法的修改进程，推动修改后的办法发布实施。

（三）老旧小区改造中估价服务需求增加

为顺应群众期盼改善居住条件，自2021年以来，国家先后发布了《国务院办公厅关于全面推进城镇老旧小区改造工作的指导意见》《住房和城乡建设部关于在实施城市更新行动中防止大拆大建问题的通知》等系列文件，部署推进城镇老旧小区改造工作。2021年以来，新开工改造城镇老旧小区完成数量均在5万个以上。部分估价机构在老旧小区更新改造方案设计、成本估算、费用分摊等方面发挥专业优势，提供咨询服务。2023年1月17日召开的全国住房和城乡建设工作会议，进一步提出"以实施城市更新行动为抓手，着力打造宜居、韧性、智慧城市""新开工改造城镇老旧小区5.3万个以上"，老旧小区改造将持续推进。同时，随着碳达峰碳中和的推进及绿色建筑的发展，老旧小区改造中估价服务需求将更为丰富多样。

（四）住房租赁领域评估规模或有显著提升

一是租金评估规模将明显增加。根据国家统计局统计，2021年、2022年保障性租赁住房开工建设规模分别为94.2万套（间）、265万套（间）。其中，上海、广东、浙江等人口净流入较大省市，保障性租赁住房加速筹建，2022年新增建设筹措18万套（间）①、28万套（间）②、25万套（间）③，而从上海、广东、浙江、湖北、贵阳等发布保障性租赁住房管理办

---

① 《上海：已累计建设筹措保租房38.5万套》，https：//finance.sina.com.cn/chanjing/dckb/2023-02-09/doc-imyfafhw6299380.shtml，最后检索时间：2023年3月24日。

② 《踔厉奋发，积极作为——广东大力发展保障性租赁住房》，https：//www.163.com/dy/article/HQD9KLJ505119U5H.html，最后检索时间：2023年3月24日。

③ 《全省住房和城乡建设工作会议召开》，浙江省人民政府网站（2023年1月10日），https：//www.zj.gov.cn/art/2023/1/10/art_1554468_60026459.html，最后检索时间：2023年3月25日。

法的省市来看，保障性租赁住房项目要求通过评估方式定价，随着保障性租赁住房陆续投入使用，预计尤其是上海、广东、浙江等人口净流入较大省市的租金评估委托需求将大幅增加。

二是租赁住房 REITs 物业评估项目增加。2022 年，保障性租赁住房 REITs 破冰，共发布 4 只 REITs，深圳市戴德梁行土地房地产评估有限公司负责了其中 3 只 REITs 物业资产评估。2022 年 12 月，证监会副主席李超在"首届长三角 REITs 论坛暨中国 REITs 论坛 2022 年会"上表示，加快打造 REITs 市场的保障性租赁住房板块，研究推动试点范围拓展到市场化的长租房及商业不动产等领域。2023 年 2 月，证监会发文明确已启动了不动产私募投资基金试点工作，不动产范围包括特定居住用房（包括存量商品住宅、保障性住房、市场化租赁住房）、商业经营用房等。随着政策落地，预计 2023 年住房租赁领域 REITs 产品将取得进一步发展，相应的物业评估需求也将增加。

（五）数字经济或推动估价数据平台进行产品迭代

大数据在估价行业的应用，带来了自动评估、批量评估等业务，部分估价机构顺势建立估价数据平台并进行宣传推广，大有代替传统估价的势头。经过一段时期的发展，估价数据平台加大与估价机构合作，促进提升估价效率和估价质量，并将专注力转向估价产品研发，如针对疫情期间实地查勘难问题，建立在线远程查勘平台，满足估价机构远程查勘需求。党的二十大报告指出，"加快发展数字经济，促进数字经济和实体经济深度融合"，2023 年 2 月，中共中央、国务院印发了《数字中国建设整体布局规划》，指出："全面提升数字中国建设的整体性、系统性、协同性，促进数字经济和实体经济深度融合，以数字化驱动生产生活和治理方式变革，为以中国式现代化全面推进中华民族伟大复兴注入强大动力。"在国家大力推动数字经济的背景下，估价数据平台企业作为行业弄潮儿，预计将在产品更新上发力。

B.11
2022年中国住房置业担保业务发展状况报告

汪为民*

摘　要： 回顾住房置业担保业务发展历程，无论是初期业务创新，还是近年坚持探索，置业担保一直在住房政策体系上寻找自己发展的定位，致力于为中低收入家庭购房提供贷款担保服务和推进完善住房公积金制度。担保制度的最基本功能是增强信用和分散风险，住房置业担保发展需要住房制度层面的顶层设计，通过确定政策目标和功能定位将其与多层次住房保障体系构建以及住房金融制度完善结合起来。

关键词： 住房置业担保　住房公积金　住房保障体系

一　住房置业担保产生及监管政策演变

在中央扩大内需、拉动经济增长政策的背景下，1997年，上海市长宁区率先在全国成立"长宁区住房置换担保有限公司"，开创了住房置业担保先河。1998年，成都、沈阳、淮北等城市相继开展住房置业担保试点，即通过为借款人提供第三方保证担保方式，鼓励银行发放个人住房贷款，当时的出发点主要是解决抵押物处置难以及二手房交易过程中阶段性保证责任等问题。

---

* 汪为民，中国房地产业协会房地产金融与住房公积金和担保研究分会秘书长，高级工程师，研究方向为住房政策。

　　为规范该项业务的发展，2000 年，建设部和中国人民银行发布了《住房置业担保管理试行办法》（建住房〔2000〕108 号）。之后，各地陆续成立了一些性质类似的公司。据 2002 年不完全统计，有 29 个省、自治区、直辖市成立了 93 家住房置业担保机构，大多有地方房地产管理部门背景，从资本金来源及构成看，有财政拨款、企业投资入股、房地产主管部门的下属单位入股等形式。

　　住房置业担保与住房公积金业务的结合始于 2000 年。当时，住房公积金个人住房贷款快速增长，防范化解潜在贷款风险的任务日益紧迫。在既有的防风险措施中，房贷保险仅能赔付房屋灭失损失，保障范围过窄；风险准备金主要用于"兜底"，核销呆账流程很长；且因人手不足，贷款后资产疏于管理。2000 年 8 月，上海市公积金中心引入了政府背景的上海市住房置业担保公司，由其打包提供贷款担保和贷后资产管理服务。在借鉴上海做法的基础上，2001 年北京也成立了以服务住房公积金贷款为主要业务的住房贷款担保中心，并突出解决公积金贷款抵押登记滞后及后期管理等问题。之后，全国各地陆续成立的以及以前成立的置业担保公司将业务逐步转向主要为住房公积金贷款提供担保服务。

　　2003 年《国务院关于促进房地产市场持续健康发展的通知》明确要求："完善个人住房贷款担保机制。要加强对住房置业担保机构的监管，规范担保行为，建立健全风险准备金制度，鼓励其为中低收入家庭住房贷款提供担保。对无担保能力和担保行为不规范的担保机构，要加快清理，限期整改。加快完善住房置业担保管理办法，研究建立全国个人住房贷款担保体系。"

　　随着市场背景发生变化，现行的住房置业担保作用受到质疑。我国还尚未确定住房贷款担保体制长远的制度安排和设计，个人住房贷款担保业务的性质定位不明确。通过建立担保机制，降低首付款、调整个人住房抵押贷款风险权重及为抵押贷款证券化提供基础，从而鼓励贷款机构转移风险，在国外行之有效，在我国却没有太大的实际作用，关键是在我国没有制定这方面的政策。从担保人群方面看，也没有很好体现对中低收入人群的支持力度。另外，单个城市的担保公司很难化解区域性风险。

　　2014 年 10 月，住建部会同财政部、人民银行印发《关于发展住房公积金个人住房贷款业务的通知》（建金〔2014〕148号），明确住房公积金贷款担保以住房抵押为主，不得强制性机构担保，增加职工负担。2019年10月，银保监会等九部门发文，要求将住房置业担保纳入融资担保监管体系，同时，废止《住房置业担保管理试行办法》（建住房〔2000〕108号），对住房置业担保行业发展产生了重大影响。在上述政策实施情况下，住房置业担保机构不断调整业务模式，开展多种经营，业务呈多元化发展，有的维持住房公积金贷款合作业务，有的转型发展，也有个别企业停止正常经营活动（见表1）。

表1　住房置业担保监管政策一览

文件名称	发文时间	发文单位	政策内容
《住房置业担保管理试行办法》(建住房〔2000〕108号)(已废止)	2000年5月	建设部、人民银行	1. 担保机构要"有不少于1000万元人民币的实有资本""一定数量的周转住房"，且"实有资本应以政府预算资助、资产划拨以及房地产骨干企业认股为主"。2. 担保公司只能从事住房置业担保和房地产经营业务(房地产开发除外)，不得经营财政信用业务、金融业务等其他业务，也不得提供其他担保。3. 担保公司担保贷款余额的总额，不得超其实有资本的三十倍；超过三十倍的，应当追加实有资本。4. 担保公司应当建立担保风险基金，用于担保公司清算时对其所担保债务的清偿
《国务院关于促进房地产市场持续健康发展的通知》(国发〔2003〕18号)	2003年8月	国务院	完善个人住房贷款担保机制。要加强对住房置业担保机构的监管，规范担保行为，建立健全风险准备金制度，鼓励其为中低收入家庭住房贷款提供担保。对无担保能力和担保行为不规范的担保机构，要加快清理，限期整改。加快完善住房置业担保管理办法，研究建立全国个人住房贷款担保体系
《关于进一步做好纠正住房公积金管理中心兴办经济实体、投资、参股问题的通知》(建金〔2012〕78号)	2012年6月	住建部	按照《住房置业担保管理试行办法》(建住房〔2000〕108号)"贷款人不得在担保公司中持有股份"的规定，管理中心投入担保公司的资金要全部撤回

续表

文件名称	发文时间	发文单位	政策内容
《关于发展住房公积金个人住房贷款业务的通知》（建金〔2014〕148号）	2014年10月	住建部、财政部、人民银行	住房公积金贷款担保以住房抵押为主，不得强制性机构担保，增加职工负担
《关于印发融资担保公司监督管理补充规定的通知》（银保监发〔2019〕37号）	2019年10月	中国银保监会、住建部等	1. 依据《关于印发〈住房置业担保管理试行办法〉的通知》（建住房〔2000〕108号）设立的住房置业担保公司（中心）应当纳入融资担保监管。 2. 对本规定印发后继续开展住房置业担保业务的住房置业担保公司（中心），应于2020年6月前向监督管理部门申领融资担保业务经营许可证。本规定印发前发生的存量住房公积金贷款担保业务，可不计入融资担保责任余额，但应向监督管理部门单独列示报告。 3. 为支持居民购买住房的住房置业担保业务权重为30%。住房置业担保业务仅包括住房公积金贷款担保业务和银行个人住房贷款担保业务

二　住房置业担保业务现状

（一）住房置业担保企业主要担保产品

各地住房置业担保机构业务结构不尽相同，除开展保证担保外，还开展了贷款后期管理、房屋置换、资金监管、代办权证等经营业务；从担保产品看，主要为住房公积金贷款全程或阶段性担保，也有少量的组合贷款中商业银行的自营性住房贷款担保，个别机构开展了个人消费贷款担保以及预售资金履约、诉讼财产保全等非融资担保业务（见表2）。

表 2　住房置业担保企业主要担保产品

性质类别	产品类别	业务特征
住房贷款全程担保	住房公积金贷款担保	担保公司在借款合同规定的债务履行期限对住房公积金贷款提供连带责任保证，同时要求借款人应当将其本人或者第三人的合法房屋依法向担保公司进行抵押反担保
	组合贷款担保	担保公司在对组合贷款中住房公积金贷款提供连带责任保证的同时，与商业银行约定，对组合贷款中商业贷款部分提供相同责任的保证担保
住房贷款阶段性担保	期房贷款阶段性担保	担保公司对贷款机构向符合条件的个人发放的、用于在新建商品房市场上预购期房的贷款提供保证担保，对逾期贷款进行代偿并负责抵押登记办理。保证期间自贷款发放之日起，至抵押登记落实之日止
	二手房款阶段性担保	购房人（借款人）申请按揭贷款购买二手住房（存量房）时存在提前用款需求的，由担保公司提供阶段性担保，无须卖方或买方自筹资金赎楼，买方可提前知晓审批结果，卖方也可提前收取售房全款
	商转公贷款担保	借款人将在商业银行贷款的商业性住房贷款，全部或部分转为住房公积金住房贷款，在办理贷款转移过程中，由担保公司提供保证担保，并代理有关转移手续
	司法拍卖房产贷款担保	购房人申请贷款购买司法拍卖房产，担保公司以出具《担保函》的形式承担担保责任，银行凭借《担保函》将贷款先行放至法院，后续事宜由担保公司负责跟踪服务，直至银行取得房产抵押登记证明为止
其他融资性贷款担保	个人消费贷款担保	担保公司对特定的个人客户向商业银行申请指定消费用途的贷款提供连带责任或一般保证责任担保。特定的人群主要包括已经提供住房抵押贷款担保的再融资客户、基于住房公积金缴存授信额度的住房公积金缴存人、依托互联网门店场景筛选的优质客户等
非融资履约担保	预售资金履约担保	未能达到商品房预售资金监管相关工程形象进度要求的开发企业提前支取预售资金，开发企业向预售资金监管部门承诺，在未来约定时间内，相关楼栋达到工程形象进度要求和重点资金监管额度符合要求，并按合同约定期限交付住宅。担保公司为其约定行业提供履约担保，并以开发企业未售出住宅为担保抵押物

性质类别	产品类别	业务特征
非融资履约担保	诉讼财产（住房）保全担保	申请人在向法院申请进行财产保全（住房）时，向法院提供的保证对因财产保全不当给被申请人所造成的损失进行赔偿的担保，包括诉前保全的担保和诉中保全的担保
	维修资金履约担保	为未能全部缴清物业专项维修资金的开发企业提供担保，由其向物业专项维修资金管理中心承诺，在约定时间内实际缴清维修基金，提前取得维修基金缴清证明，以完成项目综合验收。开发企业未售出住宅作为担保抵押物
	其他非融资履约担保	市场上风险较小的担保产品，如招投标保函、工程履约保函、预付款保函、农民工工资保证金保函等

（二）住房公积金贷款担保业务目前运行情况

2014年10月，住建部等三部委发文要求取消住房公积金个人住房贷款强制性机构担保收费项目，各地担保公司本着"坚持服务，调整模式，规范经营"的指导思想，经调整后主要有以下四种模式：一是保留担保机制，即承担风险赔偿责任，收费模式由借款人客户付费改为由公积金中心支付，如苏州、无锡等地；二是取消担保机制，不承担风险赔偿责任，受托承担贷款受理和贷后管理业务，公积金中心支付服务手续费，如上海等地；三是对期房贷款提供阶段性担保，同时，提供整个贷款期间的贷后管理；四是仅对存量担保贷款履行责任，新增贷款不再发生合作关系。

截至2019年9月底，全国住房公积金保证担保贷款余额16187亿元，占全国同期住房公积金贷款余额的29.9%。加上担保机构有代偿责任的委托资产管理贷款余额2541亿元，合计担保机构承担代偿责任贷款余额18728亿元。担保贷款余额中，全程担保贷款余额13690亿元，占比85%；阶段性担保贷款余额2497亿元，占比15%。抵押权属于担保机构的贷款余

额 8988 亿元，占比 56%。贷款担保业务规模前 10 名城市中心的担保贷款余额合计 9610 亿元，约占全部担保贷款余额的 59%；担保贷款余额 10 亿元以下的城市中心 94 个，约占有担保业务城市中心的 52%，其中，有 31 家担保贷款余额不到 1 亿元。

2023 年 4 月，中房协金融研究分会选择上海、成都等样本城市进行时点数据对比分析（平均下降 51%），同时，加上个别城市担保贷款增加额（1270 亿元），推算 2022 年底住房公积金担保贷款余额约为 9200 亿元，占比不到 14%（按 7 万亿元计算）。

除个别规模较小的担保机构处于停业状态外，大多数担保企业基本上经营正常，上海等 16 家担保机构 2022 年底累计发生赔付金额 67398 万元，提取风险准备金余额 36.38 亿元，其中，风险准备金余额与担保贷款余额之比超 1% 的有上海、合肥，其他在 1‰~1%。

上海公司开展旧改动迁安置住房公积金贷款担保业务、重庆公司探索灵活就业人员贷款担保业务，有利于拓展住房公积金使用、加强风险防控，值得研究并推广。

（三）住房贷款担保代表性企业发展情况

目前市场上运作的住房贷款担保企业基本上为地域性的，仅湖南长银融资担保公司在全省区域开展业务；置业担保企业大多经营在 20 年以上，并已申领融资担保牌照；从业务规模看，相差较大，除直辖市、省会城市担保机构有一定业务规模外，大多数担保机构业务规模较小（见表 3）。

表 3　住房贷款担保代表性企业发展情况

单位：亿元

企业名称	成立年份	注册资金	净资产	业务范围	住房公积金贷款担保余额
上海市住房置业融资担保有限公司	2000 年	10	23.09	贷款担保以及与担保业务相关的资产管理业务	540

续表

企业名称	成立年份	注册资金	净资产	业务范围	住房公积金贷款担保余额
北京市住房置业融资担保有限公司	2022年(前身北京市住房贷款担保中心,2001年)	4	20	住房公积金贷款担保、资产管理、非融资担保服务	1418
重庆市住建投资有限公司(重庆市不动产融资担保有限公司)	2022年(前身重庆市住房置业担保有限公司,2007年)	3	3.5	公积金综合服务、融资担保、城市更新基金	687
广州市住房置业融资担保有限公司	2015年(前身为广州市住房置业担保中心)	7	10	公积金业务服务、资金托管服务、融资担保服务、互联网信息服务平台——"家可期"	150
湖南长银融资担保有限公司	1999年	7.04	8.39	住房公积金业务(担保及综合服务)、非融资性担保业务、诉讼保全担保、项目经理经营性贷款担保业务等	218
苏州市住房置业融资担保有限公司	2000年	4	8.81	个人住房贷款担保;房屋经营、置换、中介服务及投资、融资租赁	958
无锡市住房置业融资担保有限公司	2002年	6.95	11.25	融资担保业务、非融资担保服务;融资咨询服务;房地产经纪;房地产咨询等	1526
常州市住房置业融资担保有限公司	2000年	2.24	7.86	住房公积金贷款担保和风险资产管理及相关配套服务、受托承担市区政府保障房源后续管理工作	724
徐州市住房置业融资担保有限公司	2000年	2	3.22	融资担保业务、非融资担保服务	179
成都市住房置业融资担保有限公司	1998年	2	3.92	住房公积金及商业贷款担保	639

续表

企业名称	成立年份	注册资金	净资产	业务范围	住房公积金贷款担保余额
西安市住房置业融资担保有限公司	2000 年	1.18	1.34	主营贷款担保(仅限住房置业担保)、与担保业务有关的融资咨询、财务顾问等中介服务	1000
沈阳市房地产置业融资担保集团有限公司	1999 年	3	4.81	在辽宁省区域内,办理住房置业贷款担保业务,诉讼财产保全担保,与担保业务有关的咨询、顾问及中介服务,房屋置换等	256
安徽省兴泰融资担保集团有限公司	2009 年	53.33 (集团)	71.74 (集团)	住房公积金贷款担保、住房组合贷款担保	671
铜陵市住房置业融资担保有限公司	2000 年	1.36	2.34	住房公积金贷款担保及综合服务、工程履约担保、房地产测绘、档案整理服务、国有资产的运营维护	74

资料来源:2023 年 4 月中房协房地产金融与住房公积金研究分会调查结果。

三 研究探索建立政策性住房贷款担保体系

政策性住房金融既是住房金融体系的重要组成部分,也是住房保障制度的重要内容。无论欧美发达国家,还是发展中国家,都有专门的政策性住房金融机构,支持中低收入家庭购买自住住房。这些机构可以是低息、长期贷款的发放机构,也可以是中低收入家庭的信用提升机构。应积极研究担保机制在政策性住房金融体系中的作用。

(一)建立我国政策性住房贷款担保机制的必要性

政策性住房贷款担保机制的建立,可以作为多渠道保障的一个重要方式，与政策性住房供应体系紧密结合，有利于为中低收入家庭和新市民提供相应的金融服务。包括利用担保对购买首套自住房的新市民、青年人，给予优惠的首付和利率政策；对相对违约率高、处置难的共有产权保障房贷款提供担保，分散风险且提供多元化违约处置机制；担保机构还可为保障性住房建设、运营机构融资提供担保，包括为发行长租公寓类 CMBS 提供增信，在促进租赁市场发展上发挥作用。

政策性住房贷款担保机制的建立，有利于防范个人住房贷款的风险，促进金融稳定。近年来，个人住房贷款不良率出现上升苗头，风险已经开始显现。随着中低收入的借款人不断增加，还款风险将逐步加大。因此，目前需要抓住住房信贷发展时间不长、风险尚未完全显现、住房市场发展平稳、国家经济持续发展的有利时机，尽快建立起个人住房贷款的风险防范体系。如果部分高风险贷款出现违约，贷款机构可以从担保机构得到全额或部分赔偿，从而降低了与住宅抵押贷款信贷相关的诸多风险，为整个住房金融贷款业务创造了一个良好的运行环境。政策性住房贷款担保机制的建立，不仅会降低抵押一级市场信贷的风险，也为抵押二级市场的发展提供了坚实的基础。

政策性住宅贷款担保制度是一些市场经济成熟的国家在发展住宅产业的过程中，不断总结经验教训，逐步建立和完善起来的。值得一提的是政府在采取这些措施的过程中，均是以一种平等的市场参与者身份进入市场，是以间接干预的方式来完善市场的基础设施和体制建设；而且，政府实现上述政策目标的成本非常低。

（二）建立我国政策性住房贷款担保体系的基本思路

1. 与住房公积金制度改革相结合，构建我国政策性住房贷款担保体系

一是解决住房公积金制度存在的风险管理体系不健全的问题。住房公积金管理中心作为事业单位，没有资本金，防范风险主要是依靠提取的风险准备金，风险防范能力较弱。引入专业化的担保，可以进一步控制信贷风险。二是分散住房公积金的区域性风险。住房公积金是块块管理，存在区域性风

险，通过全国性住房担保公司或跨区域担保公司的担保或引入再担保机制，可以避免区域经济萧条或区域性房价下跌可能造成的损失。三是发挥住房公积金制度的政策性作用。通过建立住房公积金贷款担保制度，住房公积金中心可以适当提高贷款成数，放宽贷款期限，执行更低利率标准，这样可使更多的职工获得贷款，充分发挥住房公积金在支持中低收入居民购房方面的作用。同时，通过对新市民等特定人群提供担保，可以体现住房公积金的政策倾斜和对困难群体的接济与扶助，保障弱势群体居住权的实现。四是推行住房公积金贷款担保业务的标准化。对提供担保的住房公积金贷款，要求统一对借款人、程序、标准等进行规范，从而促进住房公积金贷款业务的标准化，建立能够促进抵押贷款证券化的业务规范，为下一步住房公积金贷款抵押证券化提供前提条件。

2. 设立全国性住房贷款担保机构

全国性或区域性担保体系的建立，是政策性住房贷款担保可持续发展的基础。加拿大、美国、日本等国家的担保机构都是全国性的机构。设立全国性住房贷款担保机构可以在一定程度上化解各地担保公司区域性风险，提高担保公司的资信水平和担保能力。全国性住房贷款担保机构有利于形成规模优势，可以促进全国住房贷款担保的标准化，间接促进全国住房贷款的标准化，有效地降低风险，为今后个人住房贷款证券化打下良好的基础并提供前提条件。只有全国性担保机构才可以发挥作用，通过实行跨地区和全国性经营，保证抵押贷款担保地理分布的合理性，避免区域经济萧条可能带来的损失。

3. 遵循"政府主导与市场化运作相结合"的原则

作为公共住房保障的一部分，政策性住房贷款担保制度是为了改善无力通过市场解决自身住房问题的困难家庭的住房条件。政府无论是在保障资金还是在运作管理上均应发挥主导作用，进行统筹协调。主要体现在制定相应的法律和政策，对特征人群的范围和标准作出规定，建立合理的资本金来源和风险承担渠道，进行有效的监管等。设立的政策性住房贷款担保公司应以实现政府目标为己任，按公司法建立法人治理结构，以市场化规则运作。担保机构必须以完善的自我融资和风险防范机制为基础，除有政府信誉和必要的信用支持外，更主要的是依靠它们自身健全的市场融资和风险防范机制。这种自我融资和风险防范机制，从最初的设计到实际运作，应充分体现出独立经营和自求平衡的原则。自我融资和风险防范机制主要包括设计合理的保费标准、风险储备制度和再担保制度。

（三）有关体系建设实施建议

1. 设立政策性抵押贷款专门机构

建议由住建部发起成立一个特殊的法人公司，享有一定的政府信用支撑。机构注册资本金可由财政出资，也可以吸收部分国有金融企业、社会其他机构出资一部分。还有一个更易实现的方案，即由住建部在各地住房公积金管理中心提取的风险准备金基础上发起设立一个担保基金，委托担保机构运作。主要职能是通过对特定的新增贷款提供担保，降首付、降利率等，为包括进城农民在内的"新市民"购房提供融资支持，并化解区域性风险。该机构还可以专门发行住房公积金资产证券化并提供担保，拓展融资渠道，降低融资成本。住房公积金中心可以发行住房公积金抵押证券，也可以购买住房公积金抵押证券，可有效协调各住房公积金中心资金需求，减少资金闲置，各地住房公积金中心不需要担心资金沉淀等问题。

2. 制定和完善相关配套政策

一是完善相关立法。明确政策性住房贷款担保公司性质、经营范围和担保对象等，把政策性住房贷款担保业务纳入法治化轨道。二是给予财税政策扶持。对纳入政策性住房贷款担保体系的住房贷款担保公司应当给予税收支持，比照中小企业担保机构的税收政策，三年内免征营业税；按照权责发生制原则研究确定个人住房贷款担保公司的财务会计政策，将所提取的风险基金计入成本，可在所得税前列支。三是调整住房信贷政策。国外担保机制主要与降低首付款、低利率政策以及调整个人住房抵押贷款风险权重为抵押贷款证券化提供基础结合起来，在我国应配合制定这方面的政策。

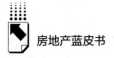

3. 采取自动批量担保业务模式

在这种担保模式下，担保机构不需要在各地设立分支机构，担保机构确定担保的目标群体、标准，由放贷机构自动根据担保机构确定的群体和标准发放贷款，并通知担保机构。同时，在现住房公积金中心和住房置业担保公司业务运作基础上，发展住房按揭服务业务。通过专业化的贷后管理，如对逾期的垫付及之后的主动代偿，提高贷款质量，一定程度解决目前管理中心违约处置手段单一、违约贷款核销难的问题；另外，通过提供意外免责保障、部分减免其还款责任、居住安置等措施，体现政策性救济功能。

B.12
2022年物业管理行业发展报告

刘寅坤 吴一帆*

摘 要： 2022年物业管理行业机遇与挑战并存，疫情持续和地产关联风险给行业发展带来挑战。物业服务企业肩负重任迎接疫情挑战，关键时刻更显行业价值。地产企业土地储备和销售量减少，影响行业增量市场。但是行业发展总体情况仍是稳中求进、持续向好；在党建引领下，加速融入社会基层治理体系；积极转变角色，从空间管理者转变为社区生活服务者；探索社区养老、托幼、助残、助餐、快递、家政等服务，满足居民多样化、便利化生活服务需求；通过先尝后买菜单式服务、片区联动、空闲空间运营等多路径，助力解决老旧小区物业管理难题。行业发展思路回归理性，企业回归服务本源，不断增强群众获得感、幸福感、安全感，为实现中国式现代化发挥作用。

关键词： 物业管理 基层社会治理 党建引领

2022年是党和国家历史上极为重要的一年。党的二十大胜利召开，擘画了全面建设社会主义现代化国家、以中国式现代化全面推进中华民族伟大复兴的宏伟蓝图。对物业管理行业而言，也是机遇与挑战并存的一年。疫情和地产关联风险给行业发展带来挑战，物业服务企业战斗在疫情防控第一

---

* 刘寅坤，中国物业管理协会副秘书长，物业管理师，副研究员，研究方向为物业管理、基层社会治理、社区居家养老；吴一帆，中国物业管理协会行业发展研究部副主任，助理研究员，研究方向为物业管理。

线，肩负重任迎接挑战，关键时刻更显行业价值。经历地产债务风险考验，规范公司治理，摆脱路径依赖，物业管理行业角色更加独立。市场空间持续扩容，发展模式逐步回归理性。行业重新认识和回归服务本质，践行社会责任担当，更好地服务群众对美好生活的期待，走向高质量发展之路。

一　行业发展的总体情况：稳中求进持续向好

（一）营业收入发展指数达到550.0，行业产值近1.4万亿元

随着物业管理行业规模持续扩大、经营业态不断丰富，业务向社区和居民生活多场景渗透，在基础物业服务收入稳步增长的同时，社区增值服务和多种业态收入日益增加，行业的整体产值持续提升。经测算，2022年物业管理行业营业收入发展指数为550.0（见图1），营业收入达到1.40万亿元，同比增长5.2%，增速高于服务业增加值同比增长①2.9个百分点。

图1　2010～2022年行业经营总收入发展指数情况

资料来源：中国物业管理协会。

---

① 2023年1月17日，国家统计局发布《2022年国民经济顶住压力再上新台阶》报告指出，全年服务业增加值同比增长2.3%。

（二）管理面积发展指数达到272.3，行业在管规模达368.4亿平方米

随着我国城镇化的推进和老旧小区物业管理全覆盖的实施，以及行业不断在多业态布局、全业态发力拓展，行业的服务范围逐步向城市服务、乡村管理等领域延伸，在增量交付和存量渗透双重因素推动下，行业管理规模持续稳定增长。经测算，2022年物业管理行业管理面积指数达272.3，较上年增长5.0%（见图2）；管理面积达368.4亿平方米。单位面积营业收入38.0元/米²，人均管理面积4382平方米。

图2　2010～2022年行业管理面积发展指数情况

（三）从业人员发展指数达到280.3，新增就业岗位61万个

物业管理行业规模大、业务范围广、企业数量多，成为稳定就业、拉动就业的重要平台。特别是随着物业管理行业社会价值、服务价值和资本价值的显现，行业对人才的虹吸效应增强。经测算，2022年物业管理行业从业人员发展指数达280.3，同比增长7.8%（见图3），从业人员840.7万人（不包含外包人员），新增61.0万人，人均营业收入为16.6万元/人。

图3　2010~2022年行业从业人员发展指数情况

二　行业发展的新环境：开拓高质量发展格局

（一）党建引领协同共治，加速融入治理体系

1. 融入基层治理，赋能行业发展

2022年，政策更加突出党建引领，全面落实党领导下的城乡社区协商制度，完善社区基层组织工作机制。国务院办公厅印发的《"十四五"城乡社区服务体系建设规划》要求，推动有物业服务的社区建立健全党建引领下的社区居民委员会、业主委员会、物业服务企业协调运作机制。强化社区党组织领导能力、居民委员会指导能力和物业服务企业服务能力。

2022年1月，中共中央组织部、中共中央政法委员会、民政部、住房和城乡建设部联合印发的《关于深化城市基层党建引领基层治理的若干措施（试行）》进一步提出了具体措施：推进物业服务和物业服务企业党建全覆盖、强化党组织对业主委员会的指导、建立社区物业党建联建和协调共治机制。对于党建强、服务好、群众满意度高的物业服务企业，在物业服务项目招投标和物业服务企业评先评优时予以优先考虑，支持以政府购买服务等形式承接有关政务服务和公共服务。

物业服务企业加速融入基层治理，在重大工作应急预案、应急保障服务、疫情防控等领域协助政府，成为政府基层治理的好助手。通过党建引领为物业服务企业发展赋能，补齐物业服务短板弱项，健全社区物业服务管理协商机制，破解基层管理难题。各省区市制定行动计划，鼓励物业服务企业参与老旧小区改造和管理，推动物业管理全覆盖，促进社会和谐稳定。

表1 2022年物业服务融入基层治理政策

国家/地方	发文单位	文件名称	政策内容
国家	中共中央组织部、中共中央政法委员会、民政部、住房和城乡建设部	《关于深化城市基层党建引领基层治理的若干措施(试行)》	进一步提出推进物业服务和物业服务企业党建全覆盖、强化党组织对业主委员会的指导、建立社区物业党建联建和协调共治机制
	国家发展改革委	《2022年新型城镇化和城乡融合发展重点任务》	加强基层社会治理。推动社区居民委员会设立环境和物业管理委员会,促进提高物业管理覆盖率和群众满意度
	中共中央办公厅、国务院办公厅	《乡村建设行动实施方案》	加强农村基础设施和公共服务体系建设,建立自下而上、村民自治、农民参与的实施机制
	住房和城乡建设部办公厅、民政部办公厅	《关于开展完整社区建设试点工作的通知》	从社区服务设施、宜居生活环境、智能化服务、社区治理机制四方面探索可复制可推广经验
地方	深圳市住房和建设局	《关于推进住宅小区业主委员会三年全覆盖的通知》	推进业主委员会全覆盖,加强业主委员会候选人遴选把关,切实推进"红色业委会"建设,规范有序开展业委会换届。充分发挥党支部领导核心作用,分类推进小区党支部应建尽建,建立党建引领业委会选举机制

国家/地方	发文单位	文件名称	政策内容
地方	中共北京市委、北京市人民政府	《关于加强基层治理体系和治理能力现代化建设的实施意见》	完善党全面领导基层治理制度，深化吹哨报到和接诉即办改革，加强基层政权治理能力建设，健全基层群众自治制度，推进基层法治和德治建设，提升基层治理精细化、智慧化水平，支持引导社会力量参与基层治理，夯实基层治理基础保障
	深圳市人民代表大会常务委员会	《深圳经济特区社会建设条例》	鼓励物业服务企业发展居家社区养老服务；发挥物业服务企业在基层治理中的作用；委托物业服务企业承担基层治理和公共服务事项应依法通过购买服务方式等
	上海市人民代表大会常务委员会	《上海市浦东新区推进住宅小区治理创新若干规定》	物业服务企业应当按照法律法规规定和物业服务合同约定履行职责。街道办事处、镇人民政府结合物业服务情况，对辖区内住宅小区物业服务企业提出评价意见，纳入本市物业服务企业综合评价体系
	海口市委组织部、市住建局等4部门	《关于加强社区物业党建联建提升基层治理水平的十条措施（试行）的通知》	健全物业服务行业党建工作领导体系、扩大物业服务企业党的组织覆盖、加强党组织对业主委员会的领导、把党支部建在居民小区、全面深化社区物业党建联建、扎实推进党建示范点建设、强化党组织对物业服务企业的监督管理、靶向发力补齐物业服务短板弱项、健全社区物业服务管理协商机制等
	张家口市委、市政府	《关于强化党建引领打造"百姓物业"提升社区物业服务管理水平的五项措施》	强化社区物业党建联建全覆盖；大力推进"红色业委会"建设；健全社区物业服务管理"四方协作"机制；建立社区物业服务管理质效考核评价体系；探索建立"张家口市百姓生活大管家服务联盟"

资料来源：相关政府网站。

2. 纵深推进制度建设，规范行业发展

2022年，各地陆续修订物业管理条例，完善基础制度建设，落实精细化管理。明晰各方权责划分，监督共有部位（公共区）收益透明运作，完善物业管理企业信誉和信用等级制度。引导、推动、监督居民自治。鼓励业主和物业服务企业双向选择，提高服务品质，推动行业发展走向规范化、专

业化。推动建立"质价相符"的物业费市场调节机制改革，改善行业发展环境。具体表现如下。

第一，多地修订物业管理条例，将物业管理活动纳入基层治理体系。加强党对物业管理工作的领导、规范物业服务标准、完善业主大会和业主委员会运行机制、保障物业管理中各方主体的合法权益。例如，《杭州市物业管理条例》明确将物业管理活动纳入基层治理体系；创新设立物业管理委员会制度。《烟台市物业管理办法》修订发布，明确物业管理横向10个主要部门和纵向市、区、镇街政府及社区居委会等4个层级职责，明确业主委员会、环境和物业管理委员会的组建条件、程序和权限。

第二，完善政策配套，推动老旧小区物业管理全覆盖。政府通过财政补贴、先尝后买、菜单式服务，提升业主缴费意识。以空闲公共空间运营收入，平衡老旧小区物业服务收支。北京市住建委等五部门出台《关于进一步加强老旧小区改造工程建设组织管理的意见》，"坚持物业管理在前"，物业服务企业与服务标准已经确定的小区，方可列入年度改造任务计划。杭州市启动首批老旧普通住宅小区物业服务补助资金拨付，补助资金5689.21万元，惠及物业管理项目384个。山东省发布《老旧小区物业服务规范》地方标准，与老旧小区改造工作相衔接，服务标准与老旧小区设施设备特点相匹配。厦门市制定《"大物业"管理模式工作指引》，推动无物业小区通过物业"肥瘦搭配"模式、"投建管"一体化模式，实现物业管理全覆盖，试行期间鼓励"先尝后买、共建共治、长效管理"。

第三，明确服务标准，推动形成质价相符的市场调节机制。制订物业服务等级、标准和规范，推动物业费动态调价，形成"按质论价、质价相符、优质优价"的物业服务市场调节机制。推行物业服务价格评估制度，推进物业费标准较低的老旧小区启动价格调整和酬金制计价模式。例如，上海市发布住宅物业项目物业服务收费实行酬金制物业服务计费方式的通知，明确规定酬金制物业服务资金的构成以及资金管理等七项内容。湖南重新修订《湖南省物业服务收费管理办法》，明确管辖权限、定价规则、物业服务合同及监督管理。烟台发布普通住宅物业服务等级标准和评分标

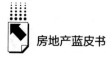

准各六个等级，对各等级物业项目人员配置、日常服务内容作出详细规定，等级越高，服务收费标准越高。广西发布物业服务五个等级指导标准，作为签订物业服务合同的内容、标准和等级的参考依据。西藏发布住宅小区物业服务星级评定办法和评定标准，填补自治区相关领域标准依据空白。

第四，完善物业服务企业信用监管制度。随着国家明确信用体系顶层设计，全国各地加快完善信用监管环境。全国已有 21 个省级、48 个地市行政地区（不含港澳台地区）的住建主管部门陆续出台物业服务企业信用监管相关制度。全国各地市级住建部门，特别是物业管理行业发展较好、规模较大的地级市，也相继出台市级信用监管相关政策。全国物业服务企业信用监管形势逐步建立和完善。下一步将加快推进行业信用体系建设，完善管理办法和信用评价指标，建立物业服务企业信用信息平台（见表 2）。

表 2　截至 2022 年各地物业管理行业信用体系政策建设情况

级别	地区	文件名称
省级	北京	《北京市物业服务企业信用信息管理办法》
	上海	《上海市物业服务企业和项目经理信用信息管理办法》
	重庆	《重庆市物业服务企业和物业项目负责人信用管理办法（试行）》
	天津	《天津市物业服务企业信用管理办法（试行）》
	青海	《青海省物业服务企业信用评价管理办法》
	广西	《广西壮族自治区物业服务行业信用信息管理办法（试行）》
	浙江	《浙江省物业服务企业信用信息管理办法》
	安徽	《安徽省物业服务企业信用管理暂行办法》
	云南	《云南省物业服务企业信用评价管理办法（试行）》
	山东	《山东省物业服务企业信用信息管理办法》
	四川	《四川省物业服务企业信用信息管理办法》
	陕西	《陕西省物业服务企业信用评价管理办法（试行）》
	内蒙古	《内蒙古自治区物业服务企业信用信息管理暂行办法（征求意见稿）》
	新疆	《新疆维吾尔自治区物业服务企业信用评价管理办法（试行）》

续表

级别	地区	文件名称
省级	河北	《河北省物业服务企业信用信息管理办法》
	宁夏	《宁夏回族自治区物业服务企业及物业从业人员信用信息管理办法(试行)》
	黑龙江	《黑龙江省物业服务企业信用信息管理办法(征求意见稿)》
	福建	《福建省物业服务企业信用综合评价办法(征求意见稿)》
	湖南	《湖南省物业管理行业信用管理办法(征求意见稿)》
	吉林	《吉林省物业服务企业信用管理办法》
	江西	《江西省物业服务企业信用信息管理暂行办法》
市级	淮安	《淮安市物业服务企业信用管理暂行办法》
	洛阳	《洛阳市物业服务企业信用信息管理办法》
	昆山	《昆山市物业服务企业信用信息管理暂行办法》
	鄂尔多斯	《鄂尔多斯市物业服务企业信用管理办法》
	南京	《南京市物业服务企业及项目负责人信用信息管理办法》
	兰州	《兰州市物业企业信用等级评定规定(试行)》
	赣州	《赣州市物业服务企业信用信息管理办法(试行)》
	毕节	《毕节市物业服务企业信用信息管理办法》
	阜阳	《阜阳市物业服务企业信用评价管理办法(试行)》
	钦州	《钦州市物业服务企业信用信息管理暂行规定》
	西安	《西安市物业服务企业及项目经理信用信息管理办法》
	无锡	《无锡市物业服务企业信用档案与评价管理办法(试行)》
	镇江	《镇江市物业服务企业及项目负责人信用信息管理暂行办法》
	连云港	《连云港市物业服务企业信用信息管理办法》
	咸宁	《咸宁市物业服务企业信用信息管理暂行办法》
	聊城	《聊城市物业服务企业信用综合评价管理办法(试行)》
	扬州	《扬州市区物业服务企业和项目经理信用信息管理暂行办法》
	安庆	《安庆市物业服务企业信用综合评价办法》
	太原	《太原市物业服务企业信用评价实施意见(试行)》
	苏州	《苏州市物业服务企业信用管理办法(试行)》
	宝鸡	《宝鸡市物业服务企业信用信息管理暂行规定(征求意见稿)》
	温州	《温州市物业服务企业信用信息管理办法》
	石家庄	《石家庄市物业服务企业信用信息管理办法》

续表

级别	地区	文件名称
市级	宁波	《宁波市物业服务企业和物业项目经理信用信息管理办法(试行)》
	乌海	《乌海市物业服务企业信用评价管理办法(试行)》
	厦门	《厦门市物业服务企业及项目经理信用综合评价办法》
	武汉	《武汉市物业服务企业和项目经理信用信息管理办法》
	怀化	《怀化市物业服务企业信用信息管理办法》
	沈阳	《沈阳市物业服务企业和物业项目负责人信用信息管理办法》
	大连	《大连市物业服务企业和项目经理信用信息管理办法》
	马鞍山	《马鞍山市物业服务企业信用管理暂行办法》
	银川	《银川市物业服务企业及项目经理人信用信息管理办法》
	长春	《长春市物业服务企业信用管理暂行办法》
	成都	《成都市物业服务机构及项目负责人信用信息管理办法》
	辽源	《辽源市物业服务企业信用信息管理暂行办法》
	哈尔滨	《哈尔滨市物业服务企业信用评价管理办法》
	南昌	《南昌市物业服务企业信用信息管理暂行办法》
	广州	《广州市物业服务企业信用信息管理办法》
	中山	《中山市物业服务行业诚信管理办法(试行)》
	许昌	《许昌市物业服务企业信用管理暂行办法》
	义乌	《义乌市物业服务企业信用信息管理办法》
	深圳	《深圳市物业服务评价管理办法》
	合肥	《合肥市物业服务企业及项目负责人信用信息暂行管理办法》
	延吉	《延吉市物业服务企业信用管理办法(征求意见稿)》
	济宁	《济宁市物业服务企业信用信息管理办法(试行)》
	烟台	《烟台市物业服务企业信用信息管理办法》
	海口	《海口市物业服务企业信用信息管理办法(征求意见稿)》
	衡水	《衡水市物业服务企业信用信息管理办法》

资料来源：中国物业管理协会。

（二）直面疫情防控挑战，凸显物管行业价值

1. 政府发文将物业服务企业纳入疫情防控体系

在疫情防控工作中，物业服务企业不畏挑战、勇担责任，成为对政府号

令响应最快、执行力最强的力量之一。物业服务企业克服人工、防疫物资等成本增加的压力，迅速采取防控措施，承担部分公共服务内容，成为社区联防联控主力军。

2022年5月，住房和城乡建设部、国家邮政局联合印发《关于做好疫情防控期间寄递服务保障工作的通知》。要求各级住房和城乡建设部门要配合地方有关部门，将物业服务企业纳入当地疫情防控体系，协助解决物业服务企业在防疫工作中遇到的实际困难，指导物业服务企业做好物业管理区域内的疫情防控工作，切实保障一线物业服务从业人员必要的个人防护物品和消毒物资。政府发文将物业服务企业纳入当地疫情防控体系，体现了物业服务在基层治理体系中的价值和地位、健全了社会应急机制，体现了服务型政府赋权和协同治理初衷（见表3）。

表3　2022年疫情防控支持政策

文件名称	主要内容
《关于做好疫情防控期间寄递服务保障工作的通知》	住房和城乡建设部、国家邮政局5月印发《通知》，将物业服务企业纳入当地疫情防控体系
《关于进一步加强住宅物业服务项目疫情防控中从业人员防护的通知》	北京市住建委5月发布《通知》，将北京市住宅物业服务项目疫情防控工作纳入社区防控体系
《上海市加快经济恢复和重振行动方案》	上海市人民政府5月印发《上海市加快经济恢复和重振行动方案》，对物业服务、邮政快递、住宿、文化旅游等行业防疫和消杀支出，给予分档定额补贴
《深圳市物业服务企业疫情防控服务财政补助工作指引》	深圳住建、财政局8月发布《工作指引》，按在管建筑面积1元/米² 标准一次性发放财政补贴
《浦东新区物业行业抗击疫情助企纾困财政补贴实施细则》	上海浦东新区建设和交通委、发改委8月发布《细则》，按0.5元/（米²·月）标准，发放最多不超过3个月物业管理费补贴

资料来源：相关政府网站。

2. 大力支持政府购买服务

政策鼓励有条件的地区按照政府向物业服务企业购买公共服务的方式，对于物业服务企业的疫情防控支出，给予一定补偿。通过政府购买服务方

式，可以有效组织和发动社会各方，整合抗疫队伍力量，配合当地部门投入紧急抗疫行动中，有力支持各项疫情防控工作开展。例如，深圳市通过政府购买服务，组织20多家物业服务企业参与到疫情防控、卡口值守、物资配送等全链条抗疫工作中。

政府购买服务，让物业服务企业在疫情防控中角色和权责界面更加清晰，顺应了基层治理全域化、社会保障专业化的发展趋势。有效帮助企业解决疫情防控中的实际困难，让企业专注于提升服务响应能力，及时帮助解决群众封控期间维修、送医、买药、生活物资采购等多元生活需求。

3. 疫情中稳就业展现行业担当

2022年，在疫情影响下，扎实做好稳就业工作，成为推进经济社会平稳发展的重中之重。物业管理行业在落实稳岗就业工作中贡献突出。中国物业管理协会开展的行业就业情况统计数据显示，502家样本企业2021年底从业人员205.33万人，2022年第三季度从业人员236.57万人，三季度净增长31.24万人。其中，新吸纳应届高校毕业生1.96万人，部队复转退军人1.53万人，安置下岗、失业人员再就业2.45万人，农村劳动力转移就业23.93万人，残疾人群体0.27万人，其他1.10万人。行业稳岗扩岗作用显著，尤其在助力农村务工人员就业、保障低收入人群就业、带动下游产业就业等方面作用突出。

（三）市场空间持续扩容，增长模式回归理性

1. 营业收入和管理规模保持增长，但增速放缓

2022年物业服务企业增长势头有所放缓。以上市企业为例，虽然上市企业数量增加，但总市值、平均营业收入增长率、平均管理面积增长率出现了下降，主要原因是受疫情因素和地产关联影响。2022年末，62家上市物业服务企业总市值为4205亿元，反而比2022年初的56家企业总市值5016亿元减少了811亿元。按53家同样本口径上市物业服务企业计算，2022年平均营业收入为44.79亿元，同比增长19.1%，而2021年平均营业收入为37.60亿元，同比增长44.7%；2022年的平均营业收入增长率同比下降了

25.6个百分点。同样，按41家同样本口径上市物业服务企业计算①，2022年平均管理面积为1.41亿平方米，同比增长18.7%，较2021年的1.19亿平方米、同比增长50.9%也有明显下降（见图4）。

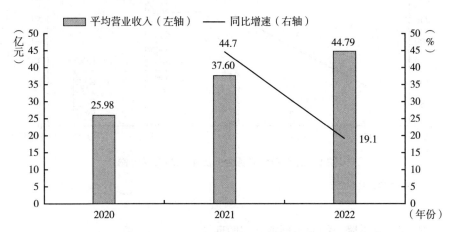

图4 2020~2022年上市物业服务企业平均营业收入及增速

注：三年均值按53家同样本公司数据计算。
资料来源：企业年报。

2. 企业收并购步伐放缓，物业服务企业估值理性

2022年，上市物业服务企业公告收购金额129.7亿元，与2021年的355.9亿元相比，下降63.6%。从2018年开始，物业服务企业掀起上市热潮，在资本力量推动下，收并购快速拓规模成为潮流。物业服务企业并购交易金额成倍增长，并在2021年达到顶点。2022年，受地产行业影响叠加疫情因素，物业并购数量下降，估值回归理性。企业通过收并购扩张趋向谨慎，更加关注收购标的质量和战略协同性。2022年并购金额与2020年相比，仍然上升了37.5%。收并购长期增长趋势未变，仍是实现快速增长的有效手段。而且，随着估值回调，2022年央、国企在收并购领域表现更加积极。通过收购的方式，加速规模扩张，增加区域管理浓度，夯实细分专业领域能力（见图5）。

---

① 部分上市企业未披露规模数据，样本数量有所减少。

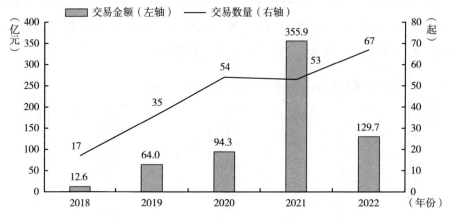

图5　上市物业服务企业历年收购交易金额

资料来源：企业公告。

3.利润率下降，行业发展模式回归理性

2022年，上市物业服务企业利润率下降显著。按51家同样本口径，2022年上市物业服务企业净利率均值7.5%，同比下降了5.8个百分点。与之相比，2020年和2021年的净利率均值分别为13.9%和13.3%（见图6）。利润率下滑主要源于房地产行业变化和疫情因素。例如，房地产关联方交付及非业主增值服务下降，案场、车位、房屋经纪等高毛利业务收缩；应收账款风险暴露，计提坏账影响物业服务企业利润。疫情使得物业服务企业成本支出上升；业主增值服务开展遇阻等。规模和营收增长，而利润没有相应提升，促使企业反思快速拓规模的增长模式。继续调整、深化转型，实施科技提效，探索空间服务整合，真正实现从规模增长到效益实现。行业正在调整中重塑新的增长逻辑，行业发展模式逐步回归理性。

（四）降低地产关联风险，提升行业独立性

2022年，地产关联行业遇到的困境，也给物业管理行业带来明显影响。在资产市场，房地产开发行业指数和物业管理行业指数变化高度相关（见图7）。在增量空间上，地产企业土地储备和销售量减少，将在

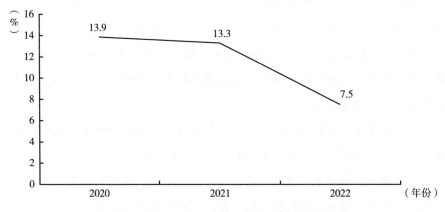

图6　2020~2022年上市物业服务企业净利率均值

注：三年均值按51家同样本公司数据计算。
资料来源：企业年报。

未来几年影响物业服务企业的新增管理面积规模。在企业经营上，房地产开发企业流动性短缺，影响关联物业服务企业的资金划拨调用，影响后者的经营独立性。

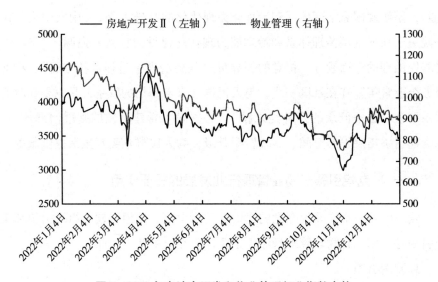

图7　2022年房地产开发和物业管理行业指数走势

资料来源：Choice。

在此背景下，物业服务企业急需增强管理规范性、提升经营独立性。物业管理源于地产开发，但与地产制造业属性及高速周转金融属性不同，物业管理本质上是服务性行业，长期增长来自服务覆盖的广度和业务拓展的深度。独立化发展有助于物业服务企业摆脱关联方经营不利因素影响，降低企业自身发展的不确定性。

物业服务企业正从多方面增强发展独立性：一是部分企业引入战略投资者，实现股权结构的多元化。股权结构的变化，有望推动内部治理的规范化。二是建立合规体系，规范管理制度、财务制度、风控制度等，推动物业服务企业经营管理上的规范化、独立化。三是增强市场外拓能力，持续提升管理规模中的第三方占比，减少对关联方依赖。在经历风险考验后，物业管理行业的独立属性日益显著。

三 行业发展的新趋势：党建引领物业服务

基层治理是国家治理的基石。统筹推进乡镇（街道）和城乡社区治理创新，是实现国家治理体系和治理能力现代化的基础工程。《中共中央 国务院关于加强基层治理体系和治理能力现代化建设的意见》强调，"坚持党对基层治理的全面领导，把党的领导贯穿基层治理全过程、各方面"。物业服务企业常年坚守在社区一线，与人民群众有着密切的联系，是党委和政府联系群众、服务群众的"神经末梢"，必须融入党建引领的基层治理体系，以党建引领拓展发展空间、实现转型升级，为人民群众美好生活提供服务。

（一）党建引领对物业管理行业发展的重要作用

党建引领，就是要发挥党的建设的政治引领、思想引领、组织引领和工作引领等作用。在物业管理行业中主要体现在以下几个方面。

1. 政治引领

习近平总书记指出，"加强基层党组织建设，要以提升组织力为重点，突出政治功能。"要把物业管理行业和物业服务企业党组织建设成为宣传党的主张、贯彻党的决定、领导基层治理、团结动员群众、推动改革发展的坚强战斗堡垒。

2.思想引领

要坚持用党的创新理论武装头脑，充分发挥思想政治工作优势，建设符合社会主义核心价值观的先进文化，为物业管理行业长远发展提供强大的精神动力。

3.组织引领

习近平总书记强调，"要加强党的领导，推动党组织向最基层延伸，健全基层党组织工作体系，为城乡社区治理提供坚强保证。"符合条件的物业服务企业必须按规定成立党的组织，选优配强党组织带头人。充分发挥党组织政治核心作用和党员先锋模范作用，确保企业沿着正确的方向发展。

4.工作引领

要开展为民服务，履行社会责任，彰显使命担当。在开展基础物业、便民服务及睦邻活动等常态化工作的同时，重点关注社区孤寡、空巢、残疾及困难家庭，建立信息档案，开展邻里爱心互助活动，让社区群众感受到有温度、有感情的物业服务，把党和政府的温暖传递到群众心中。

（二）党建引领促进物业服务融入社区治理

1.促进基层党建创新发展的必然要求

党的基层组织是党的全部工作和战斗力的基础。目前，社区党建工作还滞后于社区治理创新发展的形势和广大居民的要求。社会治理重心的下移与公共资源下沉不匹配。人力、服务、管理等社会治理资源向基层倾斜力度不够，基层的人才缺乏和基础设施不完善，社区党组织履职的人手不足、经费欠缺、权责不清等问题比较普遍。这就需要发挥物业服务企业对社区治理的参与作用。但是，物业服务领域党建引领的作用发挥仍不充分，党的组织覆盖、工作覆盖和党建工作效能有待继续提升，党组织的领导核心作用不够彰显，党员的先锋模范作用尚未充分显示出来，必须将物业服务企业的党建工作融入社区建设，实现党的组织联建，增强工作合力。

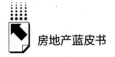

2.助推基层治理现代化的现实选择

当前，我国面临百年未有之大变局，社会主要矛盾发生转化，经济社会发展呈现一系列新特点、新趋势，对基层社会治理提出了新的更高的要求。一是社会矛盾趋于复杂化。不同主体的多种利益诉求相互交错，容易发生矛盾和冲突。二是居民服务需求更加多元化。要求物业服务企业不仅提供大众化服务，更要提供个性化服务；既要保障治安稳定，更要注重提升幸福指数。三是居民参与的内生动力不足。业主大会成立难、议事难，业主委员会合规履职率不高，部分业主公共精神和参与意识不强。四是治理机制不健全。一些住宅社区业主自治和小区共治不活跃，社会组织和志愿者的参与作用不充分，矛盾纠纷基层调解和小区综合治理的合力不强，民主协商、民主评议机制不健全，数字治理、智慧治理发展不充分。这就要求构建"各方联动、齐抓共管"的基层治理格局，完善"民有所呼、我有所应"的工作机制。发挥党组织领航、把舵的作用，是促进物业服务企业融入社区治理、完善社区治理体制机制的关键。

（三）党建引领实现物业服务高质量发展

1.拓展物业服务发展空间

党建引领为物业服务企业参与社会治理提供了一个有效的平台，物业服务企业可借此拓展多元化服务网络，寻找新的盈利增长点。根据《关于深化城市基层党建引领基层治理的若干措施（试行）》，对于党建强、服务好、群众满意度高的物业服务企业，在物业服务项目招投标和物业服务企业评先评优时予以优先考虑，支持以政府购买服务等形式承接有关政务服务和公共服务。这就为物业服务企业经营转型升级提供了新机遇。物业管理行业积极探索"物业+养老+托幼"服务模式，提供短期托管、陪护、就餐、社区食堂、文化娱乐等助老扶幼保障型服务，激发社会力量参与城乡基层治理的内生动力。

2.为物业服务发展赋能

赋能组织建设。通过"党建带群建，群建促党建"，发挥党组织带领工、青、妇组织的积极作用。赋能队伍建设。通过组织成立党员突击队，发挥党员先锋模范带头作用，让党旗在基层治理第一线（特别是在新冠疫情防控斗争中）高高飘扬。赋能难题破解。物业服务企业常常会遇到一些棘手问题，如住户侵占绿地、封闭阳台、私自搭建构筑物、丢弃宠物粪便、垃圾不分类、违规出租房屋等现象时，物业服务企业"不好管"或"不敢管"。这不仅带来很多安全隐患，也影响了企业提供服务的质量。加强党建引领，融入基层治理，可以发挥党组织协调各方的组织优势，形成解决难题的合力，共同破解小区治理难题。

3. 提升物业服务企业社会形象

在物业服务企业中建设党组织，强化党建工作，有利于端正物业服务企业的经营管理理念，提高物业服务企业"为民办实事"的思想觉悟，提高物业服务质量和水平，赢得业主对物业服务的认可。同时，将物业服务企业融入基层管理工作，在物业服务的商业运营过程中承担起社会责任，可以打破公众把物业管理看作"打扫卫生、看大门"的刻板印象。从传统对"物"的管理和维护转变为对"人"的服务和关怀，促进物业服务向现代服务业加快转型升级。

四 结语

展望未来，物业管理行业作为民生服务担当，正站在新起点、开启新征程。进一步融入基层治理体系，做政府基层治理的好助手。完善网格化管理、精细化服务，为居民提供家门口的优质服务和精细管理。聚焦群众急难愁盼问题，更深入参与养老、托育等居民生活服务供给。参与城市更新，助力政府惠民政策落实到"最后一公里"。以科技创新推动转型发展，建设智慧社区，融入智慧城市。实现城市、社区、物业服务企业资源统筹、联管联动。履行社会责任，将环境、社会和公司管治全面发展融入行业，走可持续发展道路。绿色赋能，在"建筑、社区、城市"三大服务场景中转型布局。2023年，物业管理行业将更坚定地迈向高质量发展道路，为人民群众创造高品质的生活空间。

B.13

2022年中国房地产金融运行分析报告

蔡 真*

摘 要： 2022年，在住房贷款利率大幅下调、住房消费金融服务持续优化的情况下，个贷余额增速仍持续回落；因出现提前还贷潮，第四季度个人住房抵押贷款余额净减少1100亿元，表明居民部门正在通过增加储蓄、降低消费和减少债务来修复家庭资产负债表。受房企债务违约影响，房地产信托仍在持续压降，房企境外债发行规模腰斩；但随着房地产融资政策环境的进一步改善和"保交楼"专项借款的有序投放，房地产开发贷款余额增速由负转正，同比增长3.7%。展望2023年，随着金融"三支箭"政策的推出，房企违约蔓延会较快得到遏制，但整个市场复苏偏弱。因为目前政策未能惠及违约房企，建议地方财政应主动发力，收购违约房企的"保交楼"项目并用于保障性租赁住房。长期看，房地产市场和房地产金融面临两大风险挑战：第一，人口负增长和城镇化进程放缓导致住房需求下行；第二，居民部门去杠杆导致的资产负债表衰退。努力探索房地产业新模式、促进房地产与金融业良性循环，是应对长期风险挑战的必由之路。

关键词： 房地产金融 住房贷款 房地产企业

---

* 蔡真，中国社会科学院金融研究所副研究员，国家金融与发展实验室房地产金融研究中心主任，研究方向为房地产金融与风险管理。

一　个人住房信贷市场运行情况

（一）住房贷款利率大幅下调

2022年，房地产市场持续释放出积极政策信号，房地产行业作为国民经济支柱产业地位被重新明确。住房需求端的金融支持政策大量推出，包括推动LPR下行，放宽部分城市的首套房政策利率下限，下调住房公积金贷款利率；优化住房金融服务，加大对居民刚性、改善性住房需求的金融支持力度等。

从50城个人住房贷款的平均利率水平来看，2022年末，全国首套住房贷款的平均贷款利率为4.11%（为LPR减19个基点），较2021年末下降了153个基点。其中，泉州、石家庄、温州的首套住房贷款利率已降至3.8%，仅深圳、上海、北京三个一线城市的首套住房贷款利率仍高于LPR。2022年末，全国二套住房贷款的平均贷款利率为4.92%（为LPR加62个基点），较2021年末下降了100个基点。首套个人住房公积金贷款利率，自2022年10月1日起也下调了15个基点至3.10%（5年期以上），为1999年全面推行住房公积金制度以来最低利率（见图1）。

为有效降低购房者的借贷成本，更好地支持住房消费，2022年的住房贷款的平均利率大幅下调。但是首套、二套住房贷款利率下调幅度不同，首套、二套住房贷款利率分别较2021年末下降了153个基点、100个基点。首套、二套住房贷款的利差较2021年末扩大了53个基点，达到81个基点。差别化住房信贷政策下，扩大的首套、二套住房贷款利差，意味着对首套刚性住房需求的金融支持力度更大，体现了"房住不炒"政策基调；但也意味着，在二套住房认定标准较为严格的城市，对居民改善性住房需求的金融支持力度较弱。

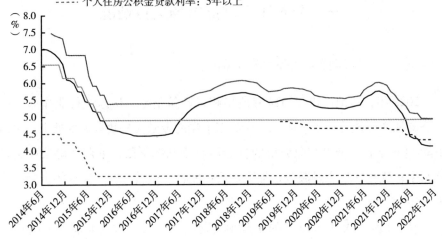

图1 个人住房贷款平均利率走势

注：个贷利率统计的50个城市包括北京、常州、成都、大连、东莞、佛山、福州、广州、贵阳、哈尔滨、杭州、合肥、呼和浩特、惠州、济南、嘉兴、昆明、兰州、廊坊、洛阳、绵阳、南昌、南京、南通、宁波、青岛、泉州、厦门、上海、绍兴、深圳、沈阳、石家庄、苏州、太原、天津、温州、无锡、芜湖、武汉、西安、徐州、烟台、银川、长春、长沙、郑州、中山、重庆、珠海。

资料来源：贝壳研究院、中国人民银行、Wind。

（二）住房贷款放款周期大幅缩短

为更好落实房地产需求端的金融支持政策，银行住房消费金融服务不断优化改善，其中房贷的审批放款速度大幅加快。2022年末，全国百城个人住房贷款平均放款周期为28天，较2021年10月最长的73天大幅缩短。其中，2022年末，一线城市的平均放款周期已由2021年最高点的90天缩短至2022年末的32天；部分二线城市的平均放款周期也由2021年最高点的112天缩短至2022年末的31天（见图2）。

（三）住房贷款余额首次出现负增长

在政策推动下个人住房按揭贷款的利率下行较快，但余额规模增长并不

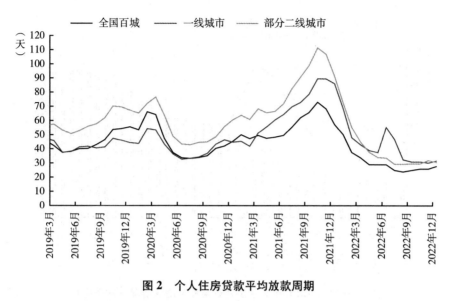

图2 个人住房贷款平均放款周期

注：图中的一线城市包括北京、上海、广州、深圳，二线城市包括天津、重庆、西安、南京、合肥、成都、佛山、东莞。

资料来源：贝壳研究院。

理想。从余额数据看，截至 2022 年末，我国个人住房贷款余额为 38.8 万亿元，占全部信贷余额的比例下降至 18.13%。从余额增速来看，个人住房贷款余额同比增速从 2017 年第二季度开始呈持续下降态势。2022 年，个人住房贷款余额同比增速延续这一走势：第一季度同比增速为 8.90%、第二季度同比增速为 6.20%、第三季度同比增速为 4.10%，第四季度同比增速仅为 1.2%，已远低于金融机构人民币各项贷款余额的同比增速。从余额的净增量数据来看，2022 年第一季度个贷余额净增量为 5200 亿元，第二季度个贷余额净增量仅为 200 亿元，第三季度个贷余额净增量为 500 亿元，第四季度个贷余额净减少 1100 亿元（见图3）。

在对合理住房消费的金融支持力度不断加大、个人住房消费金融服务持续优化的情况下，个贷余额增速仍持续回落，且在第四季度罕见地出现了负增长。究其原因，可能包括以下三个方面：一是受住房销售规模下降影响，新增个人住房贷款的融资需求也随之下降。二是新增和存量住房贷

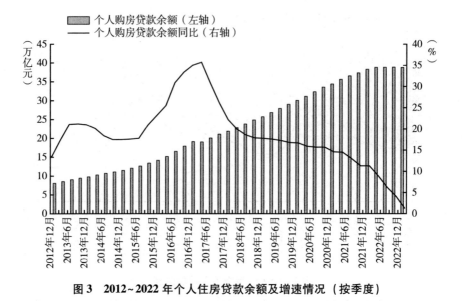

图3 2012~2022年个人住房贷款余额及增速情况（按季度）

资料来源：Wind。

款利率差较大，叠加理财市场收益率较低，部分前期较高利率的借款人在手头存款或资金充足情况下，为降低利息支出，开始提前偿还房贷。三是疫情三年对居民部门的收入预期和资产负债表均产生了较大的冲击。居民部门通过增加储蓄、降低消费、将大部分收入或积蓄用于还债等方式来修复家庭资产负债表，部分借款人开始提前还贷，提示发生居民部门资产负债表衰退的苗头。

二 房企融资市场运行情况

房地产供给端的融资主要包括三个类别：银行信贷、信托融资以及债券发行。2022年，受房企违约蔓延影响房企融资整体不乐观，信托融资余额和债券发行额相对于2021年明显下降，银行信贷方面状态略好，从2022年三季度开始开发贷款余额同比增速转正。

（一）房企开发贷融资情况

从央行公布的金融机构贷款投向统计数据来看，截至 2022 年末，房地产开发贷款余额为 12.69 万亿元，占全部信贷余额的比例为 5.93%，同比增长 3.7%，同比增速在经历第一、二季度为负值后，在第三季度转正（见图4）。

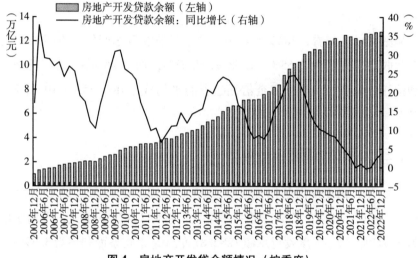

图4　房地产开发贷余额情况（按季度）

资料来源：中国人民银行、Wind。

从 2021 年第四季度开始，人民银行、银保监会等部门多次表态，要求银行业金融机构准确把握和执行好房地产金融审慎管理制度，支持和满足房企合理融资需求。但因为房企债务违约事件仍在持续发生，行业信用远未恢复，商业银行受制于风险约束和经营考核压力，对新增房地产开发贷的发放极为审慎，2022 年第一、二季度房地产开发贷余额表现为同比增速持续为负。2022 年第三、四季度，随着"保交楼"专项借款的有序投放以及金融"三支箭"政策的推出，房地产开发贷款余额增速由负转正，恢复正增长。

（二）房地产信托融资情况①

从投向房地产行业的信托资金数据来看，截至 2022 年第三季度末，房地产信托余额为 1.28 万亿元，同比下降 34.20%；与 2021 年末相比，余额压降了 4808.21 亿元，占资金信托余额的比重进一步下降至 8.53%（见图 5上图）。在强监管和房地产信托违约风险事件频发的背景下，信托投资公司持续压降房地产信托规模，房地产信托余额的规模、增速和占比均持续压缩。

从融资成本来看，2022 年第一、二、三季度房地产信托发行的平均预期年化收益率分别为 7.55%、7.58%、7.62%；加上 2%～3% 的信托公司报酬和信托计划发行费用，房企信托融资的平均成本在 9.55%～10.62%，较2021 年略有上升（见图 5 下图）

（三）房企信用债发行情况

2022 年，房企境内信用债（不包括资产证券化产品）的发行总额是4937.27 亿元。其中，2022 年第一季度发行总额 1247.56 亿元，平均票面利率为 3.61%；第二季度发行总额 1282.81 亿元，平均票面利率为 3.39%；第三季度发行总额 1328.24 亿元，平均票面利率为 3.34%；第四季度发行总额1078.66 亿元，平均票面利率为 3.27%（见图 6 上图）。

2022 年房企境外债发行规模为 214.32 亿美元（约为 1450.96 亿元人民币），同比下降 50.28%，发行规模腰斩。其中，2022 年第一季度房企境外债的发行规模为 53.98 亿美元（约为 342.70 亿元人民币），平均票面利率为7.79%；第二季度的发行规模为 34.50 亿美元（约为 231.54 亿元人民币），平均票面利率为 8.88%；第三季度的发行规模为 81.66 亿美元（约为579.77 亿元人民币），平均票面利率为 6.95%（见图 6 下图）；第四季度的

---

① 由于信托数据的发布滞后一个季度，当前最新数据更新至 2022 年第三季度末，本节分析基于 2022 年第三季度末及之前的数据。

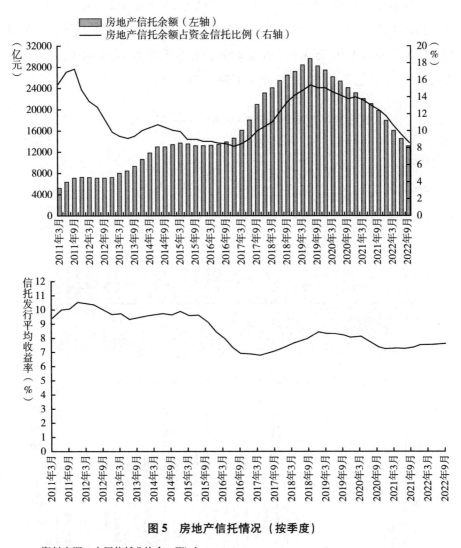

图 5　房地产信托情况（按季度）

资料来源：中国信托业协会，Wind。

发行规模为 44.17 亿美元①（约为 299.05 亿元人民币），平均票面利率
为 8.56%。

———————————

① 包括当代置业因债务重组而发行的 29.09 亿美元债，新的债券用于替换已违约高息美元债。

从存量情况来看，截至 2022 年末，房企境内信用债待还余额 1.77 万亿元，同比下降 6.84%，其中，一年内到期债券余额为 3357.52 亿元，三年内到期债券余额为 1.02 万亿元；房企境外债存量余额为 1729.61 亿美元（约人民币 1.17 万亿元），较 2021 年末下降了 12.07%。

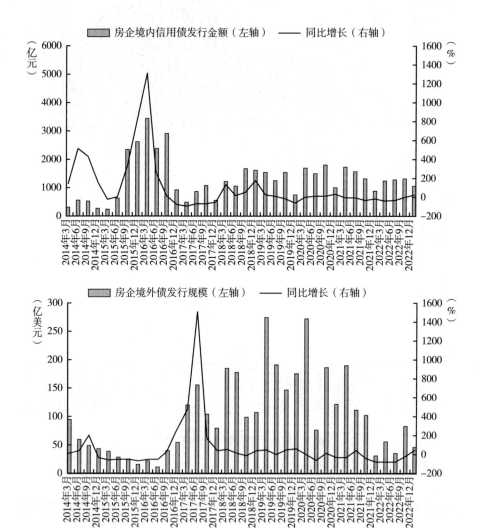

图 6　房地产开发企业境内、境外信用债发行情况（按季度）

资料来源：Wind。

三 房地产金融主要风险事件分析

2022年房地产金融市场发生了两大风险事件，分别是购房者集体停贷事件和房企债务违约潮。这两大事件从住房消费端和住房供给端对市场造成了较大冲击，以下就事件情况、原因及影响展开分析。

（一）购房者集体停贷事件

2022年6月30日，江西省景德镇市恒大珑庭的业主们将一份《强制停贷告知书》发布到社交媒体，其主要内容是，在一定期限内如果业主所购买的期房项目未能全面恢复正常施工，业主们将单方面强制停止房贷的偿还。购房者停贷事件快速发酵：6月30日至7月9日，数个楼盘的业主组织起来发布停贷告知书；7月10~16日，每天都有数十个楼盘加入停贷队伍。

1.购房者集体停贷动机分析

从法律方面来看，购房者和开发商之间的购房合同关系、购房者和银行之间的按揭贷款合同关系，是两个独立的合同关系。尽管按照行业惯例，银行大多数情况下会要求开发商为购房客户的按揭贷款提供阶段性担保。在开发商出现违反购房合同的约定，发生长期停工、逾期交付或项目烂尾等情形下，购房者只能依据购房合同向开发商主张权利。在购房者与银行之间的按揭贷款合同未解除的前提下，购房者单方面做出停止还贷的行为，会构成对按揭贷款合同的违反并需承担违约责任。

那么购房者是否可以要求开发商解除购房合同，解除购房合同之后，贷款合同作为购房合同的附属合同，同步也可以解除，从而实现退房退贷，理论上是可行性的，现实的操作很难：首先，购房者需要举证开发商违约，调查举证的精力成本和金钱成本都很高；其次，审理还需要较长周期，法庭可能主张庭外和解，即使审判开发商违约也存在执行难的情况（因为开发商正陷入财务困境）。更为重要的是，购房者购房的目的是获取住房资产，这

其中大部分是刚需群体（以自住为首要目的），而开发商停工使得购房者陷入"拿不到资产且背负巨额债务"的双重困境，可以说购房者在整个住宅生产的链条中是最弱势的群体。在考虑初始意愿、综合权衡停贷的负面影响和向开发商主张权利的成本后，购房者只能选择"停贷"的下策，其目的是将银行拉进来倒逼开发商复工复产。

2. 集体停贷事件产生的原因

从大部分停贷业主告知书来看，预售资金监管不力是导致停贷风波的直接原因。根据《城市商品房预售管理办法》和各地区的《商品房预售资金监督管理办法》相关规定，商品房的预售资金①应当直接存入监管账户。住建主管部门对存入监管账户的商品房预售款进行监管，监管资金分为重点监管资金和一般监管资金。重点监管资金是确保项目竣工交付所需的资金，实行专款专用，必须用于有关的工程建设（如建筑材料、设备和工程款等）。重点监管资金以外的为一般监管资金，预售项目留足重点监管资金后，在项目无拖欠工程款和农民工工资的情况下，房企可以申请提取一般监管资金拨付至其基本账户，由房企提取和使用。理论上来说，仅重点监管资金就足以支付房地产项目的建安成本，并不会出现因建设资金不足而导致停工、延期交付或烂尾。然而，现实中存在预售资金没有进入监管账户的情况，如郑州奥园项目7亿元销售收入被挪用；此外还有房企与总包方合谋，虚报工程进度，提前支取重点监管资金的情况。

导致停贷风波的根本原因是"高负债、高杠杆、高周转"的模式在当前环境下失灵了。自2021年下半年恒大爆雷以来，预售资金监管经历了收紧的过程，其目的是"保交楼"，然而房企资金运作高度依赖预售款，有的城市将重点监管资金额度设置为预收款的10%（这在二三线城市不足以支付建安成本），政策收紧后房企不能回流资金同样不能开工，就出现了"一收就死"的局面。2022年上半年预售资金监管政策放松，政策目标依然是

---

① 预售资金指期房销售中购房人按照商品房买卖合同约定支付全部购房款，包括定金、首付款、分期付款、一次性付款和银行按揭贷款、住房公积金贷款等。

"保交楼"，但放松后很快被房企挪用，其主要用于还债，就出现了"一放就乱"、结果与政策目标背离的情况。当"三高"模式导致房企资金全面"失血"时，从单方面着手难以解决问题，关键是对房企"输血"，并使其具备"造血"功能。

3. 集体停贷事件的影响

集体停贷事件的迅速传染扩散，产生了多方面的影响。首先是影响借款人的征信。停贷行为可能会构成对按揭贷款合同的违约，导致购房者被纳入征信失信名单，产生逾期利息，被要求承担还款责任或被强制拍卖所购房屋。其次是导致个人住房贷款不良率和不良贷款规模上升，影响银行的信贷资产质量。如果风险敞口较大，可能会对金融体系的稳定产生影响。再次是影响房地产市场需求和预期。停贷事件对房地产市场信心和预期产生较大冲击，引发潜在购房者对于购买期房的极大担忧，导致市场需求下降。最后是影响社会的稳定。容易引发相关人员群体性聚集维权，成为社会稳定的重大隐患。

4. "保交楼"工作积极推进

购房者集体停贷事件表明，房地产风险已经从企业端传导至金融市场和需求端，风险实际上已由企业、行业风险演化为金融风险，进而引发社会稳定风险。因而"保交楼"工作至关重要，它已成为抵挡风险进一步蔓延的最后屏障。

鉴于购房者集体停贷事件产生严重的负面影响，为稳定房地产市场预期和维护社会稳定，政策快速做出了响应，"保交楼"行动积极推进。2022年8月19日，住建部、财政部、中国人民银行等有关部门出台措施，通过政策性银行专项借款方式支持已售、逾期、难交付住宅项目建设交付。此次专项借款初期规模2000亿元，以城市为单位借入、使用、偿还，专项借款计入地方政府债务。原则上，地方政府借款期限不超过3年。借款前两年，利率执行贴息后2.8%的标准；第三年，借款利率涨至3.2%；若债务超过三年不能归还，借款利率在第三年基础上翻倍，且财政部将督促有关地方政府还款。2022年9月14日，用于"保交楼"的2000亿元全国性纾困基金启

动，9 月 22 日，国家开发银行向辽宁省沈阳市支付全国首笔"保交楼"专项借款。2022 年 11 月，在前期推出的"保交楼"专项借款的基础上，人民银行再次推出 2000 亿元"保交楼"贷款支持计划，为商业银行提供零成本资金，以鼓励其支持"保交楼"工作。

在地方政府层面，通过设立地方房地产纾困基金、派遣工作组、压实项目公司责任等多方面积极推进"保交楼"工作。例如，位于集体停贷事件漩涡中心的郑州，于 2022 年 9 月 7 日发起了"大干 30 天，确保全市停工楼盘全面复工"专项行动，方案中强调压实各方责任，全面核查是否存在资金被抽逃挪用情况，排查所有停工、半停工项目。2022 年 10 月 6 日，郑州发布"保交楼"专项行动阶段性成果：全市已排查出的 147 个已售停工、半停工商品住宅项目中，有 145 个实现全面、实质性复工，2 个未复工项目已确定化解路径。郑州在保交楼行动中从公安系统、法院系统、财政金融系统、住房保障系统四个方面采取措施，公安系统围绕常见涉房领域犯罪开展调查取证，形成震慑效应；法院系统主动对接各级专班发挥保交楼护航作用。

（二）房企债券违约潮

2022 年，房企成为债券市场违约的主力，可谓形成了潮水之势；而集体停贷事件的爆发，根源在于违约潮造成购房者预期转弱，以至于对保交付失去信心。从单月数据看，境内债券的违约数量占比一直保持在 50% 及以上，违约金额占比有 9 个月保持在 70% 以上（见表 1）；境外债券的违约形势更严重，违约数量和违约金额占比有 7 个月保持在 100%（见表 2）。截至 2022 年底，共有 40 家上市房企违约，目前 A 股和 H 股共有 176 家上市房企，尽管违约房企数量占比不到 1/4，但违约房企占上市房企的资产和负债规模比例分别为 40.5% 和 42.6%，如果这些违约房企都进入破产清算程序，那么产生的影响将是系统性的。

表1　房企境内债违约情况

年月	房地产行业月度新增违约债券数量（只）	房地产行业月度新增违约债券余额（亿元）	月度新增违约债券数量（只）	月度新增违约债券余额（亿元）	月度新增违约地产行业违约债券数量占比（%）	月度新增房地产行业违约债券余额占比（%）
2022年1月	6	53.43	6	53.43	100.00	100.00
2022年2月	1	2.00	1	2.00	100.00	100.00
2022年3月	13	85.78	17	114.84	76.47	74.70
2022年4月	6	170.50	11	195.48	54.55	87.22
2022年5月	11	264.76	17	292.89	64.71	90.40
2022年6月	9	78.67	18	145.89	50.00	53.93
2022年7月	16	214.07	26	265.59	61.54	80.60
2022年8月	16	142.19	22	174.51	72.73	81.48
2022年9月	9	140.30	15	164.06	60.00	85.51
2022年10月	5	50.74	5	50.74	100.00	100.00
2022年11月	7	53.16	14	109.17	50.00	48.69
2022年12月	6	28.20	12	48.41	50.00	58.25

资料来源：Wind。

表2　房企境外债违约情况

年月	房地产行业月度新增境外债违约债券数量（只）	房地产行业月度新增境外债违约债券余额（亿美元）	月度新增境外债违约债券数量（只）	月度新增境外债违约债券余额（亿美元）	月度新增房地产行业境外债违约债券数量占比（%）	月度新增房地产行业境外债违约债券余额占比（%）
2022年1月	9	21.75	10	25.25	90.00	86.14
2022年2月	7	16.98	7	16.98	100.00	100.00
2022年3月	14	51.04	15	58.54	93.33	87.19
2022年4月	10	41.81	12	62.32	83.33	67.08
2022年5月	8	41.72	8	41.72	100.00	100.00
2022年6月	20	47.73	20	47.73	100.00	100.00
2022年7月	11	34.37	12	37.37	91.67	91.97
2022年8月	5	11.37	7	20.39	71.43	55.74
2022年9月	4	15.14	4	15.14	100.00	100.00
2022年10月	3	30.76	3	30.76	100.00	100.00
2022年11月	1	0.70	1	0.7	100.00	100.00
2022年12月	2	6.73	2	6.73	100.00	100.00

资料来源：Wind。

1. 房企违约潮是如何演变的

2021 年 7 月恒大被广发银行宜兴支行申请资产保全，这是房企违约潮的起点。在陷入债务困境后，恒大于 2021 年 9 月召开"保交楼"誓师大会。与此同时，政策从两方面做出响应，一是将项目复工和保交付作为重要的政治任务推进，采取的核心措施为预售资金强监管，结果导致"一收就死"的局面，资金难以回流到项目中；二是央行高层表示部分金融机构对"三道红线"政策理解有误，同时提出并购贷款不纳入"三道红线"考核，然而银行是典型的顺周期部门，在紧缩环境下银行表现为"雨天收伞"行为。

2021 年第四季度尽管政策暖风频吹，但也仅仅产生了短暂的宣告效应，信用环境并没有实质改善，销售同比增速依然加速下滑。在这样的背景下，市场意识到房地产的"三高"模式难以持续。那么谁是下一个恒大，或者寻找"恒二"或"恒三"，也成为投资者的密切关注点。市场普遍观点是将融创对标为"恒二"，将世茂对标为"恒三"。

2022 年 1 月中下旬，世茂发行的两期 ABS 公告将与投资人进行展期谈判，这对市场造成了极大冲击：第一是市场之前对"恒三"的预期被证实；第二是世茂困境发生的速度较快，因为仅仅在两个月之前的 2021 年 11 月，大量民企美元债大跌的时候，世茂的美元债收益率还稳定在 5%附近。在债券价格下跌之前，世茂被认为资产质量较好、公司运营管理能力也较强，但其实该公司表外负债和债务过多，财务管理严谨度较为一般。2021 年 12 月 10 日，世茂对国通信托的一笔信托借款逾期，该笔信托贷款只有 3000 万元，且背后的投资人是散户，在 12 月 10 日信托计划到期这一天，世茂才通知国通信托不能正常兑付该信托计划，需要展期。一个年销售金额达 2700 亿元的大型地产公司，财务安排居然混乱到如此程度、现金流居然紧张到如此程度，这也令市场大感错愕。

2022 年 5 月 12 日，融创公告称一笔金额为 2947 万美元优先票据的利息已于 2022 年 4 月 11 日到期应付，公司有 30 天宽限期支付利息，截至公告日公司未能支付有关款项。融创作为"恒二"爆雷既在市场意料之外也在意料之中。意料之外是因为"恒二"距"恒三"倒下只有不到 4 个月，而这期间许多城市出台了降首付的政策，贷款利率也在持续下行；融创自身也在采取自救行动：2021 年 11 月融创以 16.73 亿元的作价将杭州的两个项目出售给了滨江集团，12 月融创以 26.8 亿元的价格将上海虹桥商务区写字楼、杭州核心地段酒店及写字楼三个项目出售，2022 年 1 月融创将昆明融创文旅城二期 40%股权作价 14 亿元转让予华发。意料之中是因为融创是典型的"三高"模式房企，且战略极为激进。融创的口号是："抢别人的地，让别人无地可买"。融创在 2021 年上半年在多个城市成为地王，而这恰恰是拐点来临前夜。

进入 2022 年第三季度房地产行业形势更加严峻：一方面，头部房企违约给市场带来巨大冲击；另一方面，前期债务展期的房企进行二次展期。如果说第一次展期是给债权债务双方一次诚心商讨的机会，那么二次展期就意味着首次展期的失败，导致双方矛盾更加激化。市场信心缺失部分来自于此，一些投资人甚至认为债务可能永续。房企一方面得不到输血，另一方面造血功能丧失；于是一些房企干脆选择躺平，或进行"表演式"复工复产，这激化了房企和购房者的矛盾，最终引发了集体停贷事件。这意味着房地产风险已经从企业端传导至金融市场进而传导至购房者一端，呈现螺旋式下降态势。

2022 年第四季度，房企违约蔓延至优质民营房企。2022 年 11 月，一直被市场认为是"模范生"的旭辉宣布暂停支付到期的 4 亿美元境外债本息，并终止境外债务的相关讨论。

2. **房企违约潮产生的原因分析**

导致房企大规模债务违约的原因有四个方面。

第一，高负债、高杠杆经营是房企债务违约风险爆发的根源。我国房企普遍采取"高负债、高杠杆、高周转"经营模式，这种经营模式可以说是市场选择和激励的结果，通过"三高"经营模式可以迅速扩大房企规模，获得资本市场的入场券，并降低融资成本。值得一提的是，2015 年开始的"棚改货币化"政策带来的一轮房价全国性大幅普涨行情及土地价格持续上涨，也是刺激房企进一步加杠杆经营的重要原因。房企维持高负债、高杠杆、高周转经营模式的运转，高度依赖外源性融资和经营性现金流。对于大多数高杠杆房企来说，其融资模式都属于明斯基所谓的投机性融资[①]。但在市场下行时，房企的经营性现金流净额会迅速下滑至低于当期利息支付规模，房企的融资模式就转变为明斯基所谓的庞氏融资模式[②]。房企这种投机性融资和庞氏融资的持续条件是信贷环境的宽松和销售回款的顺利。在房住不炒的政策背景下，房企融资环境大幅紧缩，高杠杆房企无法通过外源性融资获得足额的融资性现金流，借新还旧模式难以为继。严峻的人口形势和房地产调控政策，导致市场对房价长期上涨预期发生转变，房地产市场销售规模和价格均开始下滑，房企销售回款规模大幅下降。两者叠加，使得房企高负债、高杠杆、高周转的模式难以运转，部分高杠杆房企资金链断裂，无力偿付到期债务本息，从而发生债务违约事件。可以说高负债、高杠杆经营是本轮房企债务违约潮暴发的根源。

第二，融资环境的收紧是引发房地产行业集中出现债务风险的直接诱因。"三道红线"政策出台倒逼房企财务去杠杆，2021年7月中国恒大出现债务违约之后，就对市场产生巨大冲击，不仅银行收紧了对房地产行业的贷款，地方政府也强化了对预售资金的监管力度，形成房地产金融的紧缩机制。如果将高杠杆（依赖金融体系）和高周转（依赖预售制度）比作房企快速发展的两只车轮，那么信贷资金的收紧叠加预售资金监管趋严无疑是给奔跑在高速路上的巨型重卡踩下了急刹车，侧翻、碰撞、人员伤亡等在所难免。

第三，资产负债期限结构错配是房企债务风险暴露的重要原因。房企的资产以存货为主，而其负债以短期债务为主。资产与负债的期限错配使得房企短期债务兑付压力巨大，当"借新"无法续上"还旧"，房企就会很容易

---

① 投机性融资即债务人经营性现金流净额能够支付得起利息，却覆盖不了全部到期本息，本金的偿还需依靠债务的借新还旧。

② 庞氏融资即债务人经营性现金流净额已覆盖不了全部债务利息，需出售资产或借入更大规模的债务来支付到期债务本息。

暴发流动性风险。

第四，房企间的风险传染机制也导致爆雷范围的扩大。当信用恶化房企的债务风险暴露后，风险会通过项目合作方、共同债权人、共同供货商三个途径进行传染，造成整个链条的融资困难。

3.房企债务违约的影响

房地产关联上下游行业、银行等金融机构、土地财政和众多的购房消费者，房企债务风险暴发会通过债权债务关系、合作关系对上下游供应商、金融体系、地方政府和购房消费者产生负面影响。

第一，房企对产业链上下游的建筑公司、建材供应商、规划设计公司、家居家装公司、中介代理公司存在大规模的应付账款和应付票据。房企违约后，上下游公司的相关应收账款难以回收，应收票据出现逾期或拒付，给其带来巨大的资金和经营压力，甚至会被拖入破产泥潭，如南通六建就受房企债务违约拖累而进入了破产重组程序。

第二，房企债务违约对金融体系的最直接影响是相关金融产品的违约，包括房地产债券大规模违约，银行房地产不良贷款规模上升，房地产信托爆雷，商票、私募基金、理财产品逾期或兑付困难等。

第三，房企违约潮导致大量民营房企失去了拿地意愿和拿地能力，导致土拍市场持续低迷，土地财政规模大幅下降。土地出让收入是城投债还款本息的主要来源，土地财政规模下降会导致城投债偿债压力和信用风险加大。

第四，房企债务违约会导致项目"烂尾"，期房购房者会面临无法收楼的风险。购房者集体停贷事件暴发就是因房企债务违约后期房项目建设缓慢或停工，购房者在陷入"拿不到资产且背负巨额债务"的双重困境下采取的维权行为。

四　市场展望及对策建议

未来一段时期内，房企违约蔓延的势头将得到遏制，"保交楼"工作也将进一步推进。然而房地产市场的复苏仍然偏弱，具体原因包括三点。第一，目前政策未能惠及违约房企。银行信贷方面，2022年11月23日以来工、农、中、建、交、邮储六家大行共计对万科、龙湖、碧桂园、绿城等17家房企授信额度达1.2万亿元；发债方面，美的置业和龙湖分别发行15亿元和20亿元中期票据。这些获得再融资的房企都是比较优质的房企，违约房企目前还未获得再融资。第二，金融机构房地产信贷供给意愿和能力有待进一步提高。金融机构的经营原则是"安全性、流动性、赢利性"，因此对存在风险的房企还存在信贷配给现象，比如信贷目前还未能惠及中档房企。第三，房企对资金的吸收意愿和能力也有待进一步提高。一方面，房企依然存在项目交付后主体保不住的担忧；另一方面，在错综复杂的债权债务关系中，资金注入后经营和偿付安排的能力对房企也是个考验。

政策建议方面，短期内地方财政应主动发力，收购违约房企的"保交楼"项目，收购的房源可用于保障性租赁住房。金融机构毕竟是赢利性机构，其信贷不大可能覆盖违约房企的项目，因此针对违约房企还须财政发力。在具体操作上：地方政府可结合"十四五"规划的保障房建设目标，划拨专项资金用于收购保交楼项目；如果地方财政吃紧，可发行专项债券筹集收购资金，发债资金应与未来出租或再售规模相匹配。

长期来看，房地产市场和房地产金融面临两大风险挑战。第一，人口负增长和城镇化进程放缓导致住房需求下行。2023年1月17日，国家统计局公布2022年我国人口减少85万人，中国人口正式进入负增长时代。根据第七次全国人口普查数据，我国城镇居民占人口的比重达到63.9%，接近纳瑟姆曲线第二阶段的终点，这意味着快速城镇化阶段已经过去。根据吴璟和徐曼迪[①]的测算，2021~2025年年均城镇新增住房需求为656万套，2026~2030年为年均需求455万套，分别较2011~2015年平均974.5万套的新增住房需求下降33%和53%。第二，居民部门去杠杆导致的资产负债表衰退。与居民部门资产负债表衰退相关的长期因素包括：其一，经济进入高质量发

---

① 吴璟、徐曼迪：《中国城镇新增住房需求规模的测算与分析》，《统计研究》2021年第9期，第75~88页。

展阶段，尽管人均 GDP 和居民人均收入处于较高水平，但增速放缓，这使得加杠杆失去动力；其二，老龄化进程加速使得居民资产结构调整，由房产转向流动性较高的现金或其他资产，这也导致去杠杆。另外中国居民部门去杠杆与房贷利率政策有关：新发放按揭贷款利率与存量贷款利率存在较大利差，加之理财产品大量跌破净值，居民需要优化资产负债配置。目前有两个迹象提示资产负债表衰退的苗头：一是 2022 年银行没有新增 RMBS 发行，这意味着个人按揭额度充足，从对应面来看意味着个人按揭需求不强；二是居民提前还贷意愿较强，办理这类业务需要排队较长时间。

目前学术界和决策层普遍认同，"高负债、高杠杆、高周转"的房地产旧模式亟须转型，这是因为旧模式不能与新环境相适应。努力探索房地产业新模式、促进房地产与金融业良性循环，是应对长期风险挑战的必由之路。

热 点 篇

Hot Topics

B.14

关于房地产新发展模式的探讨

端 然　杨晓波*

摘　要： 我国房地产行业经过20多年的快速发展，行业增量市场规模逐
渐见顶，以"高负债、高杠杆、高周转"为发展模式的房地产
开发企业接连出现债务违约，行业传统发展模式难以为继，亟
须向新的发展模式转型。但何为房地产"新发展模式"，目前尚
未有明确定义，如何从"传统发展模式"向"新发展模式"转
变，也仍处于探索阶段。本文通过对过去传统发展模式的回顾
和对比，结合国外发达国家房地产市场的成熟经验，从居民住
房需求、企业转型、政府引导等方面对我国房地产新发展模式
展开探讨，并以"租购并举"为抓手，提出促进房地产向新发
展模式转型的建议。

---

* 端然，深圳市房谱网络科技股份有限公司董事长，研究方向为地产大数据平台运营、房地产
行业全产业链服务；杨晓波，深圳房谱数据事业部经理，研究方向为粤港澳大湾区住房市
场、全国房地产相关政策。

关键词： 房地产　新发展模式　租购并举

经过房地产行业 20 多年的发展，我国住房发展取得了巨大成就。但随着城市化进程发展到一定阶段，行业增量市场规模逐步见顶，房地产需要从增量开发向存量为主的运营时代转变，而房企过去依赖的"高杠杆、高周转、高负债"的发展模式亟待改变，地方政府过去依赖房价、地价上涨驱动的"土地财政"模式也亟须转变。2021 年中央经济工作会议首提房地产行业要"探索新的发展模式"，2022 年中央经济工作会议明确了"推动房地产业向新发展模式平稳过渡"的目标。但何为房地产新发展模式、如何从"传统发展模式"向"新的发展模式"转变，目前仍处于探索阶段。本文认为，要探讨和定义新的发展模式，就离不开探讨和定义什么是房地产传统发展模式。

一　回顾"传统发展模式"

在传统的发展模式中，房地产开发企业通过招拍挂、转让、投资参股或收购等方式获得土地，开发建设为商品房，然后出售给有居住需求的居民，获得收入利润。资金回流后再拿新的土地，再开发建设，再出售，周而复始不断循环。这个模式，本质更接近于制造业，不同在于，商品房属于非消耗品，一旦形成，便是稳定的固定资产，不会轻易拆除、废弃。一般而言，居民购房的主要目的是满足居住需求（包括刚性和改善性需求），从住的角度看，居民需要购买的房屋是有限的，而且房屋具有继承性，后代可以继承上一代人购买的房屋。所以，随着传统"拿地、开发、出售"周转模式的发展，居民人均居住面积终究会达到一定水平后呈现饱和，住宅开发销售总量达到顶峰，之后回落。虽然会有人口向高能级城市集中、改善需求、拆除重建等部分增量需求，但更多的是结构性和区域性的影响，总量下滑是确定的。

不过，与其他消费品不同，房屋除了居住需求，还有一定的投资价值。

过去 20 年中国居民的经济能力不断提高，但市场缺乏良好的投资品，在房屋价格上涨预期的带动下，居民将购房作为财产保值增值的主要手段。这便给了房地产行业一个新的增长空间：在满足人们对居住需求的同时，不断强调房屋的投资价值，利用人们的使用和投资的双重心理，驱动购买。加上金融的支持，居民能够以较少的资金撬动更大的购买力，为旧有的"拿地—开发—出售"的发展模式延续了更长的时间。但随着居住需求逐渐得到满足，预期房价上涨的投资类需求占比越来越大，新房市场越来越脱离"住"的基本面，开始走向投资化、金融化、泡沫化，并对国家的经济、社会产生负面影响。

"传统发展模式"的特征整体可以归纳如下。

1. 业态单一

房地产业是包含房地产投资、开发、经营、管理、服务等多种经济活动的综合性产业，但在过去的"传统发展模式"下，房地产业主要是住宅地产，传统发展模式的根本是新房开发销售。

2. 模式单一

绝大多数房地产企业的开发模式是围绕住宅地产为核心，企业利润来源集中在新房售价与土地及建设成本的差额上，这也导致房企的利润来源单一，一旦新房销售业务剧烈波动，房企开发便难以为继。

3. 产品单一、同质化严重

正常情况下，不同城市、不同人群、不同家庭对居住空间的需求有一定的差异性，为了满足不同客户的不同需求，企业理应开发出不同的产品类型，满足对应客户的需求。但单一的开发和赢利模式决定了房地产企业在经营过程中更注重资源整合和快速执行——"拿地—开发—销售"的周转模式更快，获得的利润也越多（高周转模式），虽然也有部分房企愿意开发好的产品，但在高周转模式的压力下，越来越多的房企将重心放在拿地和营销，轻产品开发，导致市场上产品单一、同质化严重。

4. 重销售，轻运营

目前绝大多数房企的经营利润和收益集中在销售端，其物业产品在销售和交付后便和房企关系不大，属于一次性生意，缺乏后续的持续运营。虽然多数房企从事物业管理服务，但目前物业管理企业普遍以提供基础服务为主，物业公司仅是维护小区日常运行的"维护公司"，而不是为居民提供各种社区、生活乃至增值服务产品的"服务提供商"。

5. 收入具有"非可持续"性

由于房企的开发模式普遍单一，企业经营利润大多集中在新房的开发销售上，企业如果想要持续运营，便必须持续拿地、开发、销售，周而复始地循环。但新房的需求会有饱和的一天，新房的销售规模无法长期维持，企业的收入便不可持续。

6. 地产、政府、金融三者高度绑定

房地产开发建设需要大量的资金，往往需要借助资本的支持，这使得房地产业高度依赖金融体系，需要金融体系给予资源。另外，房地产企业所开发的建筑产品是依附土地而存在的，而土地使用权往往需要通过出让获得。地方政府通过出让土地使用权获得财政收入，房地产企业通过住宅开发销售获得利润，金融则在房地产开发过程中获得投资收益。通过房地产开发，构建了一个房地产企业—地方政府—金融系统高度绑定的三角关系。而这三个主体的利益共同点，是土地价格和房地产价格的不断提高，也只有这个逻辑不变、预期不变，传统发展模式才可以延续。

二 房地产行业亟须转型

当前，房地产行业"传统发展模式"难以为继。国家统计局数据显示，2022 年全国商品房销售面积 135837 万平方米，比上年下降 24.3%，其中住宅销售面积下降 26.8%，我国住房总需求已进入下降期。另外，根据"七普"数据，2020 年我国人均住房建筑面积为 41.76 平方米，其中城镇人均住房建筑面积达到 36.52 平方米，住房总体不再稀缺，住房市场的峰值已经到来；根据国家统计局数据，2022 年末，全国人口为 141175 万人，比 2021 年减少了 85 万人，全国人口总量迎来首次下降，人口的下降将进一步降低新增住房需求；我国近十年城镇化的年增长速度持续放缓，2022 年我国城镇化率达到 65.22%，比上年增长 0.50 个百分点，相比 2021 年 0.87 个百分点的增长进一步下降（见图 1），由农民进城创造的新增住房需求持续减少。总体来看，未来我国住房总需求将持续下降，房地产行业增量时代已结束。

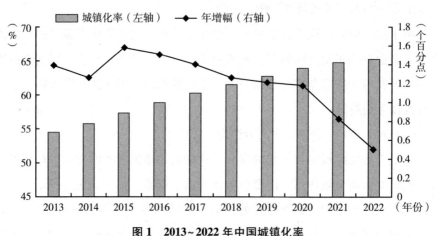

图 1　2013~2022 年中国城镇化率

资料来源：国家统计局。

在"传统发展模式"中，大量房企通过大规模境内外举债、表内表外举债，依靠"高增长、高周转、高负债"的业务模式激进扩张。然而这种模式极为依赖不断融资和新房持续销售回款获得利润以维持现金流，一旦融资收紧或新房销售表现不佳，房企便难以迅速回笼资金，导致企业现金流紧张，容易引发流动性危机。2020 年，住房城乡建设部、人民银行在北京召开重点房地产企业座谈会，会议明确了重点房地产企业资金监测和融资管理规则①，被业内称为"三道红线"。具体标准包括：（1）剔除预收款后的资产负债率不得大于 70%；（2）净负债率不得大于 100%；（3）现金短债比不得小于 1 倍。根据相关规定，房地产企业将会被分为"红橙黄绿"四档进行管理。"三道红线"的出台有力控制了房地产企业新增有息债务的增长，

---

① 《住房城乡建设部、人民银行联合召开房地产企业座谈会》，中国人民银行网站（2020 年 8 月 23 日），http://www.pbc.gov.cn/goutongjiaoliu/113456/113469/4075935/index.html，最后检索时间：2023 年 4 月 20 日。

对依赖高杠杆模式周转运营的房地产行业造成沉重打击。2021年下半年以来，随着新房销售市场持续降温，叠加融资渠道收紧，以恒大地产为代表的以"高负债、高杠杆、高周转"为发展模式的传统房企接连出现债务违约，房地产行业进入加速出清阶段。

对地方政府而言，"传统发展模式"是土地财政来源和地方城市建设相关GDP来源的根本。地方政府依赖不断地出让土地来持续获得"土地财政"收入。另外，通过出让土地，允许房企进行住宅开发销售业务，吸引并鼓励后者开发其他城市基础设施及不动产业态，从而撬动地方经济发展。但进入2022年，房地产行业加速出清，房企深陷流动性危机，拿地动力不足，尤其民营企业拿地金额大幅下降。根据国家统计局数据，2022年全国房地产企业土地成交价款为9166亿元，比上年下跌48.4%，跌幅达历史最大（见图2）。土地出让收入的大幅下滑，加剧了地方财政的紧张。失去了投资高、产业链覆盖广的房地产业的拉动，多地经济增速放缓。

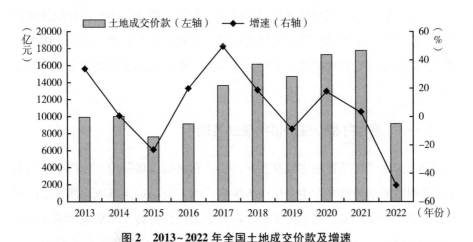

图2　2013~2022年全国土地成交价款及增速

资料来源：国家统计局。

2022年，我国房地产业规模见顶下滑，行业加速出清，地价、房价上涨预期被打断，"土地财政"收入大幅下滑，房地产行业"传统发展模式"举步维艰，迫切需要向"新发展模式"转型。

三 何为房地产"新发展模式"

房地产"新发展模式"一词最早是在 2021 年中央经济工作会议中出现，彼时的表述为"探索新的发展模式"，新的提法引起了各界高度关注，包括中央部委、地方政府，房地产企业、金融机构等都在尝试跟进解读。2022 年，中央经济工作会议中明确提出"推动房地产业向新发展模式平稳过渡"，标志着房地产业正式进入新的发展阶段。但究竟什么是新发展模式，尚无明确的定义。目前行业内外在方向上的探索主要有：供给结构多元化，租购并举的供应体系，保障性租赁住房为主的住房保障体系，商品房销售模式向现售转变，房地产企业由增量开发向存量为主的运营转型，房地产业数字化，绿色低碳发展，REITs 等新融资渠道，房地产税试点等。本文认为，所谓房地产"新发展模式"，是在"房住不炒"的前提下，有侧重地推动市场供给侧改革，引导房企更好地响应、契合、服务、满足居民的住房需求，逐渐建立一个可持续发展的经营模式，实现房地产行业良性循环和健康发展。对应传统的发展模式，本文认为房地产新发展模式主要包含以下几个方面。

（一）租购并举，住房供给模式转型

我国房地产市场目前主要是住房市场。在新的发展阶段，住房市场的主要矛盾和需求结构都在发生变化。传统模式下，商品房市场成为满足城市居民日益增长的住房需求的主要渠道。但随着房价的提高，越来越多的居民尤其低收入群体难以承受高昂的购房成本，其住房需求更多依赖于保障房和租赁房市场的发展。满足居民住房需求，租房和购房都不可或缺。参考国外发展较为成熟的房地产市场，在住房供给体系中，美国、英国、日本等都重视住房租赁市场的发展，全部家庭中有 40% 左右选择租赁住房[①]。目

[①] 任荣荣：《对房地产业新发展模式的探讨》，《中国经贸导刊》2022 年第 12 期，第 69 页。

前，国内商品房市场发展较为成熟，但住房租赁市场发展滞后，随着我国房地产行业步入新的发展阶段，居民通过租赁住房满足住房需求的比例势必逐渐提高，住房供给模式须由过去的以"购"为主转向"租购并举"的新模式。

从市场角度看，"租"同时涉及供应和需求两端。供应端需要做到"有房可租"，市场上要提供不同类型的租赁住房供居民选择。以日本为例，日本建立了包括政府提供的公营住房、都市再生机构提供的 UR 住房、企业为员工提供的给予住房、市场化的民营住房在内的多主体供应住房租赁市场。国内在租赁住房多元化供应方面动作也在逐步加快，政策层面大力建设保障性租赁住房：2021 年 7 月，国务院发布《国务院办公厅关于加快发展保障性租赁住房的意见》，加快建立以公租房、保障性租赁住房和共有产权住房为主体的住房保障体系。其中，公租房主要满足中低收入住房困难家庭等群体的居住需求；保障性租赁住房以人口净流入城市为重点，着力做好新市民和青年人的住房保障；共有产权住房则由城市政府因地制宜，主要帮助有一定经济实力、买不起房子的居民能够尽快改善居住条件。以深圳为例，《深圳市住房发展"十四五"规划》中提到，深圳"十四五"期间（2021～2025 年）预计新增各类住房 65 万套（间），其中商品住房 31 万套，公共住房 34 万套，公共住房加快建设供应，比例提高至 52%。公共住房中，新增供应公共租赁住房（即公租房）6 万套（间），保障性租赁住房 20 万套（间），共有产权住房 8 万套，以切实满足不同住房需求的居民，形成低收入群体住有所居，新市民、新青年可先租后买，买不起商品房可购买共有产权房的多种住房供应模式。

市场层面鼓励企业加快发展长租房市场。专业化住房租赁企业通过对长租房的统一运营管理，在盘活现有存量住房，提供高品质单间合租房、整租房，解决居民住房需求方面发挥着重要作用。在美国的租赁住房供给体系中，约有 30% 的租赁住房由专业机构提供，以机构为主体的长租房持有者通过直接在租赁市场与传统的个体出租人、住房租赁中介展开竞争，从而提高住房租赁市场的竞争水平，最终有利于广大的承租群体。然而，目前国内

的住房租赁市场缺乏足够数量的机构出租人参与，存在租金收益率低、缺乏融资渠道、土地供应机制适配度不高等多方面问题，需要政府和企业共同努力，一步步探索解决。解决这些问题的过程，便是房地产行业向新发展模式转型的过程。

"租"的需求端则需要居民无论是从生活便利、安全稳定、财务考量，还是从社会观念、社会接受程度和心理等角度，认可"长期租房"是解决居住需求的一种能接受方式。中国人崇尚置业，向往拥有自己的住房，因此需求端需要与供给端长期互动下发生作用，在市场上经营良好、质量有保证、类型多样、能够满足不同家庭需求的租赁住房逐渐增多的情况下，因房价高企、买不起房的年轻人逐步接受推后购房年纪，逐渐接受长期租房（租房结婚和租房生育），甚至将终身租房作为解决居住的方式之一，从而从需求端促进住房租赁市场发展。

（二）房地产企业经营模式转型

房地产企业是房地产行业向新发展模式转型过程中的重要参与主体。在向新发展模式转型过程中，房地产开发企业需要从旧有的以单一住宅开发销售为核心的业务模式逐渐转向立足存量市场，依托各类型房地产业态，围绕"不动产"开展各类资产管理、运营及服务类业务，逐步由重资产模式转向以多种形式开发及持有、轻资产与重资产结合的均衡模式。以日本为例，20世纪90年代房地产泡沫后，以三井不动产为代表的房企被迫改变企业发展模式，降低企业资产负债率，同时更重视现金储备，通过出售闲置资产、缩小土地投资规模等保证现金流稳定，以实现布局调整，打破相对单一的营业结构，从以往高负债、重资产的发展模式，转向轻资产、重运营的全新经营模式，从而摆脱了房地产泡沫破灭带来的负面影响，企业规模进一步扩大。通过借鉴国外发达国家经验，同时结合国内实际，本文对我国房地产企业向新发展模式可能的转型方向和转型后的特点作梳理。

1. 由增量开发向存量运营转型

过去 20 年，随着中国城镇化率的快速提高，中国在短短 20 年便完成了发达国家 100 年甚至更长时间的城市建设。伴随大规模建设的完成，"新发展模式"一定是围绕"存量资产"进行的。在这个过程中，包括住宅、商业、办公在内的各类业态的增量市场会逐渐萎缩，行业内的各类要素向存量市场转移并集中，通过对存量资产的运营，满足人们新的需求，为城市带来新的活力和发展动力。

2. 不动产业态多元化

存量运营时代，企业所涉及的不动产业态将更加多元化，围绕住宅、商场、写字楼、公寓、产业园、旅游、仓储物流、物业管理、租赁住房等每一条不动产赛道都有可能成为新发展模式下房企新的增长点。新发展模式下，房企不再局限于仅将商场、酒店、写字楼、产业园等作为拿住宅用地的手段，而是作为长期持有的、可赢利的运营载体。虽然不同的开发商不可能覆盖所有业态，但可以结合自身的资源禀赋和历史条件，探索出属于自己的模式，从中将涌现出区域乃至全国级的品牌运营商。

3. 业务模式由单一迈向多元

在存量运营时代，企业的经营模式可以逐渐从单一的出售资产向持有资产并运营转变，企业的运营能力、专业性和品牌逐渐向存量不动产业务集中，扩展出对商户的租金及增值服务，对住户提供维修、家装和家政等服务，为写字楼使用者提供办公解决方案，为仓储物流用户提供库内运营服务等。同时，房企可以结合不同不动产业态的特征，以合资或者基金化的形式，引入金融类的权益投资人，减少自身资金的投入，逐渐从传统高负债、重资产的模式转向轻资产、重运营的新经营模式。在此基础上，随着企业运营和管理能力的不断提高，可以完全依托自身品牌和成熟的运营管理能力，为第三方资产所有者提供服务。

4. 企业收入来源可持续化

随着房地产企业经营范围和业务模式的不断拓展，企业对住宅销售回款收入的依赖度将越来越低，依托多种业态和多种业务模式，通过对

长期持有资产和第三方资产的良好运营而带来的持续稳定收入将成为房企收入中越来越重要的组成部分，甚至逐渐超越并取代住宅开发销售带来的收入，从而优化企业的财务结构，增强企业抗风险能力，同时使得企业有充足的资金开辟新赛道，抢占并确立在新业务、新业态和新领域的市场地位。

5. 产品多元化、精细化

传统发展模式中，房地产企业的核心能力在于供应商的资源整合和流程管理，在产品研发和后续服务上差异较小，企业中虽然也有重视产品力的建筑师、工程师和专业人员，但为了追求规模、速度和效益，企业往往放弃对产品力的追求，造成了过去行业内产品单一、同质化严重的问题。新发展模式下，购房需求下降，房企不再唯规模论，需要更专注产品层面的研发，注重产品差异化，开发面向不同购房群体的产品。同时，注重产品的迭代，借助作为运营方直接面向用户终端的便利，以用户需求为核心，以提升住户或用户体验为目的，对产品持续优化，完善产品设计和建造。

（三）政府自上而下的参与和引导

房地产业体量大、链条长、牵涉面广、复杂度高，对国民经济和金融系统稳定都具有重要的系统性影响。房地产行业当前面临的问题众多，有短期的，也有长期的，各种问题背后有着复杂的历史经纬，涉及大量的行业内外经营主体和相关方。在行业向新发展模式转型过程中，仅靠自下而上的、纯粹市场化的力量难以摆脱当下的困境，完成向新发展模式的转型。新发展模式下，需要中央更深入地了解和把握行业形势，自上而下地牵头各部委及地方政府统筹协调，与企业共同完成供给侧改革。一方面，不断完善与房地产行业相关的法律法规，在住房开发销售、住房租赁、企业融资、不动产资产证券化等各个领域逐渐细化相关制度办法，如现售制的试点推出、住房租赁业务的政策及信贷支持、传统地产开发模式的去金融化、不动产运营业务的融资支持、优质不动产资产证券化的规范化发展等，为行业向新发展模式转型提供有效而完善的制度保障;另一方面,通过出台与住房租赁相关激励政策,引导和鼓励传统房地产企业、机构、平台积极参与住房租赁市场建设,以住房租赁市场为抓手,在完善住房租赁市场化服务的同时,促进传统房地产企业在租赁市场新赛道上的转型发展。

房地产行业当前问题多、争议大、影响广,形势复杂严峻,转型之路道阻且长,新发展模式势必无法一蹴而就,需要政府、企业、市场等共同"摸着石头过河",不断尝试和探索。目前来看,"传统的发展模式"依然是基础,须在转型发展中扮演支持角色。在坚持"房住不炒"的大前提下,政府仍有必要持续做好行业维稳工作,优先保交楼、保民生、保稳定,同时给予有流动性危机的企业一定的政策支持,缓解其流动性困境,保市场主体。但政策支持力度须谨慎适度,不能因为防范风险而放松政策调控,引发新一轮的房价上涨,导致房地产与金融进一步绑定,加深金融系统性风险。在政策的不断平衡下,逐渐恢复购房市场信心,使得传统的发展模式依旧能维持运转,助力行业顺利过渡至新发展模式。

四 促进房地产行业向新发展模式转型的建议

房地产行业向新发展模式的转型之路势必艰难而漫长,更好地促进房地产行业向新的发展模式顺利转型,需要政府、企业、研究机构等各方参与者不断探索,在实践中持续完善。本文就促进行业顺利转型提出建议:以"租购并举"为导向,由政府、企业共同主导,将构建住房租赁体系和企业转型有机结合。

近年来,"租购并举"逐渐成为我国推进住房制度改革的顶层指导:2015 年中央经济工作会议首次提及发展住房租赁市场,并强调将"租购并举"确立为我国住房制度改革的主要方向;2020 年中央经济工作会议提出,加快完善长租房政策,逐步使租购住房在享受公共服务上具有同等权利,规范发展长租房市场;2022 年党的二十大报告再次强调租购并举。随着顶层设计的明确,政策端推进住房租赁市场发展的步伐明显加快,相关金融、财

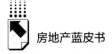

税、土地等配套政策也逐步落地，我国在"租购并举"的制度和模式方面，基本打好了基础，接下来，租购并举的住房制度建设将全面提速。而未来的2~3年，也是房地产企业初步向新发展模式转型的关键时期。前面提到，短期而言，传统的以住宅开发销售的发展模式依然是转型的基础，要为转型初期的房地产企业提供发展助力。那么，在转型初期，最符合企业资源禀赋优势的便是围绕住房需求市场探索新发展模式，在"购"的基础上，发展企业"租"的新业务。并且，对于"租"的业务模式，这些年行业内也有不少有战略洞见的企业积极尝试，投资运营租赁住房、租赁公寓等，业务模式相对成熟。但受限于过去房价上涨导致长租市场难培养，租赁经营收益率较低，租赁融资不便，各地对租赁市场管理重视度不高，子女教育、社区认同等租赁权益与购房差距大，长租公寓在资本运作上存在乱象，企业经营路径依赖等多种因素影响，多数企业在向租赁业务转型上缺乏动力。然而，在旧的行业发展逻辑被打断、企业必须转型的今天，企业有足够的意愿开辟住房租赁这条新赛道。一方是顶层设计、战略推动，一方是生死存亡、必须转型，未来的3~5年，政府和企业都有加快推动住房租赁市场发展的动力。

具体而言，政府通过建立住宅租赁管理者等级制度、提高中介从业门槛等一系列措施构建规范的租赁市场，保证了租赁双方的权益，进一步落实租购同权，培育住房租赁市场；同时出台面向企业端的激励政策，如减税、补贴等，鼓励企业进入长租房市场，发布出租房屋安全管理条例、集中式长租公寓标准化建设指引等细则，引导长租企业专业化运营。金融政策上，进一步为租赁住房提供融资政策支持，如为住房租赁业务提供专项长期低息贷款、促进租赁住房公募 RRITs 的落地、打通租赁住房"投融管退"闭环等，提高市场化企业的参与积极性。企业则加大对住房租赁业务的投入力度，通过自建、改建、盘活存量等方式进入长租房市场，提高自身运营和服务水平，将企业核心能力逐渐集中到运营及服务上，构建企业的长期发展能力。政府和企业协同合力，共同推动住房租赁市场加快发展，促进房企和行业向新发展模式转型。

参考文献

汪宏程：《德国租购并重的房地产发展模式》，《中国金融》2018 年第 10 期。

翟宇星、翟嘉：《房地产业新发展模式的探索与思考》，《建筑经济》2022 年第 S2 期。

B.15
都市圈住房协同发展政策的演化研究[*]

易成栋　韩　丹　陈敬安[**]

摘　要： 在新型城镇化发展阶段，需要发展都市圈来破解我国大城市住房突出问题。面对都市圈内部行政区分割、各自为政的局面，一些都市圈尝试住房协同发展。本文运用多源流模型，对都市圈住房协同发展政策中的问题源流、政策源流和政治源流进行识别，系统分析三大源流互动和耦合机制，分析都市圈住房协同发展政策的演化过程，探讨都市圈住房协同发展政策的优化路径。这需要构建跨区域、跨层级、跨部门的都市圈分工合作机制，强化政策议程设置的科学性、合理性和可操作性。

关键词： 都市圈　住房协同发展　多源流模型

一　引言

改革开放以来，我国城镇人均住房面积从 1978 年的 6.7 平方米增长至 2018 年的 39 平方米，基本实现了"住有所居"。但是，大城市房价上涨较

[*] 基金项目：国家自然科学基金面上项目"基于城市网络视角的都市圈住房市场时空演化机理、效应和引导策略"（项目编号：72174220）；教育部人文科学基金一般项目"基于新发展理念的国家城市光荣榜时空演化机理、效应和提升策略研究"（项目编号：21YJAZH104）资助。

[**] 易成栋，中央财经大学管理科学与工程学院教授、博导，经济学博士，研究方向为城市与房地产经济管理；韩丹，北京交通大学经济管理学院博士研究生，研究方向为房地产投资与管理；陈敬安，中央财经大学管理科学与工程学院博士研究生，研究方向为房地产经济与政策。

快，居民可支付性低，住房困难问题依然突出。2020 年底中央经济工作会议将"解决好大城市住房突出问题"作为 2021 年国家发展重点任务之一。解决好大城市住房突出问题除了从城市内部做工作，还需要跳出城市从都市圈范围来统筹解决。作为新型城镇化的重要载体，都市圈成为中心城市发挥辐射带动作用、破解"大城市病"、促进人口和产业合理集聚、提高区域综合承载和资源配置能力的有力支点，促进区域一体化发展，有利于在更大的空间范围解决住房问题。2020 年，我国常住人口城镇化率达到 63.89%，正处于城市化中后期，人口继续向以特大城市和超大城市为核心的都市圈聚集，周边地区逐渐被一体化的交通体系纳入核心城市的通勤范围，同城化发展已成趋势。例如，2020 年广州与佛山之间日均跨城通勤量达 176.3 万人次[1]，都市圈内跨城职住模式初步形成。

然而以行政区为空间尺度进行的城市住房发展规划、建设、管理造成了都市圈内部住房市场分割、多规不合一、区域性公共服务供给不足等行政壁垒问题。以城市为单元的住房政策调控造成了都市圈内核心城市面临着人口持续流入但是土地供应和住房新增受限、房价居高不下、存量住房品质需要提升、租赁市场还有短板、保障需求量大但没有完全满足等难题；而外围城市实施限购，限制了中心城市人口和住房需求的外溢，造成了大城市住房问题更加难以解决。加强都市圈内的分工与合作、促进一体化发展，有利于打破单个城市的空间局限来破解大城市住房问题，带动外围城市的发展，形成集约高效的发展格局。例如深圳都市圈、广州都市圈等提出都市圈同城化发展来协同解决住房难题的思路。

我国对都市圈住房协同发展政策的研究尚处于起步阶段。现有研究发现，构建区域层面的住房协同发展机制是解决大都市区住房问题，尤其是中低收入家庭住房问题的重要途径[2]，并提出从加强住房体制改革、落实住房

---

[1] 《2020 年广州市交通发展年报》，广州市规划和自然资源局（2021 年 9 月 2 日），http://ghzyj.gz.gov.cn/xwzx/tzgg/content/post_7756059.html，最后检索时间：2023 年 2 月 22 日。

[2] 温雅：《日、英、美都市圈住房规划体系特征及其启示》，《规划师》2014 年第 12 期，第 30~37 页。

发展规划、协调住房调控政策、完善公共服务配套等方面促进都市圈房地产市场的协同发展①②③④⑤⑥。这些研究进行了有益的探索，但是仍有一定的局限性。首先，现有研究缺少对都市圈住房协同发展政策的演化机制分析，未能深入地剖析都市圈住房协同发展政策中的突出问题和政策互动逻辑；其次，现有研究缺少对都市圈住房协同发展政策过程中政府、企业和个人等多元主体的互动关系分析；最后，缺乏利用多源流模型等新的政策分析工具来深入分析都市圈住房协同发展政策。

多源流模型是 kingdon 等对"垃圾桶模型"修正后建立的一种政策分析工具，该模型认为政策制定过程中存在具有不同决策动力和规则的问题源流、政策源流和政治源流，当三大源流耦合开启"政策之窗"时，某一问题进入决策议程的可能性将会显著提升⑦⑧⑨。多源流模型在解释政策议程的设置方面发挥了重要的作用。近年来，学者们运用多源流模型开展了大量的应用性研究，具体涉及教育⑩、

① 金浩然：《我国都市圈住房发展的新形势与新要求》，《中国房地产》2020 年第 22 期，第 24~28 页。
② 任荣荣：《都市圈住房市场发展：日本的经验与启示》，《宏观经济研究》2017 年第 5 期，第 167~175 页。
③ 任荣荣、李牧汀：《美国都市带房地产市场发展的经验与启示》，《宏观经济研究》2018 年第 7 期，第 164~175 页。
④ 林馨、吕萍：《基于空间杜宾模型研究京津冀城市群房价空间相关性及影响因素》，《经济问题探索》2021 年第 1 期，第 79~90 页。
⑤ 刘润秋：《双循环新发展格局下的房地产市场》，《人民论坛》2021 年第 Z1 期，第 93~95 页。
⑥ 安树伟、王宇光：《都市圈内中小城市功能提升的体系建构》，《经济纵横》2020 年第 8 期，第 33~39+2 页。
⑦ John Kingdon, Agendas, *Alternatives and Public Policies* (Boston: Little, Brown and Company, 1984), p. 21.
⑧ 王国华、朱代琼：《乡村振兴战略政策形成的影响要素及其耦合逻辑——基于多源流理论分析》，《管理学刊》2018 年第 6 期，第 1~9 页。
⑨ 武俊伟：《延迟退休何以"延迟"？——基于多源流框架的决策议程分析》，《西南大学学报》（社会科学版）2021 年第 3 期，第 59~70+220 页。
⑩ Lieberman, J. M., "Three Streams and Four Policy Entrepreneurs Converge: A Policy Window Opens", *Education & Urban Society* 34 (2002): pp. 438–450.

交通①、住房②等多个政策领域，但是还没有将多源流模型运用于都市圈住房协同发展政策的研究。

多源流模型以模糊性理论作为基础，以系统或独立的政策议程作为分析单元，并将政策议程看作多种因素共同作用下集体选择的结果③。都市圈住房协同发展问题本身具有模糊性，决策者在时间约束下的注意力分配会影响政策议程，这可适用多源流模型分析。但该模型是基于西方国家的政治、经济和社会背景提出的，在应用于中国的政策议程分析时需要进行修正。中国特殊的制度环境决定了问题源流、政策源流和政治源流并非相互独立，而是具有一定的层级关系。问题源流受政治源流和政策源流的约束，政治源流是政策源流的决定性因素，三者相互影响和作用，并渐进调整④。

都市圈住房协同发展政策是由中央政府、地方政府、社会公众多方利益博弈的结果，利用多源流模型分析都市圈住房协同政策的演化，不仅可以深入剖析都市圈住房协同发展中的突出问题和政策互动逻辑，还能深入地梳理政策形成过程中多元主体互动关系。本文运用多源流模型对都市圈住房协同政策中的问题源流、政策源流和政治源流进行识别，并在分析三大源流互动和耦合机制的基础上，进一步剖析都市圈住房协同发展政策从进入政策议程到加强协同的优化路径，从而弥补现有研究的不足，为推进都市圈住房协同发展提供决策支持。

---

① Weber, J., "The Process of Crafting Bicycle and Pedestrian Policy: A Discussion of Cost - benefit Analysis and the Multiple Streams Framework", *Transport Policy* 32（2014），pp. 132-138，

② 闫建、娄文龙:《我国住房限购政策变迁研究——基于对多源流理论修正的视角》,《理论探索》2018 年第 6 期, 第 96~103 页。

③ 林馨、吕萍:《基于空间杜宾模型研究京津冀城市群房价空间相关性及影响因素》,《经济问题探索》2021 年第 1 期, 第 79~90 页。

④ 闫建、娄文龙:《我国住房限购政策变迁研究——基于对多源流理论修正的视角》,《理论探索》2018 年第 6 期, 第 96~103 页。

二 都市圈住房协同发展纳入政策议程的多源流分析

（一）问题源流：大城市住房问题突出与对一体化发展的迫切需求

多源流模型的问题源流反映的是为什么一些问题能引发政策制定者的关注，其主要来源于一系列指标、重大或危机事件以及对现行政策的反馈。

1. 指标数据：大城市住房问题突出和周边无序发展

改革开放以来，人民群众居住条件显著改善，但是大城市房价上涨较快，住房可支付性差，特别是新市民、青年等住房问题突出，引起了社会舆论的广泛关注。按照人均租住面积 20 平方米来计算，2020 年北京、上海、深圳房租收入比超过了 25%，租住成本较高①。根据诸葛找房数据研究中心监测的重点 100 城来看，2020 年百城房价收入比均值为 13.2，其中 63 个城市房价收入比分布于 10~20，29 个城市分布于 0~10 区间，8 个城市分布于 20~30 和 30~50 区间②。

与此同时，大城市周边的中小城市大力发展行政区经济、紧挨着大城市的边界贴边发展，开发建设了大量住房供应给大城市外溢的人口，但是基础设施和公共服务相对薄弱，标准明显低于大城市，在早晚高峰出现了交通拥堵等问题。以首都都市圈为例，靠近北京边界的河北省北三县区域开发建设达到了 75%，有的高达 90%；发展规模过大，城市建设用地从 2015 年的 1000 多平方公里扩展到将近 1300 平方公里；布局不合理，环京外围规划的环城绿带和楔形绿地已经和将规划建设，这将阻碍进京的通风廊道，不利于

---

① 《从房租收入比看哪座城市对租客们最友好》，财经十一人（2021 年 7 月 21 日），https：//36kr.com/p/1307011340749191，最后检索时间：2023 年 2 月 22 日。

② 《全国百城房价收入比排行榜出炉！南京人供一套房需"不吃不喝"18 年》，中宏网江苏（2021 年 4 月 22 日），https：//m.thepaper.cn/baijiahao_ 12333884，最后检索时间：2023 年 2 月 22 日。

北京的环境保护①。在实行了限购政策之后，又出现了大城市打算外溢的人口因为社保和纳税都在大城市、不符合周边城市的限购条件，而没有资格在周边购房、无法外溢的问题。

2. 危机事件：城镇新增建设用地总量缩减

大城市迫切需要新增建设用地和新增住房来满足不断增长的人口带来的需求，以及发展公租房来满足户籍低收入住房困难群体和发展保障性租赁房来满足新市民和青年的住房需求，发展租赁住房来满足多层次的市场需求，然而大城市的建设用地总量很难增加。国家发改委发布的《"十四五"新型城镇化实施方案》要求"十四五"期间新增建设用地控制在 2950 万亩以内，比"十三五"减少 15%。《城市用地分类与规划建设用地标准》有居住用地占比为 20%~32% 的规定，很多大城市都接近或者超过了该比例上限，土地供应很难增加。而且，一些大城市还提出了减量发展，例如《北京城市总体规划（2016 年—2035 年）》正式发布，明确提出了北京减量发展，实施人口规模、建设规模双控。在严控城镇新增建设用地背景下，大城市发展被迫从扩大增量向盘活存量转型。此外，大城市的地价较高，用来建设运营保障房，需要的财政补贴较多。

由此可见，城镇新增建设用地总量的减少与大城市人口的增加会导致房价上涨，而在稳房价的长效机制要求下，大城市迫切需要通过发展都市圈、推动人口和产业外溢到周边中小城市，才能解决自身的住房突出问题。而周围的中小城市则凭借土地资源优势得到新的发展机会，实现与核心城市一体化发展。

3. 政策反馈：都市圈内部各城市住房政策缺乏协同

在都市圈协同发展规划和政策出台之前，都市圈发展呈现市场自发的态势。靠近核心城市的边界市场外溢效应明显，外围城市响应市场需求，大量供应土地和过度开发，同核心城市发展目标不一致，存在政策缺乏协同等问

---

① 《调整副中心与北三县行政区划制定"首都圈法"》，王凯（2017 年 6 月 14 日），https://langfang. focus. cn/zixun/e85b1f9108affeaf. html，最后检索时间：2023 年 2 月 22 日。

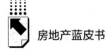

题。以首都都市圈为例，北京和周边城市的基础设施建设标准不一致①。北京的基础设施水平较高，周边地区基础设施标准偏低。交通、生态环境建设方面规范标准也不一样。而且，北京和周边城市缺乏协同的政策机制。北京市是直辖市，河北省是省级行政单元，廊坊是河北省下属的地级市，北三县是廊坊下属的县级单元，由于管理层级非常复杂，北京市和北三县无法协同。在规划审批权限上也有很大的不同。北京市、河北省的张家口、保定规划是国务院批复，承德、廊坊是河北省批复。因此，没有一体化管理体制和机制，政策上很难协同。

都市圈内部的核心城市和外围城市的住房市场调控政策存在不协同的问题。在限购政策出台前，都市圈的外围城市产业发展乏力，住房市场的外溢效应造成了外围城市接受了大量的核心城市的消费需求和投资需求，带来了房价快速攀升。市场自发的开发造成了贴边开发和无序开发，基础设施配套和公共服务水平低下，库存供应大，"睡城"特色明显。在限购政策出台后，外围城市实施限购政策限制了核心城市人口和住房需求的外溢，核心城市房价上涨的压力加大，外围城市出现房价下跌和库存量大、住房空置率高等问题。

此外，核心城市和外围城市的住房保障政策等存在不协同的问题。大城市的人群复杂多样，有的需要交通便利的租赁住房，有的需要面积大的舒适性住宅。大城市现有的供给受限，需要在都市圈的更大空间尺度增加新的房源来促进供求匹配。但是在外围城市投资建设运营保障性住房，遇到了大城市和外围城市住房保障体系不衔接的问题。我国逐步建立和完善住房保障体系，大城市往往积极试点，外围城市相对滞后，造成了二者的住房保障体系不衔接。跨城转移的人口需要公租房、保障性租赁住房和共有产权住房，但是外围城市还没有保障性租赁住房和共有产权住房政策。外围城市的公租房政策要求的准入资格是本地户籍或者本地就业，限制了核心城市转移人员的

---

① 《调整副中心与北三县行政区划制定"首都圈法"》，王凯（2017 年 6 月 14 日），https：//langfang. focus. cn/zixun/e85b1f9108affeaf. html，最后检索时间：2023 年 2 月 22 日。

进入。核心城市的保障房建设运营企业通常受到了资金使用管理规定的要求限制在本地开展，受到了国家、省市有关规定的约束，跨省、跨城开发和运营保障性住房受阻。

由此可见，以行政区为空间尺度进行的住房发展规划、建设、管理造成了住房市场分割、多规不合一、区域性公共服务供给不足等行政壁垒问题，以城市为单元的住房政策调控造成了特大城市房价居高不下和住房困难，而周边城市的调控堵住了人口疏解通道，造成了前者成为"堰塞湖"、后者发展失序的难题。

（二）政策源流：政府主导、学者赋能、人大代表等参与政策演进

多源流模型的政策源流是指针对问题源流产生的政策建议或备选方案，根据政策参与主体的角色特征可将其划分为政策制定者、政策研究者和政策相关者[①]。

1. 政策制定者：中央政府、地方政府

都市圈住房协同政策的制定者包括中央和地方两级政府。具体来说，中央政府及其组成部门，如国家发展改革委员会、自然资源部、住房和城乡建设部等凭借其权威来引导地方政府制定都市圈协同发展规划，完善住房市场调控和保障政策协同。例如国家发展改革委员会 2017 年出台《关于促进市域（郊）铁路发展的指导意见》，提出构建核心区至周边主要区域的 1 小时通勤圈；2019 年发布了《关于培育发展现代化都市圈的指导意见》；《2022 年新型城镇化和城乡融合发展重点任务》提出健全省级统筹、中心城市牵头、周边城市协同的都市圈同城化推进机制；指导制定都市圈发展规划和批复同意等。2021 年，自然资源部发布了《都市圈国土空间规划编制规程》（报批稿）。住房和城乡建设部推动了都市圈住房公积金一体化协同发展。

---

① 杨卡、霍海涛：《多源流视角下京津冀区域政策的演变逻辑与优化前景》，《管理现代化》
2021 年第 6 期，第 38~41 页。

一些都市圈的地方政府及其组成部门，如发展和改革委员会、住房和城乡建设局、规划和自然资源局等，在问题导向、需求导向的原则下，通过规划和政策研究来探讨都市圈住房协同发展的方向和内容，并在实践中探索住房市场调控和保障的协同发展。

2. 政策研究者：专家学者

在都市圈住房协同政策演进中，以专家学者为代表的政策研究者通过知识赋能政策策略制定，推动政策议程建立。学者们通过梳理英、美、日等国都市圈住房市场发展特点和经验，分析当前我国住房市场发展面临的问题和困境，结合新型城镇化背景提出都市圈住房协同发展的战略构想与路径选择。例如中国城市和小城镇改革发展中心李铁提出"对房价高涨的城市群和都市圈地区，要加大在近郊区或远郊区的住房供给，缓解房价上涨压力"。中国社科院城市与竞争力研究中心主任倪鹏飞建议"构建都市圈一体化的住房市场和规划保障体系，将因城施策和相互协同相结合，共同管控好都市圈内住房市场"。此外，诸如中国城市百人论坛2019春季论坛"建设现代化都市圈：理论与对策"的研讨会为解读战略规划、交流研究成果、讨论政策设计提供机会，极大地推动了都市圈住房协同政策议程的建立。

3. 政策相关者：媒体、人大代表、政协委员等

媒体、人大代表、政协委员作为为民发声的重要渠道，也为建立都市圈住房协同政策议程贡献重要力量。媒体通过公开报道、内参等及时报道都市圈住房发展方面的问题和进展，深入分析问题的症结和提出相应的政策建议。人大代表和政协委员通过调研活动反映社情民意、撰写提案建议等方式，关注都市圈住房发展方面的问题并积极提供政策建议。此外，一些群众直接通过"12345"等热线反映都市圈住房协同需要解决的问题。

在都市圈住房协同政策演进过程中，以中央政府和地方政府为代表的政策制定者发挥了重要的主导作用，专家学者作为政策研究者用知识赋能政策策略制定，推动政策议程建立，媒体、人大代表、政协委员等政策相关者通过新闻报道、提案建议等方式传递民声、建言献策，不断强化政策的科学性、合理性和可执行性。

（三）政治源流：中央政府、地方政府和人民群众的政治互动

多源流模型的政治源流是指对政策出台有影响的公众情绪、利益集团的竞争、政党的意识形态、政府变更等。在中国特殊的制度背景下，政治源流在政策议程中起着主导作用，它不仅在界定和应对问题源流时呈现明显的强制性、权威性和非竞争性，同时也是政策源流的决定性因素①。

1. 中央政府"房住不炒"、"因城施策"和"建设现代化都市圈"等上位推动

中央政府从国家发展大局高度提出走新型城镇化道路，建设现代化都市圈。2012年的中央经济工作会议提出了2013年经济工作的主要任务之一是积极稳妥推进城镇化，着力提高城镇化质量。2013年，国务院总理李克强在广西主持召开部分省区市经济形势座谈会时提出要推进以人为核心的新型城镇化。2014年《国家新型城镇化规划（2014-2020年）》正式发布，国家发改委等11个部门联合下发了《关于印发国家新型城镇化综合试点方案的通知》。2022年发布的《"十四五"新型城镇化实施方案》提出有序培育现代化都市圈，完善城市住房体系。党的十九届五中全会通过的《中共中央关于制定国民经济和社会发展第十四个五年规划和二〇三五年远景目标的建议》提出"推进以人为核心的新型城镇化，发挥中心城市和城市群的带动作用，建设现代化都市圈"。

与此同时，中央政府在房地产调控过程中逐渐将稳定房价上升到政治高度，因城施策，夯实城市政府主体责任。2016年，中央经济工作会议首次提出"房子是用来住的、不是用来炒的"的定位。2019年，中央政治局会议再次强调"坚持房子是用来住的、不是用来炒的定位"，并要求落实房地产长效管理机制。随后多个城市出台房地产调控长效机制，提出房价上涨不超过5%。

---

① 闫建、娄文龙：《我国住房限购政策变迁研究——基于对多源流理论修正的视角》，《理论探索》2018年第6期，第96~103页。

稳房价的考核压力迫使城市政府采取了大量堵的措施，例如限购、限价、限贷、限售、限商改住等政策，但是在人口继续增长的情况下，这些措施越来越难有效，并且产生的副作用很明显，迫切需要疏解的措施。中央政府提出的建设现代化都市圈则提供了核心城市向外围城市疏解人口和产业来缓解房价压力的途径。例如《2019年新型城镇化建设重点任务》强调健全都市圈商品房供应体系，强化城市间房地产市场调控政策协同。

2. 地方政府间的利益博弈与激励相容实现主动联动

都市圈内部存在较大的政治、经济和社会差异，各地方政府采取有利于自己的行动。核心城市和外围城市将会从都市圈同城化中承担成本和获得收益，但在利益协调的话语权来看，核心城市的行政等级更高和经济实力更强，它更为强势。

在核心城市还处于要素集聚阶段、虹吸效应大于溢出效应阶段，辐射带动周边发展的能力不足、缺乏带动外围城市发展的意愿，无力推动交通基础设施的互联互通和公共服务的共建共享来实现同城化。还有一些核心城市担心都市圈同城化会加强人口和产业向核心城市的集聚，加重"大城市病"，因此不愿意推动同城化。与此同时，外围城市担心同城化会导致人口和产业向核心城市转移，降低了本地的土地出让金收益和税费收入。

在核心城市的溢出效应大于虹吸效应的扩散阶段，核心城市有意愿推动基础设施的互联互通和公共服务的共建共享来实现同城化，实现人口和产业向外围城市疏解。核心城市向外围地区转移人口和产业，会导致自身的部分税源流失，推动基础设施的互联互通和公共服务的共建共享需要承担成本。在没有成本共担、利益共享（如税收等）的政策措施下核心城市缺乏积极性。外围城市的发展支撑不足，与核心城市的交通衔接不畅通，公共服务质量差异大。外围城市有合作意愿实现同中心城市互联互通的基础设施，以及共建共享的公共服务，但是缺乏相应的财力支持合作行动。在缺乏房地产税等地方税源的支持下，外围城市沦为"睡城"，没有财力来提升基础设施和公共服务。

核心城市的稳房价压力推动了核心城市加速向外围城市转移人口和产

业，希望和外围城市分担基础设施和公共服务的成本，分享产业转移的税费收益。外围城市希望核心城市居民来购买商品房，并从中获取土地出让金收益和房地产税费，但不愿意廉价提供土地来建设保障性住房承接核心城市疏解的人口，希望核心城市转移产业增加外围城市的就业机会，并提高互联互通的基础设施和均等共享的公共服务。因此，核心城市和外围城市有一定的主动联动的积极性，同时需要有更高层级的政府部门（例如中央政府、都市圈所在的省政府）协调建立都市圈住房协同发展的激励相容机制，例如成本分担和利益共享机制等。

3. 群众对高房价、都市圈一体化的舆论压力推动政策议程出台

住房是重要的民生问题，关系居民的财富和生活质量。在都市圈自发的市场一体化进程下，核心城市居民搬迁到外围城市，却遇到了外围城市限购和限贷、两地基础设施不能互联互通和公共服务非均等化的现实难题。这些通过个人的投诉、媒体的报道、人大代表和政协委员的提案呈送给有关领导，并转化为对具体部门的批示，促进了政策议程的出台。

三　三流耦合与都市圈住房协同发展政策的持续优化

（一）三流耦合：都市圈住房协同发展的政策之窗开启

2019 年，国家发展和改革委员会先后发布《关于培育发展现代化都市圈的指导意见》《2019 年新型城镇化建设重点任务》，强调健全都市圈商品房供应体系，强化城市间房地产市场调控政策协同。这些政策的推出，是多源政策流的共同结果。其路径为，群众对高房价、都市圈一体化的舆论压力形成了问题源流，并且通过个人的投诉、媒体的报道、人大代表和政协委员的提案呈送给有关领导，中央层面的领导批示识别和界定了政策问题，推动了"房住不炒"、"因城施策"和"建设现代化都市圈"等中央政策出台，并督促都市圈地方政府解决这些问题。都市圈地方政府领导受到的舆论压力和中央领导的上位推动转化为对具体部门的批示，具体部门通过和专家学者

合作探讨确定政策议题和形成政策方案，并经过领导决策选择了政策方案，最终启动了政策议程，出台了相关的政策，交由具体部门负责执行。这样三流互动和耦合后，政策之窗迅速开启（见图1）。

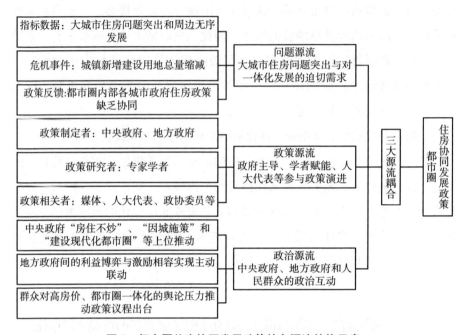

图1 都市圈住房协同发展政策的多源流结构示意

（二）都市圈住房协同发展政策的持续优化

随着都市圈住房协同发展政策的实施，问题源流很可能在较长时间内存在，而且在政策实施过程中也会发生转化。随着问题源流的转化，指向问题源流的政治源流和政策源流同样需要作出相应的调整。因此，问题源流、政治源流和政策源流的互动和耦合会继续推动政策议程发生渐进性的调整。

1. 问题源流的持续和调整

从国内外的经验来看，由于都市圈是动态发展的，一些都市圈建立了协同发展的体制机制，在运行过程中还会出现一些协同不足的问题，以及一些新的问题需要协同解决。在住房协同发展方面也是如此，这造成了核心城市的高房价问题依然存在，外围城市的住房、就业、基础设施和公共服务的不协调依然突出。以首都都市圈为例，1982年，《北京城市建设总体规划方案》中首次提出"首都圈"概念，中央于1983年进行了批复认同。随后，全国最早的区域协作组织——华北地区经济技术协作会成立，通过高层协商方式，有效地协调了各地区间生产、生活物资的跨区域调配问题。但是行政区经济导致的地区分割、要素流动不畅问题依然存在。2022年，《北京市推进京津冀协同发展2022年工作要点》正式印发实施，提出北京将发挥"一核"主动引领带动作用，加快建设定位清晰、梯次布局、协调联动的现代化首都都市圈，推动形成京津冀城市群主干构架。在诸多规划和政策的推动下，核心城市的高房价和住房困难依然存在，核心城市外溢到外围城市的限制仍未缓解，核心城市和外围城市的基础设施互联互通、公共服务均等共享方面依然存在诸多不足。

2. 政策源流的持续和调整

在都市圈协同发展政策强化的过程中，随着问题源流的持续和调整，政策源流也会出现持续和调整。都市圈核心城市的高房价和住房困难依然存在，核心城市和外围城市的基础设施互联互通、公共服务均等共享不足，外围城市的居住、就业和基础设施配套不协调，这些问题会引发政策的研究和提出解决方案。以首都都市圈为例，为了解决北京市对外疏解和外围城市的无序发展问题，2020年国家发改委等发布了《北京市通州区与河北省三河、大厂、香河三县市协同发展规划》。2021年，北三县与通州区协同发展系列规划发布5个控制性详规和12个专项规划，推进基础设施和公共服务的一体化发展。

3. 政治源流的不断调整

在都市圈协同发展政策优化的过程中，随着问题源流和政策源流的持续和调整，政治源流也会出现持续和调整。"十四五"期间，国家发展改革委将会同有关部门，统筹考虑地方培育都市圈的基础和条件，指导都市圈科学有序发展，推动都市圈中心城市转变发展方式，带动中小城市共同发展。都市圈的居民也对协同发展有了更高的预期，并且通过"12345"热线、媒体

报道、人大代表和政协委员的议案提出更多的政策建议。一些政策制定和实施过程中反映出来的问题也需要决策层识别和解决，例如房价调控政策"一日游"现象，城市间和部门间的联动机制需要完善，政策协调性有待进一步提升等。落实上面的政策，回应民情的压力推动都市圈住房协同政策议程的继续前进。

4.都市圈住房协同发展政策的优化路径

在问题源流方面，在中国式现代化进程中，都市圈居民追求高品质居住空间、高便利性配套设施、高质量社区服务、防范房地产市场风险等需求将推动政策问题的演变，并进入新的政策议程。在政策源流方面，推动多元治理模式下的多主体参与，例如房地产开发商、专家学者、社区居民、媒体等，共同讨论都市圈住房协同发展政策、方案修正和实施反馈等环节，促进政策创新，强化备选方案储备。在政治源流方面，坚持都市圈系统治理的思想，完善一体化的顶层设计，平衡府际冲突，建立都市圈一体化的住房体系，充分发挥政治源流对政策议程的推动作用。这些将共同推动都市圈住房协同发展政策的持续优化。

（三）都市圈住房协同发展政策建议

建议从如下方面优化都市圈住房协同发展政策。

1.加强顶层设计，完善都市圈住房协同发展的体制机制

在国家层面，对都市圈协同发展作出顶层设计和原则要求，针对全国共性问题，制定相应的法律法规，出台有针对性的政策措施，并主导跨省都市圈的规划和发展战略、项目资金和政策协调。省级政府部门主导省内都市圈的规划和发展战略、项目资金和政策协调，构建有效的激励机制，促进基础设施的互联互通和公共服务的共建共享，引导人口和住房资金的自由流动与高效配置。加强对都市圈协同发展的进展成效的监测、评估和考核，构建相应的奖惩机制，畅通灵活高效的动态反馈和调整机制，提升都市圈治理体系和治理能力现代化水平。通过实施工作方案和监督考核办法，加大协同政策的落实力度。主要措施有：一是建立都市圈协同发展领导小组、联席工作会

的推进机制。建立都市圈决策层、协调层、执行层三级协调机制和稳定运行，并建立住房协同发展专业委员会推动合作。二是完善牵头部门对接工作，定期召开住房协同会议。三是健全地区常态化协调联动制度，建立住房信息共享制度，加强住房市场分析和监测预警。四是完善协同的法规和政策体系。五是加强国土空间规划协会、房地产业协会等相关社会各界参与都市圈规划和新城项目建设选址。六是推动都市圈的财政金融体制改革，在都市圈核心和外围城市试点有差别的房地产税，推动人口有序流动，为地方财政积累可靠的税源。拓宽融资渠道，加强开发性、政策性和商业性金融对城市建设的支持，完善城市建设的投融资机制，提升居住配套的基础设施和公共服务水平。

2. 出台都市圈住房协同发展专项规划和加强动态监测

在都市圈协同发展规划的基础上，都市圈政府联合制定住房协同发展专项规划，建立规划协调机制，推动规划任务年度化、清单化和项目化。并建立都市圈发展数据库，对住房数量、质量、增量和流量等进行动态监测，总结住房资源配置绩效指标的执行情况。

3. 实现都市圈内部住房政策有差异的协同

围绕统一政策和统一标准，建立住房市场政策协同机制，制定各城市协调的购房资格互认政策，实现都市圈内住房市场联动发展。例如都市圈外围城市允许核心城市符合购房资格的居民购买一套自住的商品房。协调相应的保障性住房政策，都市圈核心城市和外围城市都完善以公租房、保障性租赁房和共有产权住房为主体的住房保障体系，并且为核心城市在外围城市产业转移设立产业园和配套的住房保障体系，探索外围城市对核心城市的疏解单位定向供地供房，核心城市的保障房建设运营企业按照市场价格或者协议价格拿地建设运营保障房，提供给核心城市对外疏解的人员。制定都市圈内部的人才服务许可互通和人才互认政策，以及协调相应的人才住房政策。推动都市圈内部公积金一体化，实现同城化缴纳、贷款和提取工作。

4. 加强住房与就业、基础设施、公共服务的协同

加强都市圈内部产业转移和分工合作，围绕产业园区加强住房布局，促

进职住平衡。全面推进铁路建设"四网融合",加快建设轨道上的都市圈,加强高速公路与城市道路有效衔接,建立都市圈内部高速通达网络,并围绕主要交通节点开展 TOD 导向的综合开发,合理布局住宅。统筹推进基本和非基本公共服务体系建设,着力提升都市圈内部基本公共服务均等化程度,实现社会保险等无障碍转移、医疗保险异地实时结算。提升就业、社会保障、住房等基本公共服务体系质量,加快覆盖都市圈所有常住人口,促进服务信息资源共享、服务标准提标扩面。适应都市圈内部居民收入水平和消费能力,积极发展教育、文化等公共服务,拓展特色和个性化服务供给,满足多样化需求。积极推动政务服务跨城通办、金融服务等同城清算。

5. 坚持顶层设计和基层探索互动,加强政策措施的创新

都市圈发展需要高层的规划和政策指导,也需要基层的实践探索创新。既需要加大住房等关键环节的体制机制改革,也需要基层积极主动创新,总结行之有效的经验做法,转化为施之长远的政策措施,实现实践探索与政策指引的紧密互动和持续创新。探索政府间非正式合作、政府间服务合同、政府间的区域会议、中央政府设立的区域机构、省级政府规划发展区、私人协议、设置地方特殊区域(例如卫星城、协作区)、政府间职能转移、政府兼并、跨政府权威机构、设立多目标区域、推动政府改革等多种区域合作治理模式。加强多主体协商决策,成立专家咨询委员会,鼓励非官方力量积极参与规划和重大项目决策。总结深汕特别合作区购房资格规定和优先申购制度、一些城市人才住房政策等经验加以推广。

B.16
我国大城市长租房市场的
发展现状、困境与建议

黄卉 赵丹*

摘　要： 住房租赁是解决大城市住房问题的重要方式，当前我国大城市租赁需求旺盛，而供给面临结构性短缺，大城市租赁住房有效供给不充足、住房租赁市场秩序不规范的问题仍较为突出，特别是机构化发展不充分，企业面临成本高、融资渠道窄、合规难度大等主要问题。建议支持住房租赁机构专业发展，扩大租赁住房供给，规范市场秩序，稳步推进长租房市场发展。

关键词： 长租房市场　土地成本　融资成本

住房租赁是解决大城市住房问题的重要方式，是当前住房制度改革的突破口，是新型城镇化和城乡融合发展的重点任务。自 2015 年国家首次提出"租购并举"以来，在政府政策引导下，我国住房租赁市场发展较快，不过现阶段住房租赁市场仍面临发展不充分的问题。我国住房制度和供给体系失衡，突出表现在"租赁市场一只腿短、购售市场一只腿长"的局面长期存在①。2023 年两会政府工作报告提出"加强住房保障体系建设，支持刚性和改善性住房需求，解决好新市民、青年人等住房问题"。再次强调了要解决

---

* 黄卉，贝壳研究院，住房租赁研究中心负责人，研究方向为住房租赁、住房制度等；赵丹，贝壳研究院，高级研究员，研究方向为住房租赁市场。

① 邵挺：《中国住房租赁市场发展困境与政策突破》，《国际城市规划》2020 年第 6 期，第 16~22 页。

新市民、青年人的住房问题。而大城市中超过70%的新市民、青年人是通过租房的方式居住。住房租赁市场的发展对于大城市吸引外来人口至关重要，胡晶晶等[1]基于实证研究发现住房租赁市场发展程度越低，流动人口越倾向于流出当前所在城市。推动住房租赁市场的高质量发展，有利于城市留住外来人口，从而进一步释放人口红利，助力当地的经济发展。

一 大城市住房租赁市场发展新特征

目前住房租赁市场发展进入新的阶段，呈现一些新特征，主要体现在需求端、供给端、交易端以及行业端。

从需求端来看，我国住房租赁人口绝对规模再创新高，领先于其他发达国家。基于最新的七普数据测算，2022年我国租赁人口已经达到2.2亿[2]，对比美国、日本、德国、英国、法国等，当前我国租赁人口规模约为美国的2倍、日本的4.5倍，远超其他欧美发达国家。2.2亿的租赁人口中，大多数为城市中收入较低的新市民、青年人群体，这些群体的住房租赁需求成为大中城市发展住房租赁市场的需求基本盘。

从供给端来看，我国租赁市场又迎来了新一轮中长期结构性供给凸起。自2015年底中央经济工作会议提出"租购并举"以来，我国租赁市场共经历了2次供给凸起。第一次供给凸起始于2016~2017年，可称为租赁品质升级的非理性繁荣。大量租赁机构在资本的全力支持下，通过快速大规模收房抢占市场，并利用各类渠道向市场输出标准化产品。机构为追逐规模不惜以高价收房作为核心竞争手段，导致房源端形成恶性竞争，最终大部分企业因资金链断裂于2019年后陆续退出市场。第二次供给凸起产生的背

---

① 胡晶晶、苏诗琴：《中国住房租赁市场发展对流动人口长期居住决策的影响——基于微观调研数据的实证研究》，《科学·经济·社会》2022年第3期，第70~82页。

② 基于第七次全国人口普查数据，假设租赁户均人数与全国总体户均人数一致，2020年我国的租赁人口总规模约为2.1亿人；根据六普、七普租赁人口十年间的复合增长率，测算出我国2022年租赁人口规模达到2.16亿人。

景是交易市场的繁荣，其主要特点是可供给的分散民宅房源快速增加，导致租赁市场的供需结构开始发生根本性改变。其一，过去几年新房交易市场的繁荣促使大量投资性房产进入租赁市场。其二，自 2022 年下半年以来，存量市场交易规模大幅下降，成交节奏同步放缓，受业主收入预期下降、部分业主有房贷压力的影响，业主将闲置或待出售房源出租获得租金收入的动力有所增加，租赁房源的供给快速增长，进一步加剧了供给凸起的形成。

从市场交易端来看，我国租赁市场已经实质性步入买方市场，出现租金整体下滑、成交周期拉长、降价成交占比持续扩大等标志性变化。根据贝壳研究院数据，2022 年全国重点 40 城[①]平均月租金为 37.6 元/米^2，同比下跌 3.2%，相比疫情前（2019 年）下跌幅度达 11.6%。2022 年全国重点 40 城房客源成交周期为 58.7 天、10.6 天，相比疫情前（2019 年）延长 18.5 天、2.7 天。大量房东会通过"以价换量"的方式完成出租。根据贝壳研究院数据，2022 年 40 个重点城市租赁成交房源中降价成交占比平均高达 66.8%，同比增加 14.8 个百分点。对于租赁企业来说，原有赢利模式的不确定性将大幅提高，无论是重资产持有模式还是中资产包租模式，成本端的刚性支出成为租赁企业获取利润的最大阻力，由此倒逼机构开启新模式的探索转型。

从行业端来看，政策及行业监管趋于完善，金融支持政策也迎来了 REITs 的资金闭环等的突破。2021 年国务院办公厅出台《关于加快发展保障性租赁住房的意见》，我国住房租赁市场顶层设计得到完善，由公租房、保障性租赁住房和市场化租赁住房三大模块构成。在市场监管层面，2022 年北京、上海出台专门的租赁立法文件，推动市场进入有法可依时代，加大了对市场主体的行为规范与监管。在金融支持层面，一方面，保障性租赁住

---

① 全国重点 40 城：北京、上海、广州、深圳、成都、杭州、重庆、西安、苏州、武汉、南京、天津、郑州、长沙、东莞、佛山、宁波、青岛、合肥、沈阳、大连、烟台、厦门、石家庄、无锡、南通、徐州、福州、长春、济南、哈尔滨、南昌、太原、贵阳、中山、兰州、惠州、廊坊、呼和浩特、芜湖。

房 REITs 政策实现突破，2022 年沪深交易所分别发布了保障性租赁住房 REITs 指引①，华夏北京保障房 REIT、中金厦门安居 REIT、红土创新深圳安居 REIT、华夏基金华润有巢 REIT 等保障性租赁住房 REITs 项目的成功落地，打通了租赁住房项目公募 REITs 上市的模式闭环，形成"低风险、高稳定、可退出"的租赁住房重资产模式；另一方面，2023 年 2 月央行、银保监会发布《关于金融支持住房租赁市场发展的意见（征求意见稿）》，拟发布 17 条金融措施支持住房租赁市场发展。此次政策对住房租赁的金融支持力度空前大，旨在重点培育发展重资产模式的住房租赁项目。首先通过租赁信贷产品和服务模式创新促进住房租赁企业、事业单位等购买闲置房屋作为保障性租赁住房，将会促进保障性租赁住房项目房源供给增加；其次会有效盘活存量闲置资产，在一些城市新房去化承压的情况下，也会促进部分去化难度较大的新房转化为保障性租赁住房运营；最后为经营自持性租赁住房的租赁企业发放经营贷款，置换开发建设贷款，能够降低企业的经营成本，有利于企业的稳定经营。

二 我国大城市长租房需求旺盛

未来我国大城市的租赁需求将持续增加，主要体现在三个方面：第一，随着城镇化率的提升，租客绝对数量保持增加趋势；第二，随着平均购房年龄的增加，租客停留在租赁市场的时间延长；第三，租客对居住品质的追求，推动人均租住面积提升，租赁房屋的产品和服务品质提升。

（一）住房租赁需求总量大，呈现持续增加的趋势

我国大城市以流动人口的租赁需求为主，2020 年我国城镇化率达到 63.89%，流动人口达到 3.76 亿人，与 2010 年第六次全国人口普查相比，

---

① 2022 年沪深交易所分别出台《深圳证券交易所公开募集基础设施证券投资基金业务指引第 4 号——保障性租赁住房（试行）》《上海证券交易所公开募集基础设施证券投资基金（REITs）规则适用指引第 4 号——保障性租赁住房（试行）》。

城镇化率上升了 14.21 个百分点，流动人口增加了 1.55 亿人（见图 1），未来随着城镇化率的提升，租赁人口的数量将必然呈现增长趋势。根据贝壳研究院测算，我国租赁人口数约为 2 亿人，按照一个家庭租户需要租赁一套房的标准测算，租赁住房需求总套数为 7600 万套，其中四个一线城市租赁人口 3300 万，需求面积 6.6 亿平方米①，预计 2025 年一线城市租赁人口 3700 万，需求面积 7.4 亿平方米②。

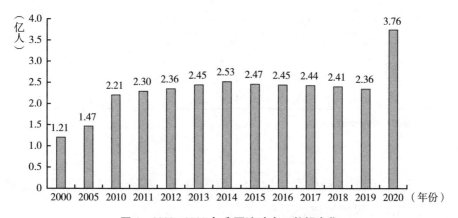

图 1　2000~2020 年我国流动人口数据变化

资料来源：国家统计局，全国人口普查数据，贝壳研究院整理。

（二）平均购房年龄走高，租客的租住时间延长

依据贝壳研究院数据，2022 年四个一线城市的平均购房年龄为 35.8~39.2 岁，相比于 2018 年推迟了 2~3 年，由此可以推算，自高校毕业生进入租赁市场后，多数的租住时间或超过 10 年。其中购房年龄推迟原因主要是房价上涨而导致的"买不起"，以及限购政策而导致的"买不了"。一线城

---

① 各城市租赁人口数=各城市常住人口数×（1-住房自有率）×城镇化率，各城市租赁房源需求套数=各城市租赁人口数/各城市的户均人口数，住房自有率来源于《2015 年全国 1% 人口抽样调查资料》，其他各项指标资料来源于各城市第七次全国人口普查数据。

② 根据各城市 2010~2020 年常住人口年均复合增长率计算出 2025 年各城市的常住人口数据，在其他指标不变的前提下计算 2025 年各城市的租赁人口数、租赁房源需求套数。

市对非户籍人口有一定社保缴费或个税证明年限限定。自如调研结果显示，租客租赁时间在 3 年及以上的租客占比达到五成，10 年及以上的接近一成。综合来看，租客在租赁市场的停留时间将继续延长（见表 1）。

表 1　2018~2022 年贝壳平台一线城市平均购房年龄情况

单位：岁，年

城市	贝壳平台平均购房年龄					延长时间
	2018 年	2019 年	2020 年	2021 年	2022 年	
北京	36.7	37.6	38.0	38.6	39.2	2.5
广州	33.3	34.0	34.8	35.9	36.1	2.8
上海	36.5	37.1	37.6	38.5	38.7	2.2
深圳	33.1	33.7	34.6	36.2	35.8	2.7

资料来源：贝壳研究院。

（三）租客的租住面积增加，屋内设施、基础服务以及周边配套成为影响居住品质的核心因素

在家庭小型化的趋势下，未来租客的人均租住面积将呈现上升趋势，根据最新的七普数据，2020 年我国的户均人口为 2.62 人，其中独居人口的增加推动了这一变化，据贝壳研究院初步测算 2030 年 20~39 岁独居青年或增加到 4000 万~7000 万人，增长 1~2 倍①，按照一户一套的标准，这将成为人均租住面积提升的重要推动因素。

从租客结构来看，2019~2022 年贝壳平台成交租客中四个一线城市 18~30 岁的租客占比超过四成，90 后、00 后新生代群体对租赁房屋品质要求较高，同时由于购房计划延迟，2022 年 31~40 岁租客占比近四成，相比于

---

① 来源于贝壳研究院《新独居时代》：从美国、瑞典、日本、韩国等国的经验看，人均 GDP 与独居率呈较强的正向相关关系。根据联合国 *World Population Prospects 2019* 预测，2030 年我国总人口数为 14.6 亿人，北京大学曾毅教授研究团队预测我国家庭户数将超过 5 亿户，结合《十九届五中全会会议公报》对 2035 年我国人均国内生产总值达到中等发达国家水平的目标做出综合预测，提出 2030 年中国独居率将超过 30%，独居人口或达 1.5 亿~2 亿人。

2019 年增加了 2 个百分点，他们支付能力相对较强，从家庭或个人的需求考虑愿意为品质付费。

从品质偏好来看，我们以北京 2300 个小区的出租率、楼龄①建立回归模型，结果显示楼龄与出租率在 1% 的水平上呈现显著负相关。相较于老旧小区，楼龄较新的小区往往配套设施、小区环境以及户型等更好，租客更倾向于选择新小区。根据贝壳研究院的调研，除了通勤时间外，新市民租客对租住品质偏好最强的是房屋内设施与家具配套齐全、周边商业设施配套完善；根据安歆公寓对蓝领租客的调研，蓝领租客必不可少的需求前三项为屋内设施齐全（洗衣机、空调、热水等）、安全管理（防火、门禁等）、租后服务（保洁、维修等），由此不同类型的租客均呈现出对屋内设施齐全、基础服务保障以及周边配套完善的偏好。依据某公寓平台数据，租客平均每年对于搬家、保洁、维修年需求次数分别达到了 1.2 次/人、5.5 次/人与 3.8 次/人，可见租客对品质租赁的需求旺盛。

三 大城市长租房供给存在短板

针对住房租赁市场面临的问题，段莉群等②认为我国住房租赁市场发展面临居民租房需求难以满足、租赁住房难以享受均等的社会服务，以及承租人租住权益难保障的问题。曾国安等③认为，租赁市场资源未充分利用、供需结构不匹配、供应主体结构不合理、管理缺位等是我国住房租赁市场发展存在的主要问题。此次聚焦到长租房市场供给来看，我国住房租赁市场存在供给数量结构性不足、住房品质不高、市场秩序不规范等问题，需要进一步

---

① 出租率：某小区个人租赁房源出租率 = （1-个人租赁房屋平均空置期/365）×100%，其中某小区个人租赁房屋平均空置期 = 某小区样本租赁房源空置期总和/样本租赁房源量；某小区样本租赁房源的空置期 = 该房源本次出租开始日期-上一次出租结束日期的时间，单位为天。

② 段莉群、王姜：《我国住房租赁市场发展屏障与对策建议》，《经济研究导刊》2023 年第 1 期，第 57~59 页。

③ 曾国安、丛昊、雷泽珩、王盈：《促进中国住房租赁市场发展的政策建议》，《中国房地产》2017 年第 15 期，第 3~14 页。

补齐供给短板。

1. 供给数量结构性不足

大城市租赁住房供给存在结构性不足的主要矛盾。我国租赁人口规模庞大，特别是新市民和年轻人的租赁需求未被满足，从租赁房屋供给结构来看，小户型、低租金的租赁住房相对缺乏，大户型、高租金租赁住宅存在一定空置。一方面，新市民、年轻人等有租赁住房需求的主力军普遍收入偏低，市场化小户型、低租金租赁住宅供给量不足，保障性租赁住房供给更少，需求与供给出现一定错配情况。2022年贝壳平台上，北京新增挂牌租赁房源中一居室户型的房源占比达到28.4%，较租赁市场成交中一居室户型的占比低5个百分点以上；从面积段来看，60平方米及以下的新增挂牌房源占比达到29.5%，较市场成交中60平方米及以下房源的占比低4个百分点以上，上海低1.4个百分点，深圳低4.6个百分点，新市民等租赁主力人群难以在现有市场上找到合适房源。另一方面，目前市场供给的主体是60~90平方米、租金3000元以上的两居室，而大户型租赁住宅供给量较多、成交周期更长，根据贝壳研究院统计，18个重点城市① 2022年一居室租赁住宅的平均成交周期为51天，两居及三居租赁住宅的平均成交周期分别为53天、65天，而四居及以上租赁住宅的平均成交周期长达69天，存在相当程度的房屋空置及浪费情况。

从租赁住宅供需空间结构来看，当前我国大城市职住分离问题较为普遍。一项针对北京公共服务职工的调研数据显示，北京的租房职工跨区通勤较为普遍，近四成的职工跨区通勤。跨区通勤的职工中，单程通勤时间超过1.5小时的占比29%。据统计，2021年北京上班平均通勤距离11.3公里，中心城区通勤人口中单程45分钟以内通勤可达的人口比重仅55%。上海、广州、重庆、成都等城市平均通勤距离超过9公里②。

---

① 18个重点城市包括：北京、上海、深圳、广州、大连、天津、廊坊、西安、济南、青岛、烟台、武汉、南京、合肥、杭州、长沙、重庆、成都。
② 资料来源：住房和城乡建设部城市交通基础设施监测与治理实验室、中国城市规划设计研究院等发布的《2022年度中国主要城市通勤监测报告》。

就业人口的通勤压力大，还导致交通拥堵、大气污染与城市环境恶化等问题（见图2）。

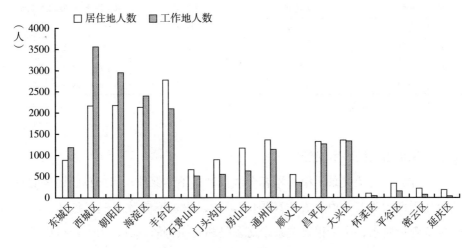

图2 北京从事公共服务行业的租房人群的居住与工作情况

资料来源：贝壳研究院调研。

2. 住房品质不高，难以满足长期居住的需求

新一代年轻群体对居住品质的要求越来越高，如安全性、舒适性、私密性等。但现阶段我国大城市的租赁住房的房源偏老旧，尤其是能够满足职住平衡需求、交通便利的中心城区房屋，这些房屋的楼龄相对较高，往往存在设备设施老旧、装修品质较差等问题，而个人房东一般很少再次投入装修改造的资金。租客在租住过程中经常会遇到漏水、停电等问题，由此而经常换租，从而难以获得稳定安心的租住生活。贝壳楼盘字典数据显示，上海拥有20年及以上楼龄的小区中，超过45%的房屋没有配备电梯，北京的占比接近40%，广州和深圳占比相对较低，不过也超过35%。一线城市中，北京有近30%的老旧商品住宅没有小区门禁。北京、上海、广州、深圳的绿化率不足30%的占比较高，北京占比最低也达到了32.5%，一线城市中广州占比最高（见表2）。

表2　一线城市楼龄20年及以上老旧小区房屋品质状况

单位：%

城市	无电梯	无门禁	绿化率不足30%的占比
北京	39.4	27.4	32.5
上海	45.9	0.2	39.5
广州	36.7	3.1	59.3
深圳	35.1	7.5	38.8

资料来源：贝壳研究院。

3.供给市场秩序不规范

一方面，租赁关系不稳，租客合法权利得不到保护。当前我国租客的平均租住周期约为8个月。在C2C的市场中，房东不向政府登记备案，不遵守租赁管理要求，由于租赁关系中房东是相对强势的一方，为了获得更高的收益，房东可能会在尚未到期时随意涨租或是停止出租房源，租客作为相对弱势的一方，往往会被迫换租。另一方面，基本保障不足，租客租住痛点较多。依据贝壳研究院对租客的调研，租赁痛点依然存在，主要包括虚假房源信息多、维修责任无人承担、房源质量差，被恶意抬高租金、克扣押金，所签署合同无法保护自己、房东涨价多等问题，租客的租住保障不足，专业服务程度欠缺。

四　长租房市场发展面临的困境

我们认为，长租房市场发展不充分主要因为是我国租赁机构发展不充分。我国整体租赁机构化率不足5%，一线城市机构化率也不到15%，相对于美国57.7%、英国66%、德国48%、日本83%、法国71.2%的比例偏低。机构化是提升租赁市场专业服务能力的必要途径和重要载体，机构化率较低也是租赁行业发展混乱、租客满意程度较低的核心原因之一。

而制约长租房供给机构发展的主要因素是成本高、融资窄、合规难。对于新建自持类的住房租赁项目，项目成本由土地、建设、融资以及后期的运营成本构成，当前住房租赁项目土地成本较高，建设和融资成本也在不断地增加，而对于改建类或是转租的项目，改建成本、租金成本在整体成本中占比较高，致使住房租赁项目的收益率较低，企业开展项目的积极性较弱。此外，规划、消防标准不明确，也制约着长租房的推进和健康持续发展。以某公寓项目为例，项目审批涉及房管、规土、建管、环保等 11 个部门，审批流程历时 6 个月。

一是新建项目的土地成本高。依据贝壳研究院调研情况，非单列租赁用地的新建项目，以北京某地块为例，楼面地价为 3.6 万元/米^2，租赁用地地价与周边住宅地价基本持平，土地成本约占项目总投资额的七成以上，投资回收期高达 50~70 年，由于租金回报率过低，企业缺乏参与积极性和长期持有的动力，往往不得不提高租金加快收回成本。通过单列住房租赁用地获得的项目，以上海某项目为例，楼面地价 6000 元/米^2，为周边住宅地价的两成左右，土地成本约占总投资额的三成以上，投资回收期达 25 年以上。集体土地建设租赁住房项目，以北京某项目为例，企业与镇集体合作开发项目，即使如此，土地相关成本占总投资成本的一半以上，投资回收期也在 20 年以上。

二是非改居项目的改造及装修成本高。依据贝壳研究院测算，装修改造成本通常占到项目总成本的两成左右。特别是，非居住建筑改建为保障性租赁住房，面临改造成本过高、收益低的问题，保障性租赁住房的租金通常要求低于市场化水平，也就进一步提升了企业达到盈亏平衡的难度。由于建筑功能的差异，不同于公寓或是住宅楼栋，商业楼栋的建筑格局多为"核心筒"的形式，普遍层高较高，因此根据现在的房屋改造规范进行改造，改造难度较大、成本较高，并且改造后商业楼栋的得房率较低。以某商改租项目为例，常规装修标准下，折算单间改造成本为 11 万元。

三是租赁企业融资难。受企业爆雷事件影响，当前住房租赁企业融资渠道收窄，成本较高。住房租赁企业的融资渠道主要有五大类，即股权融资、传统债权融资、产业基金模式、资产证券化和房地产信托投资基金（REITs）。股权融资是住房租赁企业主流的外部融资模式。传统债权融资

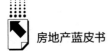

主要包括银行贷款及住房租赁专项公司债，融资门槛较高，包租和托管模式的企业受企业资信、缺乏高值担保品等限制获取难度较大。产业基金主要投资于被低估项目。资产证券化主要包括资产支持型证券（ANS）、商业房地产抵押贷款支持债券（CMBS）和资产支持票据（ABN）等产品，底层资产需要有一定的体量。REITs是以发行股票或收益凭证的方式汇集众多投资者的资金，但发行条件较高。据贝壳研究院的不完全统计，截至2022年，行业公开的股权融资总额仅为344亿元人民币，共发行公司债626亿元，产业基金、资产证券化和REITs发行总量较小。相比之下，2020年房地产开发企业到位资金高达193115亿元。现有的融资渠道，都很难为住房租赁企业提供足够的金融支持：一是因爆雷事件，股权投资机构对住房租赁企业投资较为谨慎；二是住房租赁企业缺乏抵押物，债权融资有难度；三是企业发行ABS的门槛较高，审核人需要对住房租赁企业过往的经营状况、租赁合同履行状况等方面进行审核，实践中仅有为数不多的住房租赁企业能够达到此门槛；四是REITs对于资产稳定收益的要求较高，适用的项目数量较少，目前上市的主要是保障性租赁住房；五是保险、社保、公积金等长期资金已经开始参与投资长租房项目，但尚处于探索阶段，总体规模较小。综合来看，受制于资金成本和税负，住房租赁企业即使能够顺利融资，融资成本仍然较高。相比于美国、日本等国家，我国偿债利息高。以某银行经营性物业贷款利率为例，一年以内短期贷款年利率为4.35%，一年至五年的中长期贷款年利率为4.75%，五年以上的贷款年利率为4.90%，支持贷款期限最长为15年；而日本支持住房租赁的政策性贷款，利率最高仅为1.88%，最低0.81%，且采用固定利率法，还款期限最长可达35年。

四是项目合规难度大。缺乏租赁住房的专项规划和消防标准，物业审批改造难。中央层面在2021年7月出台了《关于集中式租赁住房建设适用标准的通知》，进一步完善了改建标准，而在改造实践中，非改居项目的审核审批会涉及多个政府主管部门，大多数审核审批环节并没有更详细或统一的指引和要求，导致项目整体的审核审批的时间较长，严重影响了改造项目的进展。对于已有标准的城市,原有的商业或工厂楼栋改建后在采光、消防、容积率等指标上很难达到要求。

五 加大长租房支持力度的发展建议

(一)加大力度推动降低土地及改造成本

一是建议单列租赁住房土地供应计划。大中城市中的租客以外来人口为主,建议外来人口流入较多的大中城市在制定土地供应计划时,单列住房租赁用地计划。由于租赁需求的强弱与交通便利程度、产业发展状况关联较强,因此建议优先增加在市区、公交或地铁站点、产业园区的住房租赁用地。不同于房地产销售,住房租赁项目一般回收周期较长,建议灵活确定土地的出让价格。

二是在集体建设用地建设租赁住房方面,建议出台相关的管理制度,明确集体建设用地入市规则和流程,可通过财政奖补或贴息、适当减免土地增值收益调节金的方式,鼓励村镇集体经济组织通过入股、联营或出让的方式参与到住房租赁项目中,同时明确位于城市建成区内的集体建设用地,原则上只能用于住房租赁项目的建设。

三是建议推动非居住建筑改建,完善非改居的建设标准及审批流程。首先在改建标准上,明确商业、写字楼或工厂等不同功能类型的楼栋改建为租赁住房的建设规范,形成适合非改居的消防安全、建筑容积率、采光排风等建筑标准。明确"非改居"项目的现行消防规范体系,统一装修工程设计审核、消防验收及营业前检查的程序标准。其次在审批流程上,建立多部门联审机制,建立绿色通道,缩短审核审批的时间。

(二)拓宽企业融资渠道,降低金融财税成本

一是建议加大银行业金融机构对住房租赁项目的信贷支持力度,鼓励长期投资机构投资住房租赁项目。一方面,鼓励开发性金融等银行业金融

机构按照风险可控、商业可持续的原则加大对租赁项目的信贷支持，面向住房租赁企业发放与住房租赁项目经营相匹配的长周期低利率贷款；同时，为降低融资成本和融资难度，住房租赁企业可与当地国有担保公司合作设立住房租赁企业担保计划，为企业在金融机构的贷款提供担保，降低担保费率，提高企业向金融机构申请贷款的可得性。另一方面，引导长期投资机构将资金投入住房租赁领域，比如保险类资金、产业基金。同时出台公积金投资住房租赁项目的相关政策，提高公积金的使用效率，同时支持住房租赁市场的发展。

二是建议将市场化租赁住房项目纳入房地产投资信托基金（REITs）试点范围内，同时拓宽住房租赁企业债券融资渠道。在国家政策的支持下，保障性租赁住房 REITs、公租房 REITs 成功上市，并获得了资本的青睐，建议未来推进市场化租赁项目 REITs，对于一定比例以上的收入来源于租金的 REITs 提供土地增值税或企业所得税优惠，或免征土地增值税和企业所得税。同时支持住房租赁企业发行企业债券、公司债券、资产支持证券（ABS）等，专门用于发展住房租赁业务。建议对底层资产为住房租赁项目的债券审核设立绿色通道，推动形成住房租赁资产支持证券交易的二级市场。

三是扩大住房租赁房产税和增值税税率优惠范围。住房租赁企业向企事业单位出租赁住房的，建议享受税收优惠政策。目前增值税和房产税的优惠范围仅限于住房租赁企业出租住房给个人，建议纳入住房租赁企业出租住房给企事业单位。同时，进一步明确租赁机构分类监管下机构登记备案标准与不同商业模式下租赁机构的计税依据，对于包租机构可按照增值税简易征收方式计税，托管代管模式的住房租赁机构可按照租金净收入的6%计征增值税。

四是允许增值税进项抵扣额度交易。住房租赁项目前期一次性投入大，增值税进项抵扣额度长期结余、无处使用，如能借鉴美国 LIHTC 税收减免政策，允许住房租赁企业将增值税抵扣额度向社会资本出售，将能在很大程度上缓解住房租赁项目前期的融资难题，也有利于社会资本进入住房租赁市场投资。

（三）加大长租房市场监管力度，营造良性的市场运转环境

建议建立住房租赁纠纷调处机制，同时完善住房租赁主体信用体系建设。住房租赁相关行业协会可以与市场主体联合形成专门的住房租赁纠纷调解委员会，行业协会和相关企业均设立畅通的投诉反馈渠道，由行业协会引导当事人和所涉企业妥善化解纠纷。住建主管部门也需要设立反馈渠道，同时强化与"12345"市长热线的协同，及时处理投诉事件。在信用体系建设方面，搭建住房租赁行业信用平台，将个人房东或个人租客、住房租赁企业、房地产经纪机构及其从业人员等的信用记录纳入平台，必要时形成黑白名单，用于行业主体通过信用平台来筛选房东、租客或选择企业，同时作为企业在融资评估时的重要参考。

B.17
共同富裕背景下住房公积金
制度扩面问题分析

吴义东　查远远　厉诗辰[*]

摘　要： 为深入了解并剖析住房公积金制度的扩面现状，本文首先梳理了近三年典型城市颁布的住房公积金扩面政策；其次，基于全国总量数据，从时间维度考察住房公积金制度扩面工作推进的特征；再次，在考虑各地政策推行力度差异的基础上，剖析住房公积金制度扩面的区域异质性特点；最后，聚焦大中城市，深入分析住房公积金制度扩面的发展趋势。研究结果表明，现阶段扩面工作还存在以下四个问题：一是住房公积金覆盖率依旧处于偏低水平，制度公众参与度有限；二是住房公积金缴存结构矛盾突出，限制了住房公积金制度普惠性功能发挥；三是扩面手段缺乏统一标准，城市间政策制定协调程度仍需提升；四是部分企业和职工住房公积金缴存意识较低，参缴积极性有待进一步提高。因此，在"十四五"期间乃至更长一段时间内，要不断发挥制度普惠性作用，坚持扩大住房公积金制度覆盖面；加大供给侧改革力度，优化住房公积金使用政策；以数字化手段赋能信息化建设，构建智慧公积金服务体系；完善跨区域合作机制，加快推进一体化协同发展。

---

* 吴义东，博士，安徽工业大学商学院资格教授，南京大学理论经济学博士后，研究方向为房地产经济与金融；查远远，安徽工业大学商学院硕士研究生，研究方向为房地产金融；厉诗辰，安徽工业大学商学院硕士研究生，研究方向为房地产金融。

关键词： 共同富裕　住房公积金　制度扩面

党的二十大报告指出，中国式现代化是全体人民共同富裕的现代化。共同富裕是中国特色社会主义的本质要求，也是一个长期的历史过程。住房公积金制度作为保障居民住房权的重要工具、收入分配的重要渠道、社会财富分配的重要纽带、房地产市场平稳发展的重要抓手，为扎实推动共同富裕提供了制度保障。"十四五"时期，住房公积金系统坚持以习近平新时代中国特色社会主义思想为指导，深入贯彻党的二十大精神，坚决贯彻落实党中央、国务院决策部署，牢固树立以人民为中心的发展思想，坚持稳中求进工作总基调，坚决落实租购并举、房住不炒等住房政策，对提升制度包容性与普惠性、实现全体人民住有所居具有重要现实意义。

为深入了解当前住房公积金制度扩面发展现状，本文梳理了近三年典型住房公积金扩面政策，基于历年住房公积金年度报告数据，对全国、省级地区以及代表性城市住房公积金制度扩面情况进行系统性分析，总结当前住房公积金制度在扩面推进过程中的经验教训，并针对相关问题提出政策建议。

一　住房公积金制度扩面政策背景

住房公积金制度作为一种兼具社会性、互助性与政策性的住房社会保障制度，自1991年上海市率先试点实施以来，该项制度已历经30余年的发展。住房公积金制度作为中国城镇住房市场化改革的重要代表之一，见证并持续推动着中国城镇住房制度的改革进程。同时，在新时代背景下，住房公积金制度也是更好满足缴存者合理住房需求、实现全体人民住有所居这一美好愿景的重要抓手，有助于提升缴存职工的获得感、幸福感、安全感。住房公积金制度将不断改革优化，继续为探索新的住房发展模式、促进住房市场良性循环与健康发展作出贡献。

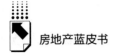
2022 年 1 月，国家发展改革委等部门联合印发《"十四五"公共服务规划》，明确提出将住房公积金归属为一种具有普惠性的非基本公共服务，同时指出需要扩大住房公积金制度覆盖范围，多措并举促进单位依法缴存，鼓励灵活就业人员参加住房公积金制度。党的二十大报告中再次强调要"加快建立多主体供给、多渠道保障、租购并举的住房制度"。2022 年中央经济工作会议中提到，要因城施策，支持刚性和改善性住房需求，解决好新市民、青年人等群体的住房问题，探索长租房市场建设。要坚持房子是用来住的、不是用来炒的定位，推动房地产业向新发展模式平稳过渡。由此可见，在"十四五"期间乃至未来很长一段时间内，住房公积金制度的扩面改革都会是住房领域的一项重要工作。

作为我国目前最为重要的政策性住房金融制度，住房公积金制度的改革取向一直是学术界的热议话题。诚然，现行的住房公积金制度能增加当前住房市场的资金供应，改变城镇居民的住房观念、促进居民住房消费。但随着经济社会的不断发展，我国就业群体的数量和结构呈现新的特征。在新时代背景下，就业群体扩大能促进我国的经济向高质量发展阶段迈进、助推我国产业结构的转型以及新型城镇化的发展。就业人员的住房需求理应受到重视，应当将更多的就业人群纳入住房公积金制度体系，从而促进制度红利的共享。因此，住房公积金制度的扩面工作成为近几年制度改革优化的重要发力点。长期以来，住房公积金制度仅面向城镇单位及其在职职工，但对于新市民、农业转移人口、灵活就业人员等群体而言，对住房公积金认知程度有限、缺乏法律保障、缺少缴存渠道等主客观因素使得这部分群体始终处于制度之外，无法与城镇单位就业人员享受同等的住房权益。近年来，住房公积金制度在覆盖面、公平性、缴存规则等方面的问题不断凸显，限制了制度普惠性功能的发挥，甚至一度面临存废之争，部分专家学者对住房公积金制度扩面改革的呼声愈加强烈。因此，为持续优化住房公积金制度的保障功能，提高其福利属性，达到住房公积金制度的"帕累托最优状态"，需要以扩大公积金制度覆盖面为切入点破除改革难题。

二 典型城市灵活就业人员参与公积金制度相关政策梳理

《中华人民共和国国民经济和社会发展第十四个五年规划和 2035 年远景目标纲要》中提出要"改革完善住房公积金制度，健全缴存、使用、管理和运行机制"，这意味着在接下来的很长一段时间内，住房公积金制度的重心都将以改革完善为主，即通过不断制度优化，持续强化制度的互助性、普惠性和保障性功能，增强制度的可持续发展能力。

目前，国内很多城市都颁布了与推进住房公积金制度扩面工作相关的举措，将灵活就业人员、新市民、农业转移人口等群体纳入住房公积金制度的保障范围内，能增强公积金制度的活力和生命力，以促进共同富裕奋斗目标的实现。具体典型城市灵活就业人员住房公积金缴存使用政策实施内容如表 1 所示。

表 1 近三年典型城市灵活就业人员缴存公积金具体规定内容

城市	年份	政策要点
广州市	2021	享受与强制缴存职工同等的个人所得税减免政策;缴存基数不低于广州市最低工资标准,缴存比例不低于10%(目前月缴存额不低于230元/月);非广州户籍缴存人可申请入户积分,缴存每满1年计2分,上不封顶;贷款需要满足参与缴存时间累计不少于24个月,且申请贷款前6个月内连续缴存
深圳市	2021	灵活就业人员缴存比例为10%~24%;缴存基数不得低于市人社局公布的上一年职工月最低工资标准,不得超过国家规定的住房公积金缴存基数最高限额;申请贷款需要满足已连续、按时、足额缴存住房公积金12个月(含)以上,并且累计缴存时间不低于36个月
重庆市	2021	灵活就业人员可根据自身情况在按月缴存、一次性缴存和自由缴存三种方式中进行选择,每种方式的缴存额上下限、缴存时间和贷款额度均有具体说明
成都市	2021	灵活缴存的缴存金额、频率、缴存时间均由缴存人自行安排;灵活缴存存储时间满一年的资金可享受0.5%~1%的缴存补贴;申请公积金贷款需要第一笔缴存资金存储满12个月

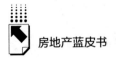

续表

城市	年份	政策要点
苏州市	2021	缴存条件为参加社保并正常缴纳社保费；固定金额档次缴存，500～5000元，每500元一档；贷款需要满足连续缴存期限要求（累计不少于24个月，且申请贷款前6个月内连续缴存）、信用要求，并对可贷款额度做出详细规定
合肥市	2021	以个人名义在合肥市正常连续缴纳城镇基本养老保险满一年及以上；月缴存基数参照社会保险缴存基数，缴存比例为10%～24%；单职工最高可贷45万元，夫妻双方最高可贷55万元，贷款最长年限为30年
株洲市	2021	缴存条件为已连续缴纳基本养老保险费1年以上；月缴存额度约为680元；贷款需要满足缴存满1年以上
常州市	2022	2022年灵活就业人员月缴存额度范围为228～7392元；贷款需要满足连续缴存6个月
南宁市	2022	缴存比例政策调整前固定为12%，调整后在10%～24%自主选择，每一档以2%递增，连缴公积金满半年可申请贷款，贷款额度与单位在职人员一致
淮安市	2022	缴存基数为本人上一年度个人所得税月平均纳税收入或本人当前社会保险缴费基数，不得超出淮安市现行的住房公积金缴存基数上下限范围；缴存比例为10%～24%
洛阳市	2022	缴存基数下限为洛阳市上一年度城镇私营单位从业人员月平均工资的80%，上限为上一年度城镇私营单位从业人员月平均工资的3倍，缴存比例为16%；灵活就业人员连续正常缴存住房公积金满6个月，符合洛阳市住房公积金贷款条件的，可申请个人公积金贷款
郑州市	2022	缴存比例统一为20%；月缴存基数的下限为郑州市本地城镇私营企业上年度在岗职工月平均工资的60%，上限为本地城镇私营企业上年度在岗职工月平均工资额的3倍；贷款需要满足按时、足额缴存住房公积金12个月以上
威海市	2022	缴存条件为参加社会保险并正常缴纳社会保险费；灵活就业人员的住房公积金提取、贷款等业务与其他职工没有区别
扬州市	2022	缴存比例为10%～24%；享受与缴存职工同等的个人所得税减免政策；贷款需要满足住房公积金缴存满6个月
长沙市	2022	月度缴存额为194～1200元，缴存基数较低，影响贷款额度
大连市	2022	缴存比例可在10%～24%选择；缴存基数不低于上一年度政府公布的最低工资标准，最高为上一年度职工月平均工资的3倍；贷款额度不超过个人自愿缴存贷款申请时住房公积金账户存储余额的5倍

城市	年份	政策要点
廊坊市	2023	灵活就业人员的住房公积金缴存基数为上年度廊坊市职工月平均工资 1~3 倍;申请贷款需要满足连续足额缴存住房公积金满 6 个月
襄阳市	2023	灵活就业人员缴纳住房公积金享受个税抵扣政策,每月最高可抵扣 2021 元;按准备申请住房公积金贷款的额度、年限来计算月还款额,月缴存额略高于月还款额即可;月缴存额度为 360~4042 元;贷款需要满足连续缴存住房公积金 6 个月
兰州市	2023	取消灵活就业人员(含新市民、个体工商户、自由职业者、非全日制从业人员等无固定用工单位人员)建缴住房公积金时必须提供本市范围内社保缴纳证明的限制,只需提供本人身份证即可向兰州住房公积金管理中心申请办理住房公积金缴存登记,正常缴存后与单位缴存职工享受同等权益
平顶山市	2023	缴存比例为 16%;缴存基数为本人上一年度月平均工资(需提供近 12 个月收入情况的银行流水记录)或按照平顶山市上一年度在岗职工月平均工资的 80% 确定(2021 年度核定灵活就业人员缴存基数为 4595 元)

资料来源:各市住房公积金管理中心网站。

2019 年 12 月,全国住房和城乡建设工作会明确提出要开展灵活就业者自愿缴存住房公积金试点。2020 年 11 月,住建部网站所刊发的《实施城市更新行动》解读文章中提到,要改革完善住房公积金制度,扩大缴存范围,覆盖新市民群体。2021 年 1 月,住房和城乡建设部公布了 6 个首批灵活就业人员参加住房公积金制度试点城市:深圳、广州、苏州、常州、重庆和成都。同年 4 月,住建部住房公积金监管司组织召开灵活就业人员参加住房公积金制度试点第一次城市会商会议,将北京、长沙、青岛等 12 个城市列为试点工作观察员城市,作为第二批试点储备。同年 5~9 月,首批 6 个试点城市陆续启动试点工作。为进一步细化灵活就业人员缴存、提取、贷款、异地转移等具体措施,扩大公共服务的惠及面,各地在开展前期调研的基础上,深入了解新市民、青年人等灵活就业群体的住房需求及公积金使用需求,并根据其现实需要制定了相关政策文件。一系列政策文件的出台和落实,表明了住房公积金制度的扩面改革工作进入快速发展阶段。

三　住房公积金扩面的特征分析及趋势研判

改革开放以来，我国经济社会实现了快速发展，私有制等多种所有制经济蓬勃发展，私营企业、个体工商户、自由职业者等多种业态兴起，创造了大量就业岗位，吸收了大批城镇就业职工，以新市民为代表的灵活就业人员数量也迅速增加。社会的快速转型发展要求住房公积金制度不能再继续走封闭僵化的老路，必须将重心转移到解决体制外就业者、新市民、青年人、灵活就业人员等群体的住房问题上来，这为住房公积金制度转型升级提供了更广阔的发展前景。新时代背景下，住房公积金制度的改革与优化呈现新的特征，国家和地方政府为更好地满足灵活就业人员的合理住房需求，出台了一系列相关政策，力图不断扩大该制度的覆盖面。为深入剖析住房公积金扩面工作进展的时空特征，本文对国家及各地区历年来住房公积金统计年报数据进行分析，从全国、省级地区、代表性城市层面展开研究，总结经验规律，研判"十四五"期间住房公积金制度改革发展趋势。

（一）基于全国总量数据，从时间维度考察住房公积金制度扩面工作推进特征

1. 近年来住房公积金扩面工作正积极推进，进展势头迅猛

2021 年，住房公积金实缴单位、实缴职工分别为 416.09 万个、16436.09 万人，较 2014 年分别增长了 209.59 万个、4558.7 万人，同比增长率分别为 13.88%、7.23%，达到了近 5 年最高值（见图 1、图 2）。这表明参与住房公积金制度的单位和人数不断增多，越来越多的职工意识到参与住房公积金制度的重要性。《人力资源和社会保障事业发展统计公报》中的相关数据显示，2021 年末全国城镇就业人员为 46773 万人，较 2014 年末增长了 7463 万人。由此可知，住房公积金覆盖全国城镇就业人员的比例从 30.21% 提升到 35.14%，住房公积金制度覆盖面进一步扩大，能够通过缴存住房公积金享受制度福利的职工数量也稳步增加。

图1 2014~2021年全国住房公积金实缴单位和实缴职工数量

资料来源：历年《全国住房公积金年度报告》。

图2 2014~2021年全国住房公积金实缴单位增长率和实缴职工增长率

资料来源：历年《全国住房公积金年度报告》。

同时，全国住房公积金新开户单位在2014~2021年保持稳定增长，其中2020年住房公积金新开户单位共68.92万个，较2019年增长了15.18万个，同比增长率高达28.25%，为历年来最高值（见图3、图4）。2021年住房公积金新开户单位同比增幅虽然有所下降，但较2020年依旧增加了10.54万个，总量增加趋势明显。受到新冠疫情等因素的影响，企业业绩有所波动、员工工资增速放缓，住房公积金监管部门为了降低企业复工复产压力采取诸如缓缴、降低缴存比例等相关阶段性应急政策进行调整，2020年新开户职工人数出现了历年来第二次小幅下降。后续国家及各地方政府相应出台住房公积金制度的阶段性支持政策，为企业和职工纾困解难，妥善应对了疫情冲击。新开户职工人数也因此在2021年首次突破2000万人，同比增长率达到21%，创下新高，这体现出住房公积金制度发展具有强大韧性和生机活力。

图3 2014~2021年全国住房公积金新开户单位和新开户职工数量

资料来源：历年《全国住房公积金年度报告》。

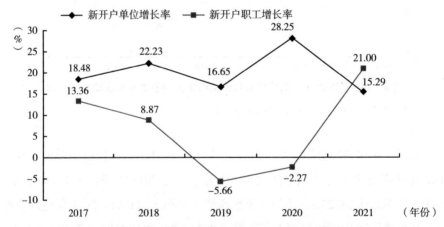

图4 2017~2021年全国住房公积金新开户单位增长率和新开户职工增长率

资料来源：历年《全国住房公积金年度报告》。

2. 住房公积金缴存群体单位由体制内向体制外转变，结构性矛盾有所缓解

住房公积金制度覆盖城镇就业人员单位性质的结构性矛盾一直以来都受到各界重视。在过去的一段时间内，住房公积金制度的受益对象主要集中于体制内职工，一方面是城镇住房制度改革引致的结果，另一方面则是因为体制内单位和职工通常工作比较稳定、收入波动较小，更有条件参与住房公积金制度。但是，新的经济发展形势衍生了多种类型的城镇就业群体，这些职工对住房公积金制度也抱有极大的期待，迫切希望可以通过缴存公积金的方式缓解住房压力，满足合理的住房需求。图5、图6分别展示了2017~2021年我国住房公积金按单位性质分缴存职工人数占比及新开户人数占比情况。

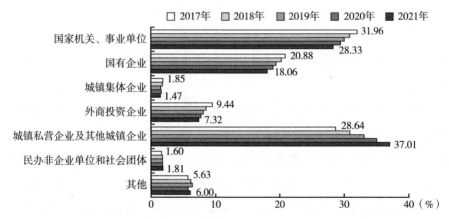

图5 2017~2021年全国住房公积金按单位性质分缴存职工人数占比

资料来源：历年《全国住房公积金年度报告》。

如图所示，2017年、2021年国家机关、事业单位和国有企业两大类体制内单位缴存职工人数占比分别为52.84%、46.39%，下降了6.45个百分点；2017年、2021年国家机关、事业单位和国有企业两大类体制内单位新开户人数占比分别为26.95%、23.14%，下降了3.81个百分点。由此可见，体制内单位缴存职工占比和新开户职工占比均呈现下降趋势，这说明住房公积金扩面工作成效显著，结构性矛盾有所缓解。但是，实缴职工体制内占比依旧处于较高水平，相对新开户职工而言，其结构性矛盾更为严峻，在下一

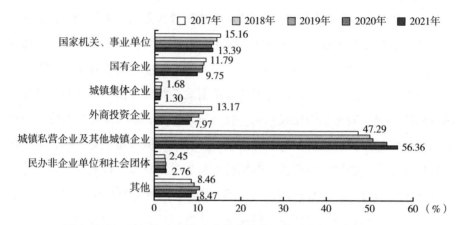

图6　2017～2021年全国住房公积金按单位性质分新开户人数占比

资料来源：历年《全国住房公积金年度报告》。

阶段住房公积金制度改革优化工作中如何加速完善实缴职工内部结构仍然是重点。

2014～2021年住房公积金实缴职工人数体制内外占比之差呈现先缩小后反向扩大的趋势，近年来体制外职工缴存人数占比超过了体制内职工缴存人数占比，而新开户职工体制外占比自2016年以来一直远高于新开户职工体制内占比（见图7）。住房公积金制度建立初期主要是为了解决城镇单位就业人员的住房难题，城镇单位就业人员体制内单位占比相对较高，体制外单位也缺乏为职工缴存住房公积金的意识。因此，2014年、2015年体制内单位缴存职工占比达到了60%以上。随着社会经济的不断发展变化，城镇就业人员的内部结构也逐渐变得复杂，以城镇私营企业及城镇其他企业为代表的体制外企业职工人数不断增长。随着国家、当地政府普法宣传力度的加大，多数企业也逐渐能够意识到为职工缴纳住房公积金是其法定的义务，不按时足额为职工缴存住房公积金会受到相应处罚。因此无论是存量还是增量，住房公积金体制外职工占比都呈现不断变大的趋势。自2016年起，我国住房公积金统计年报开始统计并公布住房公积金按单位性质分新开户职工占比，当年住房公积金体制外新开户职工占比达到了71.30%，比2021年实缴职工体制外占比高17.69个百分点。虽然在2020～2021年受到了疫情影响，但是体制外单位实缴职工人数占比和新开户职工人数占比依旧保持稳定增长，这体现出住房公积金制度扩面的决心和实际成效。

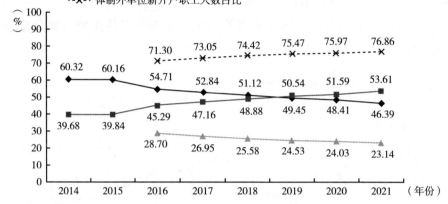

图 7　2014~2021 年全国住房公积金按单位性质分实缴职工人数及新开户人数占比

资料来源：历年《全国住房公积金年度报告》。

（二）考虑各地政策推行力度差异，剖析住房公积金制度扩面的区域异质性特点

1. 东部地区住房公积金扩面成效相对中西部更为明显

2021 年，全国新开户职工体制外占比、实缴职工体制外占比分别为 76.86%、53.61%，新开户职工单位类型以体制外为主，实缴职工单位类型结构虽然有所转变，但是其体制外人数占比与新开户体制外职工人数占比依旧存在一定差距。就具体地区而言，天津、江苏、浙江、上海、广东、重庆新开户职工体制外占比均超过 80%，实缴职工体制外占比均超过 59%，这些地区在住房公积金扩面工作推进过程中，缴存结构调整较为迅速，排名靠前。在 32 个地区中，新开户职工体制外占比高于全国水平的地区有 7 个，占比为 21.88%，实缴职工体制外占比高于全国水平的地区有 8 个，占比为

25%，大部分地区无论是实缴还是新开户职工体制外占比都低于全国水平，缴存职工体制外占比与新开户职工体制外占比呈同趋势发展变化。受到经济发展水平、制度推行力度、集聚企业类型等因素影响，扩面程度较高的地区多集聚在东部沿海地区，中西部地区的扩面程度有待进一步提高。例如，西藏新开户职工体制外占比、实缴职工体制外占比分别为 26.82%、11.25%，排名靠后；而上海新开户职工体制外占比、实缴职工体制外占比分别为 89.35%、80.12%，分别位列第四与第一（见图 8）。

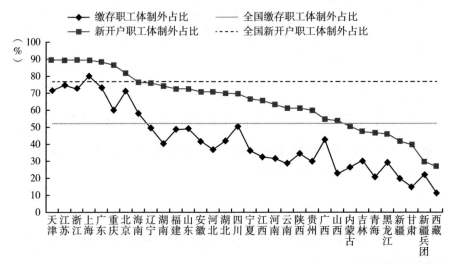

图 8　2021 年各地区住房公积金按单位性质分实缴职工人数及新开户人数占比

资料来源：2021 年各地区住房公积金年度报告。

2. 地区间住房公积金扩面进程差距较大

2021 年，浙江省、广东省、江苏省住房公积金新开户单位数量均超过 10 万个，分别为 141936 个、101863 个、101725 个。其中，江苏省住房公积金新开户单位数量第一次突破 10 万个。此外，仅有浙江省（211.49 万人）、广东省（357.53 万人）、江苏省（247.83 万人）三个省份新开户职工人数超过 200 万人。排名第三的地区（江苏省）新开户职工人数、新开户单位数量分别比排名第四的地区（山东省、上海市）高 112.18 万人、28825 个，出现断崖式的差距。此外，22 个地区新开户单位数量低于 2 万个、25 个地区新开户职工人数少于 100 万，占比分别为 70.97%、80.65%（见图 9）。这些地区多为中西部地区，与东部表现突出的地区存在的差距较大，住房公积金制度扩面推进工作不平衡不充分发展问题较为明显，同时这也意味着中西部地区住房公积金扩面水平提升具有较大的潜力。

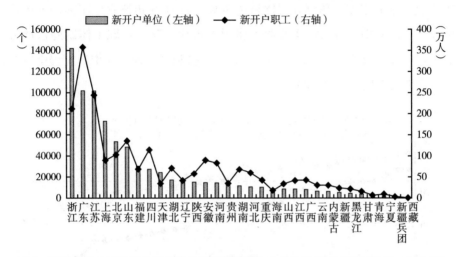

图 9　2021 年各地区住房公积金按单位性质分新开户单位及新开户职工数量（缺吉林）

资料来源：2021 年各地区住房公积金年度报告。

（三）聚焦大中城市，深入住房公积金制度扩面的发展趋势

1. 代表性大中城市在住房公积金扩面工作推进过程中发挥了示范带头作用

34 个大中城市大多为省会城市、直辖市，具有经济发展水平较高、产业类型较多且结构较为合理、人口净流入量大等共同特征，因此，这些城市的新市民、青年群体、灵活就业人员等数量逐年增加。与此同时，考虑到大中城市房价较高、常住人口数量较大的现实背景，住房的供需矛盾也更难化解。在大中城市推行落实住房公积金扩面政策，不仅能够发挥住房公积金支持新市民、灵活就业人员等群体住房消费的作用、减轻住房供需矛盾，同时也是城市公共服务水平是否满足居民需求的一种体现，有助于提高城市竞争力，增加城市对优质人才的吸引力。因此，无论是基于外在现实需要，还是

出于城市内在自发动力，大中城市扩面推进工作的压力会高于其他城市。34
个代表性大中城市新开户职工体制外占比均超过 50%，实缴职工体制外占
比均超过 25%。此外，实缴职工体制外占比、新开户职工体制外占比超过
全国水平的城市数量分别为 19 个、18 个，均超过一半。34 个大中城市中，
16 个城市新开户职工体制外占比超过 80%，11 个城市缴存职工体制外占比
超过 70%。其中，杭州市实缴职工体制外占比、新开户职工体制外占比分
别为 83.9%、93.7%，均排名第一，在住房公积金扩面工作推进过程中发挥
了示范带头作用（见图 10）。

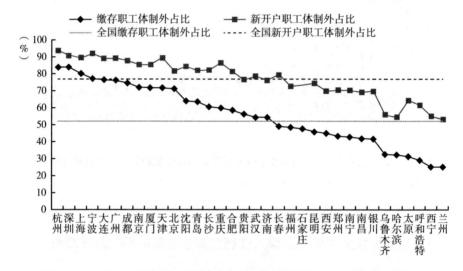

图 10　2021 年 34 个大中城市按单位性质分实缴职工人数及新开户人数占比

注：由于海口市住房公积金年度报告数据缺失，本报告仅针对 34 个大中城市展开分析。
资料来源：2021 年 34 个大中城市住房公积金年度报告。

2. 住房公积金制度参与增量差距相比存量差距较小，但城市间扩面政策
成效存在显著差距

如图 10 所示，34 个大中城市中新开户职工体制外占比最高和最低的城
市分别为杭州（93.7%）、兰州（53.14%），两者之差为 40.56 个百分点。
实缴职工体制外占比最高和最低的城市分别为杭州（83.9%）、兰州
（25.04%），两者相差 58.86 个百分点。新开户职工代表了住房公积金制度

参与的人数增量，而实缴职工代表了参与人数存量。相比而言，住房公积金制度参与增量差距比存量差距小，证实了住房公积金扩面工作的展开取得了实质性效果。但值得重视的是，城市间公积金扩面政策的推行力度依旧存在一定差距。新开户单位超过 20000 个的城市仅有 7 个，分别为上海、北京、深圳、广州、杭州、天津和成都，大部分城市新开户单位低于 10000 个。新开户职工超过 60 万人的城市仅有 6 个，分别是深圳、北京、上海、杭州、广州、成都，剩余的 28 个城市新开户职工均低于 50 万人（见图 11）。总体而言，不同城市间新开户单位和新开户职工数量差距依旧较大。

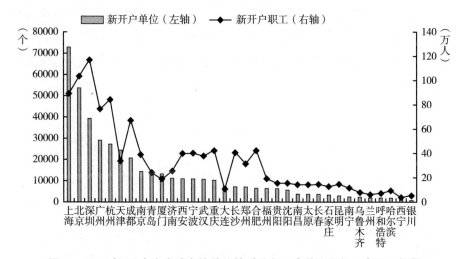

图 11　2021 年 34 个大中城市按单位性质分新开户单位及新开户职工数量

注：由于海口市住房公积金年度报告数据缺失，本报告仅针对 34 个大中城市展开分析。
资料来源：2021 年 34 个大中城市住房公积金年度报告。

四　当前住房公积金制度扩面存在的问题分析

（一）住房公积金覆盖率依旧位于偏低水平，制度公众参与度有限

住房公积金作为一项普惠性住房金融制度，也是居民理应享有的公共服务之一，因此该项制度应当面向全体人民，保障每个人参与的机会公平。本

文用住房公积金实缴人数与城镇单位就业人员之比衡量住房公积金覆盖率，并用公积金覆盖率分析制度扩面情况。数据分析发现，2014~2021年，我国住房公积金制度的覆盖率已由29.92%上升至35.14%，呈现逐年上涨趋势，其中2021年覆盖率增长幅度达到峰值，这表明住房公积金制度的缴存扩面工作在持续推进，并取得了显著效果（见图12）。但是，35.14%的覆盖率依旧位于较低水平，与住房公积金制度扩面工作目标还存在很大差距。此外，图13报告了2014~2021年住房公积金实缴人数与城镇职工基本养老保险参保职工数对比，两者都是社会保障制度的重要构成。但是，住房公积金实缴人数不及城镇职工基本养老保险参保职工数的50%，这意味着还有很大一部分符合缴纳要求的城镇在岗职工没有参与该项制度。在扎实推动共同富裕的背景下，提高住房公积金制度覆盖率仍然是当前制度优化最为紧迫的任务之一。

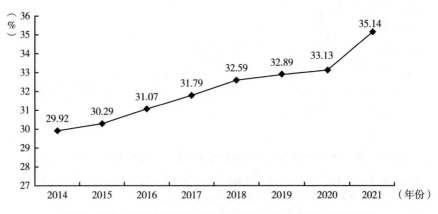

图12 2014~2021年全国城镇单位就业人员住房公积金覆盖率

资料来源：国家统计局，历年全国住房公积金年度报告。

（二）住房公积金缴存结构矛盾突出，限制了住房公积金制度普惠性功能发挥

根据国家统计局数据可知，2021年我国就业人员为74652万人，其中城镇就业人员为46773万人，乡村就业人员为27879万人，占比分别为62.65%、

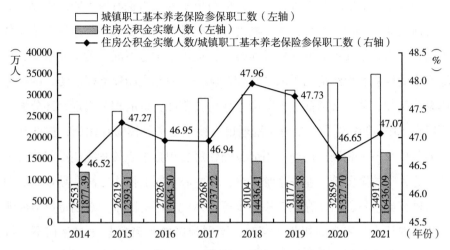

图13 住房公积金实缴人数与城镇职工基本养老保险参保职工数对比

资料来源：历年人力资源和社会保障事业发展统计公报，历年全国住房公积金年度报告。

37.35%。目前我国的住房公积金制度依旧只针对城镇就业人员，农村就业群体不属于必须缴纳住房公积金的职工范围。与此同时，对于城镇就业人员而言，住房公积金也未达到全覆盖水平。当前的住房公积金缴存结构不仅存在显著的城乡矛盾，城镇就业人员内部之间也存在缴存结构矛盾。2021年城镇就业人员中，国有单位的就业职工人数为5633万人，占比约为12.04%，这部分体制内单位职工的公积金覆盖率一般情况下可达到100%，且均按照最高缴存比例12%参缴。而对于剩余城镇就业人员而言，就业单位也应当依法为其缴存住房公积金，但受《住房公积金管理条例》的法律位阶不足以及行政执法能力有限等多重约束，可能会存在少缴、漏缴、不缴等问题。这也验证了现阶段我国住房公积金制度存在明显的俱乐部产品（Club Products）特征，即该制度具有私人产品的基本特点，却不十分强烈，且在一定程度上具有准公共产品的特征，然其受益范围较小或有特定的规定。

（三）扩面手段缺乏统一标准，城市间政策制定协调程度仍需提升

由于各地区住房公积金推行程度及自身发展水平存在差异，各地住房公

积金管理中心的资金流动性水平以及应对风险的能力也有所不同。因此，在将灵活就业人员纳入住房公积金制度体系的过程中涉及多种规范性政策文件的出台，而政策文件具有一定针对性，只适用于本地情况。关于政策实施可能产生的风险及后续应当采取的防控措施，各中心之间缺乏标准统一的参考体系。例如，关于灵活就业人员缴存住房公积金比例的相关规定，部分城市可以在10%～24%选择，也有个别城市直接规定了具体缴存比例，提取和贷款的条件也不尽相同。此外，当前我国住房公积金中心的系统还没有针对灵活就业人员的全国统一业务系统平台，各中心不同的操作方法会导致在后期大力推行异地贷款时，存在转移手续等一体化方面的困难。在制定灵活就业人员提取住房公积金的相关政策时，不同地区的政策松紧度亦存在不同倾向。如一些政策相对宽松的地区对于灵活就业人员这一概念都没有进行明确的界定，规定未与劳动单位签订合同的人员均可以参与住房公积金缴存，允许缴存人在断缴之后继续缴纳、任意提取、缴存期满半年即可提取住房公积金等，对缴存住房公积金的灵活就业群体给予一定补贴和加分；而在一些政策比较严格的地区，会严格界定灵活就业人员的具体从业类型，且即使将灵活就业人员纳入其缴存群体范围内，依旧会出台诸多限制条件，如缴存人断缴之后不可再续缴、提取条件严苛、缴存期需满一年甚至更久才可提取公积金进行使用等，长期如此会打压灵活就业人群缴存住房公积金的积极性。

（四）部分企业和职工住房公积金缴存意识较低，参缴积极性有待进一步提高

企业按时足额为职工缴纳住房公积金，保障职工合法权益，有助于树立良好的企业形象，提升竞争力，吸引并留住人才，稳定员工团队，且能享受免缴部分企业所得税的优惠，减轻税负压力。但是，部分企业由于缺乏对住房公积金制度的了解，没有意识到为职工缴存住房公积金是其应承担的责任和义务，或者是为了在短期内减少开支、降低运营成本，故意少缴、漏缴、不缴住房公积金。当前企业因不缴、少缴、漏缴住房公积金等行为受到的惩罚力度较小，较低的违规成本会加剧这种现象的存在，形成恶性循环。此

外，部分企业为了避免手续办理的麻烦，直接选择将本该缴纳的住房公积金变现，以提高岗位工资形式提升工作的吸引力，表面上是对职工做出了部分补偿，实质上却剥夺了职工的合法权益。伴随着宣传力度的不断加大，企业对于住房公积金的了解度有了一定提高，但是还不够充分。例如，许多企业认为养老保险等社保是必须交的，但是为职工缴存住房公积金并不是必然选项，可以进行选择；在部分企业与职工签订的劳动合同中，合同文本并不会写明要为职工缴纳住房公积金；极少数地方为吸引企业于当地落户，在招商引资时甚至把免缴住房公积金作为优惠条件。对职工个人而言，由于法律知识的匮乏、对公积金制度缺乏了解、维权困难、就业压力大等原因，职工可能会愿意为了提高短期的工资收入放弃住房公积金这一长远权益。一直以来，住房公积金制度主要通过向缴存职工发放低息贷款的方式支持职工购房。但不得不承认的一项基本事实是，由于城镇商品房价格一度偏高，住房买卖市场存在天然的准入门槛。部分职工一方面既难以获得足够的购房首付资金，另一方面收入现金流也难以承受较高的住房债务，因而不能及时充分使用住房公积金贷款。在这种现实背景下，住房公积金制度参与意识会不断被削弱。

五　共同富裕背景下住房公积金制度优化的政策思路

（一）提升制度普惠性功能，坚持扩大住房公积金制度覆盖面

解决新市民、灵活就业人员等群体的住房问题，努力实现全体人民住有所居，是推动新型城镇化高质量发展亟待解决的问题。目前住房公积金的缴存群体为国家机关、国有企业、城镇集体企业、外商投资企业、城镇私营企业及其他城镇企业、事业单位、民办非企业单位、社会团体及其在职职工，对于农村就业群体、城镇灵活就业群体等缺乏统一缴存的渠道保障。针对当前这一现象，可采取相关举措。一方面，加大执法力度，督促就业单位为就业人员缴存住房公积金。《住房公积金管理条例》虽然属于规范性法律文

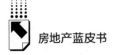

件，能够起到一定的约束作用，但是相比法律缺乏强制性，对企业不缴、少缴、漏缴住房公积金等行为惩罚力度较小，无法对其进行精准打击。应当利用线上线下多种方式加大住房公积金法制宣传教育，告知当地企业缴存住房公积金的流程、优点及不为职工缴存住房公积金需要付出的代价。发挥地方政府的统筹治理作用，将为员工缴存住房公积金情况作为企业征信的一个参考标准，探索跨区域多部门联合执法机制，推行"双随机、一公开"监管模式。另一方面，多措并举，鼓励灵活就业人员、新市民等群体自愿参加住房公积金制度。灵活就业人员、新市民等群体受到户籍、社保等条件限制，无法缴纳住房公积金，加之缺乏短期内支付首付款的能力，也有部分即使满足了条件也不愿意缴纳住房公积金。这部分群体由于没有缴存住房公积金，无法享受住房公积金制度福利，一直被排除在住房公积金体系之外。在住房公积金制度改革过程中，应当更多考虑灵活就业人员、新市民等群体的现实住房需求，制定缴存、提取和贷款弹性机制。例如，采取"强制+自愿"的缴存机制，实施灵活多样的提取方式并增加提取使用范围，推行缴存贡献与贷款权力相匹配的贷款方案。

（二）加强供给侧改革力度，优化住房公积金使用政策

针对新市民的住房需求，应当要求住房公积金提取使用时严格按照租赁优先于购房、首套房优先于二套房、保障房优先于商品房的原则。首先，发挥住房公积金互济互助作用，支持租赁住房发展。对于住房问题较为突出的大中城市，发展租赁住房是缓解住房供需矛盾的一大突破口。在保障住房公积金缴存人提取和贷款需求的基础上，利用部分结转资金和增值收益，以发放项目贷款的形式支持租赁住房，特别是保障性租赁住房、长租房的建设和发展，为租赁住房供给端资金池注入新源泉。重点支持新型工业园区、产业园区沿线等新市民工作集聚区域新建租赁住房，且支持建设的租赁住房应当优先供无房的缴存人使用，引导中低收入缴存群体租房安居。住房公积金管理中心可以和大型有资质的住房租赁机构合作，针对租赁机构将住房租给无房缴存人给予一定补贴，鼓励住房租赁机构为无房缴存人提供免押金、租金

折扣服务。其次，放宽住房公积金提取用于租房消费的条件，满足无房缴存人基本住房消费需求。住房公积金管理中心应当根据当地租金水平，调整缴存人的提取频次、提取额度，减少限制条件，提高操作便利性，保障无房缴存人能够在租房时也可以顺利使用住房公积金。住房公积金管理中心直接向出租方按月支付房租，简化流程。鼓励有条件的城市群、都市圈支持职工提取住房公积金用于支付异地房屋租赁费用。最后，完善住房公积金个人贷款政策，制定规范性贷款认定标准。各地区应当在一体化统筹发展的基础上坚持因城施策，落实城市主体责任，根据当地房价及就业群体的现实住房需求情况实施差别化个人贷款政策，具体应当在首付款比例、贷款利率、贷款额度等方面完善差异化政策。贷款政策应当倾斜于满足刚性及改善型住房需求，严禁使用住房公积金用于购买第三套及以上住房，对于刚性及改善型住房需求认定应当制定规范标准。

（三）数字赋能信息化建设，构建智慧公积金服务体系

2023年1月10日，住房和城乡建设部发布了《关于加快住房公积金数字化发展的指导意见》，其中明确提出，到2025年，伴随着数字化管理服务能力和水平的提升，服务事项"网上办、掌上办、就近办、一次办"将更加好办易办，智慧住房公积金发展应当取得新突破，住房公积金事业高质量发展将取得明显成效。全面推进智慧住房公积金服务体系建设，是加强数字政府建设、服务国家治理体系和治理能力现代化的必然要求。第一，积极运用现代技术手段，提高数据资源整合利用效率。全国各地区应当制定统一标准，规范数据采集方式，建立住房公积金基础数据库，针对早期手工录入的数据库进行自查，采用科学方法对缺失数据进行填补，并对错误数据进行更正。与此同时，应当落实住房公积金管理中心数据管理主体责任，督促其将所有电子档数据进行分类整合保管，并在国家、地区住房公积金中心官网上公开发布，以便于专家学者展开深入研究。此外，鼓励有条件的一二线城市以线上线下问卷调查、访谈的方式开展关于新市民、流动人口、农业转移人口等群体对住房公积金需求的相关研究，丰富住房公积金数据库。第二，推

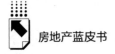

进合作共享的住房公积金支撑数据平台建设，提升大数据应用能力。为实现国家与各地区、各地区之间住房公积金信息系统的互联互通、集约共享，应当将云平台技术与住房公积金管理相结合，加速构建全国一体化住房公积金数据支撑平台。依托数据支撑平台，探索使用住房公积金卡，利用"人脸识别"、5G、区块链技术等，在身份认证、异地业务协同办理、转移接续、出具个人证明等方面实现全国统一。畅通区域、部门、上下级单位之间的数据循环联动通道，实现广度、深度对接，为住房公积金一体化发展提供软件支持。第三，充分利用数据分析资源，提高决策、管理、运行、风控水平。数据库、云平台的构建有助于推动决策机制由经验决策向数据决策转变。在分析体制外单位就业群体住房需求时，可以利用大数据决策机制，结合人工智能分析报告与专家学者研究内容，及时调整相关政策制定，回应群众关切问题，破解急难愁盼，减轻政策时滞性带来的负面效应。此外，应当加大数字技术的运用，为《住房公积金管理条例》修订、发展趋势研判、风险防控等方面提供数据分析支持。

（四）完善跨区域合作机制，加快推进一体化协同发展

住房公积金协同一体化发展，有助于打破区域间信息资源壁垒，促进人才要素自由流动，为不同城市的新市民提供多样化的住房公积金缴存提取使用选择。首先，依托国家级城市群，制定住房公积金一体化合作规划。目前已有部分城市以都市圈、城市群为载体，制定并落实了住房公积金一体化发展计划，但是实行范围依旧较小，且尚未在全国范围内进行深入拓展。"十四五"期间，应当加快推进住房公积金一体化发展，鼓励都市圈内城市之间主动合作，以点带线，以线扩面，形成良性循环机制。此外，坚持战略规划先行，学习典型城市群住房公积金一体化合作机制，并根据实际情况制定适宜本地区协同发展的规划。其次，创新住房公积金资金跨区域融通模式，实现"账随人走、钱随账走"。为满足缴存人异地贷款需求，应当支持城市群、都市圈合作开展资金跨区域融通机制，鼓励有条件的地区建立省级住房公积金统筹试点平台，在风险可控、资金有余的前提下，促进结余资金的有

偿跨区域流动，提升资金使用效率，便于更好满足城市间流动人口的住房需求。最后，推进住房公积金高频服务事项跨省通办，打破地域壁垒和阻碍。数据支撑是住房公积金服务事项跨省通办的基础，联合开展信息核查、服务事项事后管理是提升跨省通办的保障，因此应当建立住房公积金个人缴存使用等信息区域间联合共享、异地互认、数据联通机制。推进区域间政策协同、业务通办、联合执法，均有助于支持缴存人在就业地缴存住房公积金，在户籍地或居住地购买或租赁住房。与此同时，应当积极推广全国住房公积金小程序的运用，明确跨省通办服务标准化流程，实现异地无差别受理与办理。

参考文献

住房和城乡建设部住房公积金监管司主编《全国住房公积金年度报告汇编》，中国建筑工业出版社，2014~2021。

王先柱等：《建立公开规范的住房公积金制度研究》，经济科学出版社，2020。

吴义东等：《共同富裕视角下住房公积金制度收入效应及其分配》，《经济体制改革》2022年第5期。

吴义东、王先柱：《共同富裕视角下住房公积金制度的改革思路——逻辑解释、问题剖析与政策优化》，《浙江工商大学学报》2022年第5期。

B.18
上海保障性租赁住房实践模式

崔光灿　王诤诤*

摘　要： 上海作为大城市，严格落实国家保障性租赁住房政策，并作为阶段性住房供应重点，解决新市民、青年人住房问题。目前已经形成了较完善的政策体系和实践模式，并以增量新建租赁住房为主体，实施了房源的分类纳管。在房源筹建上，通过单位租赁住房、公共租赁住房、Rr4用地新增租赁住房、非居住房屋改造、集体建设用地建设等多种模式，形成有效的房源供应。未来保障性租赁住房会成为住房供应体系的有机组成部分，并能较好利用信息化平台，服务好租赁住房需求。

关键词： 保障性租赁住房　房源筹集　上海市

为加快发展保障性租赁住房，帮助新市民、青年人等群体缓解住房困难，促进解决好大城市住房突出问题，2021年6月国务院办公厅颁布的《关于加快发展保障性租赁住房的意见》，重点从政策支持的角度进行了相关规定，使土地、税收、金融、公共事业费、公共服务享受权利等一系列政策都有了突破。2022年成为我国保障性租赁住房快速发展的一年，也是各地探索保障性租赁住房发展模式的关键之年。

上海作为典型的大城市之一，新市民、青年人住房问题特别突出。上海在多年大力发展租赁住房基础上，贯彻落实国家保障性租赁住房政策，通过

---

* 崔光灿，上海师范大学房地产与城市发展研究中心主任、教授，研究方向为住房政策；王诤诤，上海师范大学房地产经济研究中心讲师，博士，研究方向为住房政策。

加快形成政策体系,加大房源筹建力度,已形成多元化、多主体的保障性租赁住房供应体系和实践模式,按保障性租赁住房发展的基本目标要求,有效满足了新市民和青年的住房需求,为保障性租赁住房的实践探索出可行的发展路径。

一 上海保障性租赁住房的主要实践特点

保障性租赁住房政策实施后,上海一方面加快相关政策法规的制订,一方面加大房源的筹措,增加保障性租赁住房建设和供应,在实践中形成增量为主、存量挖掘的发展模式。

(一)将保障性租赁住房作为阶段性重点

上海将保障性租赁住房作为"十四五"期间阶段住房供应的重点,制定了"十四五"保障性租赁住房发展目标,全市计划新增建设筹措保障性租赁住房47万套(间)以上,达到同期新增住房供应总量的40%以上;到"十四五"末,全市将累计建设筹措保障性租赁住房60万套(间)以上的规划目标。按"十四五"期末60万套保障性租赁住房估算,形成供应后约可保障100万新市民和青年人居住。在2021年和2022年"十四五"的前两年,加大房源的筹集。截至2022年底,上海保障性租赁住房已累计建设筹措38.5万套(间),累计供应22万套(间)。

(二)制定了成体系的政策文件

2021年11月,上海市政府办公厅出台《关于加快发展本市保障性租赁住房的实施意见》,明确本市保障性租赁住房基础制度和支持政策。至2022年上半年又出台了一批8项配套细则。内容覆盖了项目认定、租赁管理、规划土地管理、非居住存量房屋改建、产业园区配套建设、水电气价格优惠、基础设施配套费减免、租金评估等,为上海保障性租赁住房规范有序发展提供了制度支撑和保障。

其中，一些政策解决了保障性租赁住房发展中的难点问题，如针对非居改建保障性租赁住房水电民用价格实施难，出台了《关于本市非居住用地建设保障性租赁住房水电气、有线电视执行居民价格的通知》，明确了对用水用电用气的价格相关规定。对用水用电用气的价格，只要项目有单独的总电表、总水表、总气表，可以按项目单独计量，无论是否安装分户表，都可以享受居民用电、用水和用气价格。如规定"一户一表"电力用户执行峰谷、阶梯居民电价，未装表到户的用户执行居民合表电价。

（三）通过房源分类纳管加大供应力度

在房源筹集上实施了分类纳管政策。上海的保障性租赁住房制度严格执行国家保障性租赁住房政策，在统筹已有相关租赁住房政策和房源基础上形成。上海在过去20年一直积极扶持和培育各类租赁住房的发展，已初步形成了多品类、规模化的租赁住房供应体系。

如果按过去适用的政策类型，房源可主要分为单位租赁住房、公共租赁住房、5%配建保障性住房、Rr4用地等全自持租赁住房、15%配建企业自持租赁住房、集体经营性建设用地租赁住房、非居住房屋改建租赁住房和其他租赁住房共八大类别。不同渠道筹集的保障性租赁住房采取不同的纳入保障性租赁住房管理（以下简称"纳保"）方式。根据具体纳保方式，可将现有各种类型的租赁住房纳保程序分为三大类。其中：A类为统一纳入类，将市、区房屋管理部门认定的面向新市民和青年人的公共租赁住房和单位租赁房统一纳入保障性租赁住房管理，其中公租房按照本市公共租赁住房专项管理政策进一步从严管理。B类为统一认定后纳入类，市、区国有企业通过各种方式获得租赁住房用地资源投资新建的全自持租赁住房，由区房屋管理部门统一认定后，纳入保障性租赁住房管理。C类为申请后认定纳入类，其中"其他符合条件"的租赁住房，以政府引导、自愿申请为原则，由区房屋管理部门认定后，纳入保障性租赁住房管理（见表1）。

表1　上海市保障性租赁住房主要类型及纳保认定方式

类型	纳保认定方式
单位租赁住房	A类:统一纳入
公共租赁住房	
5%配建保障性住房	
Rr4用地等全自持租赁住房	B类:统一认定后纳入
15%配建企业自持租赁住房	C类:申请后认定纳入
集体经营性建设用地租赁住房	
非居住房屋改建租赁住房	
其他租赁住房	

（四）增量新建租赁住房为主体

根据大城市住房供应总体比较紧张、机构持有并运营的租赁住房总量不足现状，上海在发展保障性租赁住房中，重点通过新增建设方式加大供应。一是加大集中新建的租赁住房项目，并创设了"四类住宅组团用地（Rr4）"，增加租赁住房土地供应。二是在新建商品住房中配建租赁住房。三是允许产业园区内企业利用自有土地建设保障性租赁住房。四是增加集体建设用地新建保障性租赁住房。截至2022年底，全市累计供应新增租赁住房用地约200块，可建租赁住房22万套，其中符合条件的项目均被纳入保障性租赁住房管理。从已认定的保障性租赁住房看，新增纯租赁住房用地项目占到全部筹建房源的比例为60%左右。

上海的保障性租赁住房以新增为主，有效地平衡了租赁住房的供求关系，有利于解决新市民、青年人的租赁居住需求，更有利于保障性租赁住房供应的稳定性和长期性。但缺点是，上海总体建设用地指标紧张，保障性租赁住房占用地指标大，并且新建项目从土地出让到建成供应所需的周期相对较长。

（五）基本形成以制度为基础的规范化出租与运营管理

一是严格落实国家关于保障性租赁住房小户型、低租金和准入、退出管

理要求。户型面积上，新实施保障性租赁住房项目 70 平方米以下户型住房建筑面积占项目住房总建筑面积的比例不低于 70%；租赁价格上，保障性租赁住房初次定价在同地段同品质市场租赁住房租金九折以下，每年调价涨幅不得超过 5%且不得超过市房管部门监测的同地段市场租赁住房租金涨幅；准入条件上，以在本市合法就业和住房困难为基本条件，住房困难计算标准结合通勤距离等因素予以细化，并突出无房对象优先配租的导向；租赁期限上，单次租赁合同期限原则上不短于 1 年、不超过 3 年；合同到期后经重新审核仍符合准入条件可以续租，不再符合准入条件应当退出。

二是严格落实国家关于保障性租赁住房不得上市销售和变相销售、严禁违规经营或骗取优惠政策的政策规定。在相关政策文件和土地出让合同格式文本中强调和细化保障性租赁住房不得上市销售和变相销售的管理要求，并从租赁合同期限（单次租赁合同期限不超过 3 年）、租金收取方式（不得预收一个季度以上租金、押金不得超过一个月租金）等具体政策规定上严格防范变相销售。

（六）探索精准的供需对接机制，对重点新市民、青年人优先供应

在保障性租赁住房向社会公开、公平供应基础上，建立了对重点新市民、青年人的优先供应机制。

一是增加了面向环卫等重点公共服务人员的床位宿舍型保障性租赁住房供应，通过拆套供应，全市筹集了 1 万张床位，重点供应给环卫工人、公交司机、快递人员等服务城市基本公共服务的人员。

二是建立单位包租定向供应机制。为将保障性租赁住房更大比例地供应给周边企业，并服务企业解决职工集中住宿等问题，建立了将保障性租赁住房供应给单位，再由单位将住房供应符合资格的职工居住的机制。在规范性合同示范文本上，分别制定了单位版合同和个人版合同。在房源管理上增加拆套机制，使同单位的职工可以"合租"一套房或一间房，并能同时进行租赁合同签约备案、办理居住证等，完整享受相关公共服务。

三是注重保障性租赁住房促进"职住平衡"的功能，宝山区房管局主动建立与园区、街镇的房源联系机制，将新增供应保障性租赁住房及时推送到周边的企业，既解决了园区企业职工的就近居住问题，也帮助企业去化了房源，优先供应给周边企业的新市民和青年人，调研中有部分项目提供给周边就业的职工，租金在原来低于市场租金的评估租金基础上再次打折，通过经济手段吸引他们居住。

四是对无房职工优先供应。具体在《上海市保障性租赁住房租赁管理办法（试行）》中，规定相关项目的供应配租规则中，将配租分为集中配租和常态化配租两个阶段，在集中配租阶段，优先保障在本市无房且符合其他准入条件的对象。集中配租后的剩余房源，实行常态化配租，对符合准入条件的对象实行"先到先租，随到随租"。

二 多元化的房源筹建实践模式

（一）产业园区单位租赁住房模式

在各类产业园区中，有不同层次的租赁住房需求，其中一个重要需求是普通产业工人的住房需求，通俗称为"蓝领"职工的住房需求。这部分职工收入不高，对居住条件的要求不高，需要类似职工宿舍类为主的租赁住房。大型企业和产业园区可以在自有土地上建设主要供本企业或本园区职工使用的租赁住房，称为单位租赁住房。

单位租赁住房起源于职工宿舍，但在政策上比职工宿舍更加优惠。2009年上海市出台《关于单位租赁房建设和使用管理的试行意见》，支持本市部分产业园区、企事业单位、农村集体村委在自用工业土地上或集体建设用地上，建设一批人才公寓、职工宿舍或来沪务工人员宿舍等单位租赁房，户型以宿舍型为主，可有少量成套的公寓或者住宅。单位租赁房作为政策性住房，政府给予税收减免、水电气民用优惠、优惠利率贷款以及居住证办理等支持。同时规定租赁对象只能是本单位职工、工业园区企业员工或村集体产

业园企业员工等，规定租金要略低于市场，但不限租赁期限，由土地产权方自建、自管或委托管理。

2016年上海市住建委等四部门发布《关于进一步完善本市住房市场体系和保障体系促进房地产市场平稳健康发展的若干意见》，提出产业类工业用地配套建设租赁房用地面积占比上限由7%提高至15%，增加的部分用于建设单位租赁房、职工宿舍等；鼓励符合条件的企业单位自建人才公寓类单位租赁房。

随着保障性租赁住房政策的出台，单位租赁住房统一被纳入保障性租赁管理后，在相关建设和供应标准等方面按保障性租赁住房规定实施。作为一种面向企业或园区符合保障性租赁住房准入条件的租赁住房，对提高职住平衡、有效解决职工住房困难起到了较好的作用。特别是在大型产业园区，如特斯拉、三一重工等企业都建设有大规模向本企业职工供应为主的单位租赁住房。

目前，上海已有纳入保障性租赁住房的单位租赁住房100余个项目。以晨光文具职工宿舍项目为例，该项目位于上海市奉贤区，由晨光集团自建、自管，租赁住房建筑面积1.3万平方米，宿舍780间，用于晨光文具企业内部职工居住，只租不售，大产证不能分割为小产证。项目有4人间、2人间、单人间，甚至夫妻房。集体宿舍四人间每床位每月50元，双人间每床位每月100元，单人间每月300元。晨光公司非常重视这个宿舍项目，将其视为留住人才、稳定经营的重要保障。为了控制单人间及套房的数量，企业规定只有一定任职级别和年限的员工才可申请，夫妻双方都在公司工作、年限较长且职级较高者才能申请夫妻套间。企业还对探亲员工家属及个人预留了过渡房间，按日收费。晨光集团在宿舍区配建了食堂和体育馆，设立了专门的资产管理部门，有规范的物业维护所需物资的采购、日常物业维护保养、住宿人员安全管理等系列规章制度。为了支持晨光集团扎根上海奉贤，2017年奉贤区又批准了晨光宿舍二期项目的认定，2.06万平方米建筑面积，宿舍602间。目前企业房源供应基本满足需求，宿舍管理井然有序，极大保障了员工的安居需求，企业员工流失率较低。

（二）面向新市民、青年人的公共租赁住房模式

上海的公共租赁住房具备保障性租赁住房的核心特征，公共租赁住房政策于 2010 年 9 月出台，不同于其他城市面向低收入户籍家庭为主的公共租赁住房（原廉租住房），当时政策定位于面向本市青年职工、引进人才和来沪务工人员及其他在沪合法稳定就业常住人口为主的租赁住房，旨在解决这类人群的阶段性住房困难。该政策已经实施十余年，保障性租赁住房出台后，新增面向新市民和青年人的公共租赁住房全部纳入保障性租赁住房管理。该类保障性租赁住房有以下几个特征。

一是有专门公共租赁住房运营公司。公共租赁住房来源有新建、配建、改建、收购等多种模式，其中最主要的模式是新建。由政府低价出让土地，并减免建设环节的税费。建设与经营主体为市区两级政府的公共租赁住房运营机构，市筹的房源由上海地产住房发展有限公司管理，各区都成立有公共租赁住房运营公司，负责本区的公共租赁住房。

二是多渠道的房源筹集方式。为加快供应，上海不断开拓各种公共租赁房筹措方式。2010 年上海开始实施在商品住房建设项目中配建保障房的政策，规定凡新出让土地、用于开发建设商品住房的建设项目，均应按照不低于该建设项目住房建筑总面积 5% 的比例，配建保障性住房，该类住房主要用于公共租赁住房。

三是供应对象为新市民。公共租赁住房申请人应当同时符合两个条件：①具有本市常住户口，或持有有效期内《上海市居住证》；已与本市就业单位签订一年以上（含一年）劳动或工作合同，并依法缴纳各项社会保险金。②在住房状况上还需要符合在本市人均住房建筑面积低于 15 平方米；申请时未享受本市廉租住房、共有产权保障住房政策。从享受对象看，目前多数为非上海户籍的新市民，且以青年未婚人口为主。

四是运营管理。公共租赁住房的租金水平一般低于市场租金 10% 左右，在实践中由于租金调整周期等，实际的租金优惠可能更大，有的单位与职工共同承担租金，并可以通过提取公积金支付租金，所以公共租赁住房的租金

负担较低。公共租赁住房后期有专门管理机构进行租赁事务管理，租户入住后只能自住，不能转租等。公共租赁住房有最长居住年限规定，最长居住年限为 6 年，如果不能及时退出，则在第 7 年按市场水平租金收取，最多缓期 2 年，必须退出。

五是享受全面的公共服务。目前新建公共租赁住房是社区型住宅，居住社区中有相应的活动空间、居委会等公共配套，与其他商品住房社区在居住体验上没有区别。租户可以享受周边的子女教育、医疗等服务，并可以享受落户等公共政策。

六是有较完善的政策体系。十余年来，已经形成从土地供应、项目认定、建设管理、财税金融支持、供应管理和租赁管理等一系列完整的政策体系，如《上海市发展公共租赁住房的实施意见》《上海市保障性住房设计导则（公共租赁住房篇）（试行）》《市筹公共租赁住房准入资格申请审核实施办法》等规章文件，保障了上海公共租赁住房政策的顺利实施。

到 2020 年，上海公共租赁住房已累计供应 15 万套，明显缓解了本市青年职工和来沪务工人员及各种人才的居住困难。比如馨越公寓位于上海市普陀区，属于居住用地上新建的纯租赁型住宅项目，2010 年 12 月开工建设，2013 年 5 月竣工投入运营。项目毗邻中环，苏州河北沿，地理位置优越，占地面积约为 9 万平方米，集中绿地面积近万平方米，总建筑面积 26.2 万平方米，其中用于租赁的成套小户型住宅和舒适型宿舍 20.5 万平方米，26 栋小户型住宅楼和 1 栋舒适型宿舍楼，共计 4042 套，其中一室户 1374 套、二室户 1782 套，其他青年宿舍型和一室一厅户型共计 662 套。配套商业面积约 5000 平方米，车位 1300 多个。所有房型装修时尚简约，并配以精致家具，实现拎包入住。项目租金优惠，一房 50 平方米的单套租金平均 3200 元，二房 62 平方米的单套租金平均 4000 元，入住率 100%，租金缴纳率 100%。项目由长宁区公共租赁住房运营公司经营管理，小区不仅物业服务规范，而且有丰富的社区文化生活和党建活动，物业信息化服务和安保智能化设施配套都比较齐全。

（三）非居住房屋改造租赁住房模式

上海较早探索非居存量房屋改建租赁用房的政策制定及实施，并坚持扶持和培育专业化租赁企业的发展壮大。为了解决企业外来务工人员居住问题，2007年上海市出台了《闲置非居住房屋临时改建宿舍的规定（试行）》，支持企业利用自用土地上闲置的非居房屋临时改建为职工宿舍，在确保土地合规、改建达标、只租不售的前提下，规定了审批流程、设计标准、改建要求、租赁对象、租金标准、租赁备案，以及税负减免和水电民用价格优惠等政策。

2018年12月，为进一步规范非居住房屋改建租赁住房，上海住建委和房管局联合制定了《关于本市非居住存量房屋改建和转化租赁住房工作的指导意见（试行）》，具体规定了存量房屋改建为市场化租赁房的建设要求、审批流程及后期运营管理等。在实施三年基础上，根据保障性租赁住房发展要求，2022年印发了《本市非居住存量房屋改建为保障性租赁住房的实施意见》。对非居存量房屋改建保障性租赁住房的标准、程序、管理等做了详细的规定。

在非居房屋改造保障性租赁住房中，有一些大型民营企业参与，如安歆集团将部分闲置的酒店等改造为宿舍类保障性租赁住房，专门供应周边卫生、餐饮、宾馆等需要就近居住的职工。其中，安歆青年社区（虹口龙之梦店），位于虹口区。该项目是安歆集团将工业厂房改造后的酒店包租下来，装修改造成宿舍型公寓。作为虹口区政府支持的保障性租赁住房项目，2022年申请认定为保障性租赁住房，优先供应给符合虹口区产业导向的单位及个人。该项目总建筑面积3341平方米，共8个楼层，85个房间。其中单人间3间，双人间3间，四人间1间，五人间7间，六人间71间，总床位数474个。租客主要针对B端企业市场，服务区域内人力密集型的企业，比如顺丰快递、陶陶居、万豪酒店、中建三局、同华建筑等。其中四人间、六人间每个床位1200元/月；单间和双人间，每间6000元/月。项目提供酒店式服务，每个床位提供整套床上用品，一客一换（消毒），定期更换。房间内提供每天入户专业打扫，24 小时热水供应、网络全覆盖、独立洗衣区等。同时为了更好确保住客的租住舒适度，项目特别关注公共空间的设计，一层除接待吧台外，还设置了公共阅读区、憩饮区、交流培训区，定期与周边街道居委会开展社区共建活动。项目非常重视安防管理，企业员工采用实名登记。同时加强安防智能化设施的配置，包括智能门禁、人脸识别系统，一人一码。房间内设智能控电，内装有大功率限流器，不允许有大功率的电器，设置安全闸，全公寓无拖线板。项目运营方每天都会"三查房"检查用电安全，每月都会举办消防演练。

（四）新增 Rr4 用地建设租赁住房模式

从 2017 年 7 月，上海市对集中新建的租赁住房项目创设"四类住宅组团用地（Rr4）"专门类别进行管理。市规划资源部门出台专项政策明确此类地块全生命周期管理要求。Rr4 租赁住房用地主要采取定向挂牌、协议出让方式供地；建立租赁住房地价体系，根据土地的市场评估价格，结合租赁市场情况、土地前期储备情况、全生命周期自持管理要求等，由出让人通过集体决策定价，一般大幅低于同地段商品住房地价；Rr4 租赁住房用地和房屋不得转让，用地受让人的出资比例、股权结构、实际控制人等应按照出让合同约定不得变更；因特殊情形确需转让和变更的，需经出让人同意，且租赁住房规划用途和实际使用性质不变。

2017 年 11 月，市规土局发布《关于加快培育和发展本市住房租赁市场的规划土地管理细则（试行）》《上海市城市更新规划土地实施细则》，明确住宅、商业服务业、商务办公及符合地区转型要求的工业仓储等存量建设用地，在统筹考虑总量控制、地区交通、公共配套的前提条件下，可转型为租赁住房用地，对本市土地规划管理相关政策进行补充细化。

由于该类租赁住房已经享受了土地政策等优惠，并重点面向新市民出租，所以保障性租赁住房政策实施以后，全部纳入保障性租赁住房管理，并成为新建保障性租赁住房的一个重点。到 2022 年底，全市累计供应租赁住房用地近 200 幅，可建租赁住房 22 万套。

　　该类项目的一个重要特点就是社区型租赁住房建设，一个典型案例是张江纳仕国际社区。该项目是上海首批 Rr4 用地项目，坐落于张江科技园以南，建设方为张江集团。项目总占地面积约 20 万平方米，提供建筑面积 53 万平方米、近 4000 套租赁住房。项目分为三期开发，其中一期占地总面积 6.5 万平方米，共 993 套房源，按大型租赁居住社区建设。一期项目采用委托管理的形式，运营由旭辉瓴寓代理经营，其中物业服务包括保洁、保安、日常维修等由第三方物业公司运营。规划设计之初，纳仕国际社区对标普通住宅的舒适要求，户型和面积都比较宽大，并打造多款可变户型。79 平方米一室两厅/两室一厅、98 平方米两室两厅/三室一厅以及 125 平方米三室两厅/四室一厅。全明方正的房型设计，保证了所有单元格局南北通透。家具电器配套齐全，中央空调、燃气热水、独立厨房、油烟机、滚筒洗衣机、冰箱、电视等品牌电器一应俱全，住户可拎包入住。户型设计明亮舒适、配备品牌家具家电、配备中央空调、24 小时热水。专属贴心的管家服务，智能门锁、24 小时保安。每栋楼之间都设有一个小小的相对私密的庭院，可供休憩，二层还设有连廊跑道。项目尝试通过一些智能化的设备来实现安全管理，例如双向人脸识别，保障所有进出楼栋的人员都是经过核实的。同时社区还增设了两栋服务式公寓可供商旅选择，2022 年一期商业覆盖率可以完成 70%～80%。社区内部全部采用地下停车库，提供充足的车位，按照户均 1∶1 配置车位，实现了人车分流。

　　租房以年轻人为主，年龄 20～40 岁的租户占比 75%，40～50 岁的占 15%，有比较大比例的家庭租户。承租人主要就业于周边的高科技园区，44% 的租户就职于半导体、计算机和互联网等行业，27% 的租户就职于生物医药、医疗行业；17% 的租户就职于光伏光学行业。考虑到入住人群特点，项目还规划了较高的配套商业服务设施容量。除了传统的物业管理、健身会所、餐饮洗衣之外，社区还设有体验式商业、青少年活动中心、幼托幼教、创意创业服务等设施。这些设施结合十余条宜人的小街区穿插布置，彼此之间交叉融合，产生更多具有价值的生活需求界面。

（五）商品住房配建租赁住房模式

房地产开发企业可以在普通商品住宅小区中配建一定比例的租赁住房，并通过申请认定为保障性租赁住房而享受相关保障性租赁住房政策。该政策起始于 2016 年，上海规土局等四部门联合发布《关于进一步优化本市土地和住房供应结构的实施意见》，提出要适当提高商品住房用地的中小套型比例，明确新增商品住宅用地需配建不低于 15% 的自持性租赁住房。当时考虑该类租赁住房由开发企业自持，一般以市场化方式向社会供应，形成集中供应型的市场化租赁住房主体。由于市场化租赁住房成本税收高，可以通过限制供应对象等，申请并纳入保障性租赁住房管理。

近年来，部分区对 15% 配建的自持租赁住房采取统筹供应的方式，由行政区在一个地块上集中配建，这类项目是以住宅租赁用地新建的形式供应，并全部纳入保障性租赁住房管理，目前该类项目成为部分区保障性租赁住房的重要组成部分。

（六）集体经营性建设用地建设租赁住房模式

上海在 2009 年就开始探索利用农村集体建设用地建设租赁住房，在当年出台的《关于单位租赁房建设和使用管理的试行意见》中，按照"城乡统筹、合理布局、节约土地、集约发展"的原则，在符合城乡规划和土地利用规划、建设用地总量不增加的前提下，镇、村集体经济组织可以利用闲置的镇、村企业用地或废弃的其他集体建设用地，建设限定供应的市场化租赁宿舍。2017 年按国土资源部、住建部出台《利用集体建设用地建设租赁住房试点方案》，上海成为第一批利用集体建设用地建设租赁住房试点城市。

在利用集体土地建设租赁住房实践中，较早以闵行区七宝镇联明村的联明雅苑项目为典型，该小区投资 8000 余万元，在集体用地上建起了 400 多套租赁住房，2010 年正式投入使用。年租金回报率达到 15% 左右，不到十年就收回了全部的投资成本，成为农户的一项可持续收入来源。租住对象主要为周边的企业职工，租赁住房配套齐全，为租户提供了良好的居住条件，房屋配有独立的厨房、卫生间、餐厅，天然气、有线电视、空调等配套设施等。

最近利用集体土地新建的保障性租赁住房典型项目为华润有巢-上海泗泾项目，该项目享受了所有保障性租赁住房优惠政策，已经正式投入运营，并且不动产投资信托基金（REITs）已成功上市。该项目位于松江区泗泾板块，建设和运营企业为华润置地控股有限公司全资子公司有巢科技投资（深圳）有限公司，2018 年 10 月取得集体用地地块，地块总面积 2.1 万平方米，成交价格为 1.25 亿元，土地单价约为 6000 元/米²，相当于同期商品住宅基准地价的七成，土地使用年期 70 年。2019 年 6 月开工建设，2021 年 3 月建成开业。项目总建筑面积 3.2 万平方米，共 5 幢楼，其中 1 至 4 号楼为租赁公寓，5 号楼为配套社区商业。该项目有 1264 套（间），以中小套型为主。项目的房型设计有三种，分别为精致全能一室（40 平方米）、精致一室（35 平方米）和奢阔套房（60 平方米）三种房型。主要户型是 35 平方米一室户型，床垫、衣柜、冰箱、洗衣机、桌椅、热水器等全部配备。所有户型都朝南、南北通透、阳光充足，适合年轻人一人居住。门锁都是密码锁，比较安全。洗手间也是干湿分离。有全身镜、梳妆台，每个房子配备油烟机，都是电磁炉。社区采用集中式管理，智能人脸识别门禁系统，保证租住客群的安全；规划建设会客室、阅读区、运动球场等多元化公共空间；配备大约 500 个车位和新能源充电桩；配备接驳班车至泗泾地铁站，为 9 号线沿线工作的客户提供相当程度上的交通便利。

项目运营非常成功，2021 年 3 月建成开业的头 4 个月，入住率就超过 90%，目前出租率保持在 94% 左右。项目租户的上班地点大部分在 9 号线沿线中环内区域。凭借优质的产品品质、物业运营管理服务、齐全的社区生活配套，以及开业以来出色的经营绩效，以该项目为基础资产之一的 REITs 项目，上市首日即刷新了公募 REITs 网下发售配售比例纪录，该保障性租赁住房 REITs 的成功上市，为运营长租公寓的房企开辟了一条新的融资渠道。

三 上海保障性租赁住房实践效果与展望

（一）保障性租赁住房总体达到了政策目标

上海的保障性租赁住房是在严格执行国家保障性租赁住房政策前提下，在统筹已有相关租赁住房政策和房源基础上发展的。通过形成政策体系、落实政策目标、完善政策措施等，较好地实现了年度保障性租赁住房发展目标，有效地解决了城市新市民和青年人住房困难。

课题组对保障性租赁住房租户进行了满意度调查。他们总体的满意情况平均分为 4.41 分（5 分为最高分），标准差为 0.86，按 3 分以上为满意，则满意度为 96.5%。其中分别对政策与制度的合理性、项目管理情况、房型与装修、配套设施的满意度也都超过了 90%。

（二）保障性租赁住房服务效率有望进一步提高

一是形成完善的全市统一的保障性租赁住房管理平台。所有已经认定的房源将全部录入新平台，并进行新增项目的网上申请和审核工作。功能完善后，形成线上住房租赁企业主体管理、市场化租赁住房房源核验、合同网签备案、租金押金监管以及保障性租赁住房房源管理、申请审核、合同网签备案等功能模块，逐步实现从主体、房源、合同到资金的全流程管理。

二是手机 App 应用将更加方便。依托市政府"一网通办"门户和"随申办" App 开发面向社会的"我要租房"线上应用场景，汇集本市保障性、市场化等各类租赁房源，面向社会提供找房、申请、签约以及办理相关公共服务事项的一站式服务，逐步建成居民群众在线租房的主渠道。后期，所有新增保障性租赁住房项目的房源信息已经可以通过"我要租房"小程序查询，并能通过小程序完成预约看房、资格查询、签约入住等流程。

（三）保障性租赁住房与其他住房供应协调性有望提升

保障性租赁住房与市场化其他租赁住房需要协调发展，保障性租赁住房可以起到对市场化租赁住房的引导规范、精准补充等作用。同时，在住房保障体系内部，保障性租赁住房会与廉租住房、共有产权保障住房等协调形成完善的住房保障体系。

上海社会化租赁住房供应量大、范围广，并较多分布在成熟社区、交通便利区，大多数新市民、青年人在有支付能力的情况下，还是需要通过市场化的租赁住房解决住房困难。因此保障性租赁住房是阶段性增加供应，解决阶段性租赁住房供应不足的问题，更是要在租赁市场供应中只起到"引领市场品质，稳定租金价格"的压舱石功能，满足重点需要保障的群体租赁要求。

（四）保障性租赁住房会持续稳定发展

"十四五"前两年重点加大房源的筹建，后三年在加大房源筹建的基础，加大供应与需要匹配的管理，企业经营规范化管理等成为重点。在经过这一快速发展期后，预计保障性租赁住房增长会进入平稳阶段，在整体住房供应中，未来保障性租赁住房将起到引导、示范租赁住房市场规范、有序发展的功能。通过扶持和培育保障性租赁住房的发展，更好地促进整体住房租赁市场形成健康、可持续的发展模式。

参考文献

倪虹：《以发展保障性租赁住房为突破口　破解大城市住房突出问题》，《行政管理改革》2021 年第 9 期。

马秀莲：《保障性租赁住房：一个中间租赁的国际比较视角》，《行政管理改革》2022 年第 7 期。

吕萍、邱骏：《创新供地方式适应大城市保障性租赁住房建设》，《中国房地产》2021 年第 11 期。

Abstract

The "Annual Report on the Development of China Real Estate No. 20 (2023)" continuously adheres to the purpose and principles of objectivity, impartiality, and scientific neutrality, tracks the latest developments in the Chinese real estate market, deeply analyzes market hotspots, looks forward to development trends, and actively plans response strategies. The entire book is divided into general reports, special topics, service sections, and hot topics. It provides a comprehensive and comprehensive analysis of the current development trend of the real estate market, and conducts in-depth analysis of the development of the real estate market from different perspectives. It also explores some hot issues.

The policy background for the development of the real estate market in 2022 is mainly stability, with a focus on risk prevention and a loose policy tone throughout the year. From the perspective of the national real estate market, the overall operation of the real estate market in 2022 shows the following characteristics. In terms of sales market, the average sales price of commercial housing has recorded the largest decline since 1998, and the average sales prices of various properties and regions have all decreased; The sales area of commercial housing has significantly shrunk, and the growth rate of unsold area has rapidly expanded. In the rental market, the increase in housing rent has been lower than the CPI increase for four consecutive years. In terms of the land market, the transaction volume of land has halved, and the average transaction price of land has shown a structural increase, which overall has had a significant impact on local fiscal revenue. In terms of investment and financing, real estate development investment has shown negative growth for the first time since 1998, with self raised funds becoming the main source of funding. In terms of housing supply, the newly constructed area of houses has decreased by about 40% , and the newly constructed area of various types of houses has been reduced for three consecutive years.

In 2022, the supply and demand sides of the real estate market are facing shocks and pressures, and the investment and development of real estate enterprises continue to decline. The investment willingness of real estate development enterprises is very low. The sales area of commercial housing in the national real estate market has significantly shrunk, resulting in insufficient market demand and purchasing power. The risk of early repayment of housing loans has exacerbated the risks in the financial and even the entire economic sectors. Some third-and fourth tier cities have seen a significant decline in housing prices, resulting in significant downward pressure on the industry and a lack of effective support for market recovery. The "high leverage, high debt, and high turnover" business model is difficult to sustain, and some real estate companies are facing a liquidity crisis. The continuous impact of the COVID$-$19 on the economy has never been seen before, and real estate has been greatly challenged. Residents' housing expectations have weakened, and the recovery of real estate market activity is not significant. Suggest continuing to assist enterprises in relieving difficulties and resolving risks, and improving the housing supply system. Optimize housing purchase restriction policies to reasonably support housing demand. Adjust urban land supply policies and promote the optimization of resource allocation. Increase financial support and optimize the supervision of pre-sale funds. Reduce the pressure on residents to repay loans and help resolve financial risks. Revitalize the housing stock and optimize the housing structure. Encourage real estate companies to actively market and prioritize meeting loan needs. Support housing consumption and enhance residents' confidence.

It is expected that the housing regulatory policies and financial environment will continue to be relaxed in 2023, with destocking on the supply side and more rational purchasing and consumption on the demand side. The market will be moderately repaired throughout the year, achieving a new balance between supply and demand with a focus on "stability" . After substantial progress has been made in the Baojiao Building, consumers' wait-and-see sentiment towards purchasing new houses has been greatly alleviated. The backlog of delayed purchase demand in

2022 is expected to gradually release in 2023, driving the annual new house transaction volume to be slightly higher than the new demand center. The market prices in key cities are expected to stabilize in the second quarter. In the first quarter of 2023, most of the new housing markets in cities are still in the stage of inventory reduction, and prices have continued to adjust. As prices are cleared, housing trading volume will return to the repair channel after the second quarter, and prices will gradually stabilize. The market in the core areas of core cities is steadily increasing. The overall trading volume of the national market is basically stable, and behind it is the further differentiation of regional structure, leading markets will occupy a higher share. In addition to the differentiation between cities, the internal differentiation within cities will also continue. The core areas will have more solid population and industrial support, and their market share and price trends will show stronger resilience. According to the model prediction, the growth rate of fixed assets investment and real estate development investment in 2023 will be 7.9% and -4.3% respectively, of which the growth rate of residential development investment will be -3.6%; The land acquisition area, land transaction price, and average transaction price decreased by 23.6%, 48.9%, and 33.2%, respectively; The sales area and sales growth rate of commercial housing were -0.3% and 5.4%, respectively. The average sales price of newly built commercial housing was 9385 yuan/m^2, a year-on-year increase of 5.7%. Among them, the average sales price of residential housing was 10036 yuan/m^2, a year-on-year increase of 6.6%. In 2023, the average sales prices of newly built commercial housing in first tier cities, second tier cities, and third tier and below cities will increase by 4.8%, 6.9%, and 5.3%, respectively.

Keywords: Real Etate Industry; Real Estate Market; Land Market; Commercial Housing Sales Area; Real Estate Development and Investment

Contents

I General Reports

Abstract: The policy background for the development of the real estate market in 2022 is mainly stability, with a focus on risk prevention and a loose policy tone throughout the year. The supply and demand sides of the real estate market are facing shocks and pressures, and the investment and development of real estate enterprises continue to decline. The investment willingness of real estate development enterprises is very low. Suggest continuing to assist enterprises in relieving difficulties and resolving risks, and improving the housing supply system; Optimize housing purchase restriction policies and reasonably support housing demand; Adjusting urban land supply policies and promoting the optimization of resource allocation; Increase financial support and optimize the supervision of pre-

sale funds; Reduce the pressure on residents to repay loans and help resolve financial risks; Revitalize housing stock and optimize housing structure; Encourage real estate companies to actively market and prioritize meeting loan needs; Support housing consumption and enhance residents' confidence. It is expected that the housing regulatory policies and financial environment will continue to be relaxed in 2023, with destocking on the supply side and more rational purchasing and consumption on the demand side. The market will be moderately repaired throughout the year, achieving a new balance between supply and demand with a focus on "stability". After substantial progress has been made in the Baojiao Building, consumers' wait-and-see sentiment towards purchasing new houses has been greatly alleviated. The backlog of delayed purchase demand in 2022 is expected to gradually release in 2023, driving the annual new house transaction volume to be slightly higher than the new demand center.

Keywords: Real Estate Market; Housing Demand; Housing Structure; Land Market

B.2　Forecast of main indexes of China's real estate market in 2023

Zhang Zhi / 039

Abstract: In 2023, China's real estate market is entering a new stage of development. A stable real estate market plays an irreplaceable role in macroeconomic growth, expanding effective demand and preventing and resolving major economic and financial risks. Ensuring the stable development of the real estate market, expanding effective demand by optimizing supply, and promoting the smooth transition of the real estate industry to a new development model should be the focus of relevant policies and work in the current real estate market. The model predicts that the growth rate of fixed asset investment and real estate development investment in 2023 will be 7. 9% and −4. 3%, respectively, of which the growth rate of residential development investment will be −3. 6%; Land acquisition area, land transaction price and average transaction price decreased by 23. 6%, 48. 9% and 33. 2% respectively. The sales area and sales growth rate of commercial housing were −0. 3% and 5. 4% respectively, and the average sales price of newly built commercial housing was 9, 385 yuan/m², up 5. 7% year−on−year, of which the average residential sales price was 10, 036 yuan/m², up 6. 6% year−on−year. In 2023, the average sales price of newly built commercial housing in first-tier cities, second-tier cities and third-tier cities and below will increase by 4. 8%, 6. 9% and 5. 3% respectively.

Keywords: Real Estate Market; Index Forecast; Time series models

Ⅱ   Special Topics

B . 3   Analysis Report of National Land Market in 2022

China Index Academy / 057

Abstract: By the continuous adjustment of the real estate market and the tremendous financial pressure for enterprises, the government's willingness to supply land and the real estate enterprises to acquire land was insufficient, and both the supply and demand areas of residential land in 300 cities across the country were significantly reduced. In 2022, the supply and demand areas of residential land in 300 cities decreased by 36. 3% and 30. 7% YOY respectively, and the areas fell to the lowest level in the same period in the past decade. The rate of land auction failures and withdraws was at a high level, and the trend of land auction downturn was unchanged. However, the differentiation trend of different cities was obvious. In terms of the centralized market, the number of centralized land supply batches in

22 cities increased in 2022, but the completion rate of the overall land supply plan was just over 60%, and "multiple batches and a small number" was an important feature. The rules of land auction continued to be optimized, and the number of high-quality land plots increased, but the overall transaction heat still declined. The willingness of private enterprises to acquire land continued to decline, with the central state-owned enterprises and local state-owned enterprises as the main ones. The phenomenon that the local state-owned enterprises taking the land was more obvious in the third batch, and in the fourth batch was still at a high level. Looking ahead to 2023, the recovery of the land market will still depend on the recovery of the sales side of the residential market, and the short-term downturn in the land market may be continued.

Keywords: Land Market; Land Auction; Residential Land

B.4 Housing Market Analyses Report in 2022

Xu Xiaole, Liu Lijie / 079

Abstract: In 2022, China's residential real estate market undergo a deep correction. Both area sold and transaction volume of new homes and existing houses decreased on a YoY basis. The pace of trading has slowed, market expectations remain low. Real estate business investment contracted, Both the investment in residential development and the newly started area showed significant declines. In 2023, It is expected that the housing regulation policy and financial environment will continue to be loose, the supply side will destock, the demand side will purchase more rational. We expect that the residential real estate market will gradually recover, the new balance of supply and demand based on "smooth" will be achieved in 2023.

Keywords: Housing Market; New Homes; Existing Houses

Abstract: In 2021 and 2022, the crisis and new opportunities coexist in the Chinese economy and commercial real estate market, and the office building market, which represents the indicator of economic prosperity, has also undergone some changes. Market indicators such as inventory, rent, prices, and vacancy rates have all shown a downward trend. Faced with new developments and changes, new requirements have been put forward for office space. Hybrid office may become the mainstream, while combining short-term and long-term strategic thinking, greener and more technological asset portfolio planning may become a development trend.

Keywords: Office Market; Hybrid Workplace; Sustainbility Development

Abstract: Currently, there are still significant shortcomings in the quality of home decoration services in China, with consumers' actual perception of service quality being lower than expected. The survey results of home decoration consumption show that: (1) Currently, the service quality evaluation score of Chinese home decoration consumers is negative, and the actual service quality perception of consumers is generally lower than their expectations. There are still significant shortcomings in the service quality of the home decoration industry. (2) Overall, the quality of home decoration services in first tier cities is higher than that in second tier cities, and there are significant differences in consumer quality evaluations between different cities. (3) Home decoration enterprises have high consumer quality evaluations on hard indicators such as delivery capacity and facilities, while they have poor quality evaluations on "soft power" indicators such as humanized services and emotional value experience services. (4) The home decoration industry urgently needs a quality evolution, moving towards higher levels and more three-dimensional quality services to meet people's needs for a

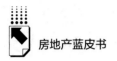
better life. (5) In the post pandemic era, model innovation and efficiency improvement will become the new driving force for industry development. Better, faster, and more suitable quality services for consumers are the growth direction determined by the industry and enterprises.

Keywords: Home Decoration Consumption; Service Quality; High Quality Development

B.7 2022 China Talent Housing Analysis Report

Zhao Tongyang, Zhang Bo and Sheng Fujie / 138

Abstract: Professional is the first resource, housing security is the cornerstone of professionals stability. Under the implementation of recruitment strategy, the scale of professionals expands rapidly. As a result that there is high demand for housing of professionals. Currently, the housing support is mainly for high-level talents, and the support for mid-level and basic talents needs to be further improved. Different level of talents have different needs for housing, and local governments should take the characteristics of talents' demand into account when making housing support policies. At present, our country has basically established the housing security system with public rental housing, affordable rental housing and property rights housing. However, the talent housing support system is still in the exploration stage. The problems are lack of flexibility, unreasonable structure and imperfect supporting policies. Therefore, we suggested that local government should speed up the construction of digital operation, perfect the digital platform of talent housing, guarantee the multi-subject supply, optimize the support policy of talent housing and broaden the channels of policy publicity, which can effectively solve the problems of talent housing and attract more professionals from all over the world.

Keywords: Talent Housing; Housing System; Talent Policy

B.8 The Development of China's Housing Rental Market in 2022 and Its Future Prospects *Wang Xia, Wei Yang* / 159

Abstract: In 2022, China's housing rental market was stable. The second half of the year showed an overall cooling trend. The scale of rental housing supply has grown steadily. The number of enterprises continues to increase. Market differentiation is becoming more and more obvious. Leading enterprises are accelerating their concentration in big cities. At the policy level, the importance of expanding the supply of rental housing and improving the long-term rental housing policy has been emphasized many times, the housing leasing financial support policy has made obvious efforts, the local policy of supporting affordable rental housing has been basically improved, the policy system for the linkage development of stock housing, land and rental housing has been gradually established, and the housing rental market supervision system has been further improved. With the support of relevant policies, the issuance of affordable rental housing REITs has been successful, and bank capital has increased innovation in the supply of financial products in the housing rental market, effectively improving the financing environment for enterprises. Local state-owned enterprises and financing platforms are deeply involved in the development of the housing rental market and promote healthy competition in the market. Looking forward to 2023, as the impact of the epidemic weakens or even disappears, the housing rental market has picked up significantly, and rents are expected to have greater upward pressure. At the policy level, the focus is still on the development of affordable rental housing, financial support will be more powerful, the policy development environment will be more positive, it is expected that more high-quality real estate development enterprises will enter the field of housing leasing more firmly, rental housing will be more livable, and the operation mode will develop in two directions: lighter and heavier. In addition, the issues that still need to be paid attention to include solving some basic problems affecting the sustainable development of the housing rental market, paying attention to the high-quality development of housing leasing, making preparations for valuation for the expansion of the pilot of public REITs,

and better encouraging and cultivating market-oriented housing leasing enterprises.

Keywords: Housing Rental; Housing Rentals Affordable; Rental Housing Public REITs

III Service Sections

B.9 Report on the Development of China's Real Estate Brokerage
Industry in 2022   *Wang Mingzhu, Tu Li* / 183

Abstract: In 2022, affected by the downward trend of the real estate market, repeated epidemic and other superimposed factors, the real estate brokerage industry has shrunk, and the number of brokers and practitioners has declined, which forces brokers to adjust their business strategies, improve service quality and enhance market competitiveness; brokers pay more attention to online channels such as private domain traffic, build personal brands through We-media platforms, and explore new brokerage service modes such as live selling. In 2023, with the stabilization and recovery of the real estate market, the size of the brokerage industry will rise; under the background that the real estate market is gradually turning to the buyer's market and the stock market, and the demand for improvement and high-quality residence is increasing, the brokerage service model is expected to accelerate the transformation and turn to the unilateral agency model dominated by customers; with the promotion of credit management and personal information protection management in the brokerage industry, the industry development environment will be further improved.

Keywords: Real Estate Brokerage; Live Sales of Real Estate; Unilateral Proxy; Personal Information Protection

Abstract: In 2022, the real estate appraisal industry faced certain pressure, with slower development, a year-on-year decrease in the number of new appraisal agencies, and a general reduction in business scale, due to the complex and severe domestic and international situation. However, in the face of difficulties, some valuation institutions have also seized the opportunity of business transformation and explored new business growth points actively. In 2023, it is expected that the industry will step out of the dilemma gradually and continue to develop for the better, driven by the economic recovery, and the gradual recovery of the real estate market, as well as the implementation of the "Digital China" strategy.

Keywords: Real Estate Appraisal; Renovation of Old Residential Areas; Digital Economy

Abstract: Retrospecting the evolution of housing purchase guarantee business, whether it is the initial business innovation or the persistent exploration in these years, the purchase guarantee business has been seeking its own role in the housing policy system, committed to providing mortgage guarantee services for low and middle-income households to purchase homes and ameliorating the Housing Provident Fund system. The fundamental role of housing purchase guarantee system is to enhance mortgage credit and diversify mortgage risk. Thus, the development of housing purchase guarantee business relies on the top-level design in the whole housing system, which could combine them with multiple-level housing security system and the housing finance system by virtue of identifying housing policy

objectives and functional positioning.

Keywords: Housing Purchase Guarantee; Housing Provident Fund; Housing Security System

B.12　2022 Property Management Industry Development Report

Liu Yinkun, Wu Yifan / 233

Abstract: In 2022, opportunities and challenges coexist in the property management industry, and the ongoing pandemic and real estate related risks pose challenges to the industry's development. Property service enterprises shoulder the heavy responsibility of facing the challenges of the epidemic, and demonstrate industry value at critical moments. The decrease in land reserves and sales volume of real estate enterprises has affected the industry's incremental market. However, the overall development situation of the industry is still seeking progress while maintaining stability and continuing to improve; Accelerate integration into the grassroots governance system under the guidance of party building; Actively transforming roles from space managers to community life service providers; Explore community services such as elderly care, childcare, disability assistance, meal assistance, express delivery, and housekeeping to meet the diverse and convenient living service needs of residents; Through multi-path services such as tasting before buying menu style services, regional linkage, and free space operation, we help solve the problem of property management in old residential areas. Industry development ideas return to rationality, enterprises return to the source of service, and constantly enhance people's sense of gain, happiness and security, playing a role in Chinese path to modernization.

Keywords: Property Management; Grassroots Social Governance; Party Building Leadership

B.13   Real Estate Finance Market Analysis Report 2022

Cai Zhen / 252

Abstract: In 2022, despite a significant reduction in mortgage interest rates and ongoing optimization of housing consumer financial services, the growth rate of mortgage balance continued to decline. Due to the large-scale prepayment of housing mortgage, the balance of housing mortgage decreased by 110 billion yuan in the fourth quarter. This suggests that the household sector is repairing its balance sheets by saving more, consuming less and reducing debt. Affected by the debt defaults of property developers, the scale of real estate trusts continues to decline, and the issuance of overseas bonds by property developers has been halved. However, with the further improvement of the real estate financing policy environment and the orderly supply of special loans for "guaranteed delivery of buildings", the growth rate of real estate development loans has turned from negative to positive. The balance of real estate development loans increased by 3. 7% year-on-year. In 2022, the biggest risk issue in China's real estate market is that some homebuyers are boycotting their mortgage payments. The motivation behind mortgage boycott is that, in the double dilemma of "being unable to obtain the real estate and bearing huge debts", homebuyers hope to force property developers to resume construction and complete the projects by pressuring banks to stand together with them. The direct cause of mortgage boycott is the ineffective supervision of pre-sale funds of real estate development projects, and the supervision of pre-sale funds has fallen into an embarrassing situation of "death as soon as it is tightened, and chaos as soon as it is loosened". The fundamental reason for mortgage boycott is the wave of bond defaults by property developers, which has weakened homebuyers' expectations and caused them to lose confidence in the completion of the already paid properties. Looking forward to 2023, with the implementation of the "three arrows" policy, the spread of debt default risk among property developers will be quickly curbed. However, the recovery of the overall real estate market will remain weak. As the current policy fails to benefit property developers that have already defaulted, we suggest that local governments

should take the initiative to use their finances to acquire the projects of defaulting property developers, and use them for government-subsidized rental housing. In the long term, the real estate market and real estate finance market face major risks and challenges. Firstly, the negative population growth and the slowing down of urbanization lead to a reduction in housing demand. Secondly, the balance sheet recession caused by the deleveraging in the household sector. Exploring new models for the real estate industry and promoting the benign cycle of real estate and finance sectors are the only way to deal with long-term risks and challenges.

Keywords: Real Estate Finance; Mortgage; Property Developers

Ⅳ Hot Topics

B.14 Discussion on the New Development Model of Real Estate

Duan Ran, *Yang Xiaobo* / 272

Abstract: After more than 20 years of rapid development in China's real estate industry, the scale of the industry's incremental market has gradually peaked. The real estate development enterprises with the development model of "high debt, high leverage and high turnover" have successively defaulted on their debts. The traditional development model of the industry is unsustainable, and it is urgent to transform to a new development model. But what is the "new development" of real estate, there is no clear definition of mode, and how to change from "traditional development mode" to "new development mode" is still in the exploration stage. Through reviewing and comparing the traditional development models in the past, combining with the mature experience of the real estate market in developed countries, this paper discusses the new development model of China's real estate from the aspects of residential housing demand, enterprise transformation, government guidance, and puts forward suggestions to promote the transformation of real estate to the new development model by taking "rent and purchase" as the starting point.

Keywords: Real Estate; New Development Mode; Both Lease and Sale

B. 15 Research on the Evolution of Housing Coordinated

Development Policy in Metropolitan Areas

Yi Chengdong, Han Dan and Chen Jing'an / 286

Abstract: In the development stage of new urbanization, it is necessary to develop metropolitan areas to solve the prominent housing problems in China's major cities. Faced with the problem of the division of administrative regions within the metropolitan area, some metropolitan areas actively promote the coordinated development of housing. This paper uses the multiple streams model to identify the problem streams, policy streams and political streams of the housing coordinated development policy in the metropolitan area, systematically analyze the interaction and coupling mechanism of the three streams, explain the evolution process of the housing coordinated development policy in the metropolitan area, and explore the optimization path of the housing coordinated development policy in the metropolitan area. This requires the establishment of a cross-regional, cross-level and cross-sectoral mechanism for the division of work and cooperation in metropolitan areas, and the strengthening of the scientific, rational and operational nature of the policy agenda.

Keywords: Metropolitan Area; Housing Coordinated Development; Multi-source Flow Model

B. 16 The Development Status, Difficulties, and Suggestions of

Long-term Rental Housing Market in Big Cities of China

Huang Hui, Zhao Dan / 303

Abstract: Housing rental is an important way to solve the housing problem in big cities. At present, the Long-term rental housing market demand is strong in China's big cities, but the supply is facing structural shortage, and the effective supply of Long-term rental housing market in big cities is insufficient. Also the Long-

term rental housing market order is not standardized. In particular, the institutional development is not sufficient, enterprises are faced with high costs, narrow financing channels, compliance difficulties. It is suggested to support the development of the long-term rental housing market where the houses are mainly provided by institutions and the rental relationships are long-term and stable. The government can promote the development of the long-term rental housing market steadily by expanding the supply of the Long-term rental houses, and standardizing the market order.

Keywords: Long-term Rental Housing Market; Land Cost; Financing Cost

B. 17　Analysis of the Expansion of the Housing Provident

　　　　Fund System under the Background

　　　　of Common Prosperity

Wu Yidong, *Zha Yuanyuan and Li Shichen* / 318

Abstract: In order to deeply understand and analyze the current situation of the HPF expansion, we firstly compare the HPF expansion policies promulgated by typical cities in the past three years. Secondly, we examine the characteristics of the housing provident fund system expansion from the time dimension. Thirdly, we analyze the regional heterogeneity characteristics of the HPF expansion on the basis of the differences in policy implementation efforts in different regions. Finally, we focus on large and medium-sized cities and analyze in depth the development trend of HPF expansion. The research results show that the following four problems still exist in the current stage of expanding the coverage of the HPF. First of all, the coverage rate of the HPF is still at a low level, and the public participation in the system is limited. Secondly, the contradiction of the contribution structure of HPF is prominent, which reduces the inclusiveness of the HPF system. Thirdly, the means of expanding the coverage of the HPF lacks uniform standards, and the degree of coordination in policy formulation among cities still needs to be enhanced. Fourthly, some enterprises and employees have a low awareness of HPF contributions, and their enthusiasm for participation needs to be further improved. Therefore, during the 14th Five-Year Plan period and for a longer period of time, we should continue to play the role of the system for the benefit of all and insist on expanding the coverage of the HPF. In addition, we should strengthen the supply-side reform of the HPF system and optimize the policies on the use of housing provident funds. At the same time, digital means should be used to empower information construction and build a smart provident fund service system. More importantly, the HPF's cross-regional cooperation mechanism should be improved to accelerate the integrated and coordinated development.

Keywords: Common Prosperity; Housing Provident Fund; Expansion of System Coverage

B.18 Shanghai Affordable Rental Housing Practice Model

Cui Guangcan, Wang Zhengzheng / 342

Abstract: The Affordable Rental Housing Policies have been strictly implemented in Shang Hai as a metropolis, which have been regarded as the emphasis work at the stage to solve the housing problem of new urban residents and young people. At present the relatively perfect policy system and practice mode have been formed. The future supply will be mainly based on the new building rental housing projects, and the projects will be classified supervised. In terms of housing supply, different patterns have practiced in the past twenty years, including Unit self-built and self-owned rental housing, public rental housing, new-building rental community on Rr4 land, rental housing converted from non-residential housing, and new-building rental community on rural collective construction land. All above patterns have formed effective housing supply. In the future Affordable Rental Housing will be an organic component of housing supply system, and it will satisfy the rental housing demands via more efficient platform for information exchange.

Keywords: Affordable Rental Housing; Housing Supply; Shang Hai

社会科学文献出版社

皮书

智库成果出版与传播平台

❖ 皮书定义 ❖

皮书是对中国与世界发展状况和热点问题进行年度监测，以专业的角度、专家的视野和实证研究方法，针对某一领域或区域现状与发展态势展开分析和预测，具备前沿性、原创性、实证性、连续性、时效性等特点的公开出版物，由一系列权威研究报告组成。

❖ 皮书作者 ❖

皮书系列报告作者以国内外一流研究机构、知名高校等重点智库的研究人员为主，多为相关领域一流专家学者，他们的观点代表了当下学界对中国与世界的现实和未来最高水平的解读与分析。截至 2022 年底，皮书研创机构逾千家，报告作者累计超过 10 万人。

❖ 皮书荣誉 ❖

皮书作为中国社会科学院基础理论研究与应用对策研究融合发展的代表性成果，不仅是哲学社会科学工作者服务中国特色社会主义现代化建设的重要成果，更是助力中国特色新型智库建设、构建中国特色哲学社会科学"三大体系"的重要平台。皮书系列先后被列入"十二五""十三五""十四五"时期国家重点出版物出版专项规划项目；2013~2023 年，重点皮书列入中国社会科学院国家哲学社会科学创新工程项目。

皮书网

（网址：www.pishu.cn）

发布皮书研创资讯，传播皮书精彩内容
引领皮书出版潮流，打造皮书服务平台

栏目设置

◆关于皮书

何谓皮书、皮书分类、皮书大事记、
皮书荣誉、皮书出版第一人、皮书编辑部

◆最新资讯

通知公告、新闻动态、媒体聚焦、
网站专题、视频直播、下载专区

◆皮书研创

皮书规范、皮书选题、皮书出版、
皮书研究、研创团队

◆皮书评奖评价

指标体系、皮书评价、皮书评奖

◆皮书研究院理事会

理事会章程、理事单位、个人理事、高级
研究员、理事会秘书处、入会指南

所获荣誉

◆2008年、2011年、2014年，皮书网均
在全国新闻出版业网站荣誉评选中获得
"最具商业价值网站"称号；
◆2012年，获得"出版业网站百强"称号。

网库合一

2014年，皮书网与皮书数据库端口合
一，实现资源共享，搭建智库成果融合创
新平台。

皮书网

"皮书说"
微信公众号

皮书微博

权威报告·连续出版·独家资源

皮书数据库
ANNUAL REPORT(YEARBOOK)
DATABASE

分析解读当下中国发展变迁的高端智库平台

所获荣誉

- 2020年，入选全国新闻出版深度融合发展创新案例
- 2019年，入选国家新闻出版署数字出版精品遴选推荐计划
- 2016年，入选"十三五"国家重点电子出版物出版规划骨干工程
- 2013年，荣获"中国出版政府奖·网络出版物奖"提名奖
- 连续多年荣获中国数字出版博览会"数字出版·优秀品牌"奖

皮书数据库　　　"社科数托邦"
微信公众号

成为用户

　　登录网址www.pishu.com.cn访问皮书数据库网站或下载皮书数据库APP，通过手机号码验证或邮箱验证即可成为皮书数据库用户。

用户福利

- 已注册用户购书后可免费获赠100元皮书数据库充值卡。刮开充值卡涂层获取充值密码，登录并进入"会员中心"—"在线充值"—"充值卡充值"，充值成功即可购买和查看数据库内容。
- 用户福利最终解释权归社会科学文献出版社所有。

社会科学文献出版社　皮书系列
SOCIAL SCIENCES ACADEMIC PRESS (CHINA)

卡号：416254535595
密码：

数据库服务热线：400-008-6695
数据库服务QQ：2475522410
数据库服务邮箱：database@ssap.cn
图书销售热线：010-59367070/7028
图书服务QQ：1265056568
图书服务邮箱：duzhe@ssap.cn

法律声明

"皮书系列"（含蓝皮书、绿皮书、黄皮书）之品牌由社会科学文献出版社最早使用并持续至今，现已被中国图书行业所熟知。"皮书系列"的相关商标已在国家商标管理部门商标局注册，包括但不限于LOGO（▧）、皮书、Pishu、经济蓝皮书、社会蓝皮书等。"皮书系列"图书的注册商标专用权及封面设计、版式设计的著作权均为社会科学文献出版社所有。未经社会科学文献出版社书面授权许可，任何使用与"皮书系列"图书注册商标、封面设计、版式设计相同或者近似的文字、图形或其组合的行为均系侵权行为。

经作者授权，本书的专有出版权及信息网络传播权等为社会科学文献出版社享有。未经社会科学文献出版社书面授权许可，任何就本书内容的复制、发行或以数字形式进行网络传播的行为均系侵权行为。

社会科学文献出版社将通过法律途径追究上述侵权行为的法律责任，维护自身合法权益。

欢迎社会各界人士对侵犯社会科学文献出版社上述权利的侵权行为进行举报。电话：010-59367121，电子邮箱：fawubu@ssap.cn。

社会科学文献出版社